그동안 하나님의 은혜로 만난

여러 유대인 친구와 지인들에게 이 책을 바칩니다.

그들이 이 책의 진정한 저자입니다.

하나님께서 그들을 통해 룻기를 알려 주셨습니다.

그들 없이는 이 책도 없습니다.

룻기는 하나님께서 세상을 창조하실 때부터 계획하신

그리스도인과 유대인의 화합을 이야기하는

놀라운 이야기입니다.

내가 만난 수많은 '나오미들'에게 이 책을 바칩니다.

유대적 관점으로 본 룻기

RUTH

다이앤 A. 맥닐 지음 | 박정희 옮김

순전한 나드

감사의 글

10년에 걸쳐 완성한 책이다 보니 감사할 사람들의 명단을 빠뜨리지 않고 적기란 쉽지 않다. 책이 완성되기까지 무슨 조언이라도 얻을까 하여 허다한 사람들에게 원고를 들이밀었다. 자의든 타의든, 내 원고를 읽은 모든 분들께 나는 빚진 자다.

먼저 나의 남편과 가족이 오랜 세월 귀에 못이 박히도록 룻 이야기를 듣느라 얼마나 괴로웠을지 상상이 안 된다. 열 번도 넘게 다 썼다고 했지만, 이제야 마무리하게 되었다. 그동안 내가 룻 이야기에 집중할 수 있도록 기다려 준 남편과 가족, 친구들에게 감사의 마음을 전한다.

나를 사랑으로 키워 주시고, 밤마다 성경 읽는 소리를 들으며 잠들 수 있게 해 주신 부모님께 감사드린다.

특별히 헌신적으로 사랑하고 위로해 준 친구 캐더린에게 감사의 인사를 전한다. 캐더린의 도움이 없었다면, 이 책은 나오지 못했을 것이다. 그녀에게 일곱 배의 축복이 임하길 바란다.

편집자 존과 메리 제인, 낸시와 트레이시에게도 큰 박수를 보낸다. 이들이 없었다면, 독자들은 적잖이 헤맸을 것이다.

원고를 읽고 유대인의 전통을 다룬 내용에 대해 비평해 준 친절한 유대인 여성, 나오미와 앤과 셜리와 제이미에게 감사드린다.

이스라엘을 위한 강력한 기도의 전사들인 주디와 앤, 부바와 제니퍼에게도 감사의 마음을 전한다. 이들이 매주 기도의 벽 안에서 성취한 일들은 천국에서 기억될 것이다. 무엇보다 이 책을 위해 기도해 준 것에 깊이 감사드린다.

위로하고 도와주길 멈추지 않았던 세 친구, 보이드 목사님과 앨런 목사님, 브라운 목사님과 그들의 사역 위에 큰 축복이 함께하길 빈다.

제니는 나와 '멤피스의 이스라엘을 위한 그리스도인 친구들'에게 큰 축복이다. 자신이 가진 재능을 기꺼이 공유해 준 그의 헌신에 감사드린다.

솔직하게 의견을 나눠 준 특별한 독자 몇 분께도 감사드리며 그들을 축복한다.

끝으로, 강력한 위로의 부내가 되어 준 사랑하는 친구들, 베리 제인과 낸시, 도일, 미리암, 드니스, 케이시, 데브라, 샤론, 수잔, 앤에게 정말 고맙다. 친구들의 고귀한 헌신에 하나님께서 일일이 갚아 주시기 바란다.

한국어판 서문

사랑하고 존경하는 독자 여러분!

이 책의 한국어판이 출간된 것에 감사드리며 여러분께 인사드립니다.

2009년에 이 책을 낸 후, 독자들이 각자 룻과 나오미의 여정을 걸어갈 수 있도록 도와주는 가이드북이 있으면 좋겠다는 생각에 동일한 제목으로 워크북을 출간했습니다.

2011년에는 《유대인 혁신가들》Jews Game Changers이라는 책을 썼습니다. 처음에는 출간을 목적으로 하지 않았습니다. 그저 저같이 평범한 사람에게 하나님이 허락하신 놀랍고 광대한 일들을 손자들에게 남겨 주고자 했을 뿐입니다. 그런데 하나님께서 룻과 같이 유대인을 사랑하고 유대인과 그리스도인 사이의 벽을 허무는 일에 제가 동참하기 원하신다는 생각이 들었습니다. 제가 경험한 사건들을 기록해 나가면서 얼마나 하나님이 그 벽을 허물기 원하시는지 다른 사람들도 알게 되면 좋겠다고 생각했습니다. 룻기를 재미있게 읽으셨다면, 18가지 이야기로 구성된 이 책을 통해서도 하나님께서 얼마나 나오미와 룻의 연합을 원하시는지 알게 될 것입니다.

그 이후로는 책을 쓰지 않았지만, 유대인을 무조건적으로 사랑하는 것이 그리스도인을 향한 하나님의 뜻이라는 생각에는 변함이 없습니다. 그러던 중 하나님께서는 생각지도 못한 유대인과 관련된 일에 저를 개입시키셨습니다. 2009년 가을에 한 번도 만난 적 없는 어느 중학교 교사로부터 이메일을 받았습니다. 홀로코스트 생존자를 학교에 초대하고 싶어서 수소문하던 중 우리 지역의 랍비가 제가 그 일을 도울 수 있을 거라고 소개해 준 것입니다. 결국 저의 소개로 유대인 두 분이 학생들 앞에서 홀로코스트에서 살아남은 경험을 이야기하게 되었습니다.

얼마 후 그 교사는 다시 이메일을 보내 학생들과 함께 홀로코스트 프로젝트를 시작하고 싶다고 전해 왔습니다. 그래서 저와 두 교사가 만나 실무를 협의하는 과정에서 홀로코스트에서 희생된 유대인 어린이들을 상징하는 150만 개의 동전을 모으기로 결정했습니다. 조그맣게 시작한 프로젝트가 3년에 걸쳐 4톤이 넘는 동전을 모으게 될 줄은 아무도 몰랐습니다.

우리는 유대인 조각가에게 의뢰하여 아우슈비츠에서 죽어간 이름 모를 어린이들의 동상을 만들고 '무명의 어린이'라고 불렀습니다. 그리고 최근에는 '무명의 어린이 홀로코스트 기념관'을 짓기 위해 부지를 매입했습니다. 그곳은 과거 엘비스 프레슬리의 소유지로, 엘비스의 집이었던 그레이스랜드로부터 약 13킬로미터 떨어진 곳입니다. 이 장소가 특별한 것은 외가가 유대인이었던 엘비스 역시 유대인이었기 때문입니다.

www.unknownchild.org에서 이 사업에 대해 자세히 알아보실 수 있으며, 후원을 원하시면 '동전 붙이기' 캠페인에 동참하실 수 있습니다. 18달러(18은 '생명'을 상징합니다)를 후원하시면, 기념관의 '다윗의 별'이라는 벽에 희생된 어린이 한 명을 상징하는 동전을 붙일 수 있고, 후원자의 성명은 기념책에 기록됩니다.

여러분께 축복과 평화가 임하기를 기원합니다.

2017년 5월 31일

다이앤 A. 맥닐

당신은 지금 유대인과 이방인 사이의 성경적 관계에 대해

더 깊고 넓은 이해를 갖게 해 줄 여행의 시작점에 서 있다.

RUTH

목차

R U T H

머리말

하나님의 말씀을 다루는 일의 엄중함을 잘 알기에 두렵고 떨리는 마음으로 이 책을 낸다. 야고보서 3장 1절은 선생은 그 영향력으로 인해 남들보다 더 큰 심판을 받는다고 하며 차라리 "선생이 많이 되지 말라"고 경고한다.

이와 같은 일을 하나님께 구한 바 없고 작가가 되기를 원한 적도 없기 때문에 더 큰 심판을 받을지도 모르는 일을 스스로 시작할 이유가 없었다. 그리고 막상 시작해 보니 쉽지도 않은 일이었다. 이 책을 쓰는 지난 10년 내내 하나님께서 하시는 일이 아니라면 멈추게 해 달라고 수차례 눈물로 간구했다. 그리고 앞이 막힌 듯 아무것도 보이지 않을 때면 엎드려서 "아버지, 저를 도와주시지 않으면 더 이상은 못하겠어요!" 하며 울부짖었다. 그럴 때마다 아버지께서 친히 도와주시고 필요한 것을 깨우쳐 주셨다. 단 한 번도 지체하거나 멈추게 하지 않으셨다. 오히려 포기하지 않고 매진하도록 거듭 도와주셨다.

종종 사탄이 찾아와 "이런 일을 시작하다니, 참 어리석구나. 감히 네가 성경을 풀 수 있다고 생각하느냐"며 조소하곤 했다. 어떻게 보면 그 말이 맞았다. 하지만 크고 놀라우시며 누구와도 비교할 수 없는 하나님은 평범한 주부에 불과한 사람도 사용하실 수 있었다. 파고들면 들수록 하나님께서는 성경과 유대인 친구들, 수많은 자료들과 체험을 통해 풍성하게 먹이셨다.

이 책은 룻이라는 인물의 실제 사건을 이야기함과 동시에 그 사건의 이면에 깔린 상징성을 다룬다. 룻기에 등장하는 인물들에게는 각각 숨겨진 상징적 의미, 다시 말해 우의(寓意)가 있다. 하나의 사건을 근간으로 동시에 두 개의 의미가 평행선을 달린다. 이 책을 읽다가 갑자기 맞닥뜨리는 반전 때문에 당황하거나 놀랄 수도 있고, 말로 표현할 수 없는 흥분을 느끼거나 눈물을 흘리게 될 수도 있다. 다시는 룻기가 '잘 먹고 잘 살았다'라고 하는 단순한 사랑 이야기로 보이지 않을 것이다.

룻기는 오늘날 큰 논란거리가 되고 있는 '내가 유대인 또는 이스라엘과 무슨 상관이 있는가'에 대한 해답을 제시한 방대한 규모의 예언서다. 룻기를 진지하게 읽은 복음주의 그리스도인이라면, 그것이 '민감한 사안'이라며 대답을 회피할 수 없을 것이다. 이도 저도 아닌 양다리는 있을 수 없다. 오늘날 세계 주요 권력자들의 초미의 관심사이기도 한 이스라엘과 유대인은 하나님의 의제 중에서도 우선순위에 있다. 이것이 매우 중요한 안건이기에 단체, 국가로서 뿐만 아니라 주님의 몸 된 개인으로서 각자 책임을 져야 한다.

당신은 지금 유대인과 이방인 사이의 성경적 관계를 더 깊고 넓게 이해하게 될 여행의 시작점에 서 있다. 이 주제에 대해 룻기처럼 명료한 책이 없으며, 역사상 지금처럼 하나님께서 룻기를 선명하게 계시하신 적도 없다.

이 책의 근원과 배후는 전능자 하나님이시다. 그분은 한 구절 한 구절 깨우쳐 주시고, 경험으로 알게 하셨다. 이것을 기록한 목적은 단 한 가지, 하나님께서 나를 부르셨기 때문이다. 여기에 다른 선택의 여지는 없었다.

전체 12장으로 구성된 이 책은 룻기의 내용을 처음부터 찬찬히 살펴본다. 책의 말미에는 기본적인 유대인의 삶과 관습을 이해하는 데 도움이 되도록 '알고 있나요?'라는 제목으로 열두 편의 짤막한 정보들을 묶어 두었다. 유대인의 관습과 전통, 절기를 알면 룻기를 더 쉽게 이해할 수 있다. 이것은 성경공부뿐만 아니라 유대인 동료나 이웃이 있는 사람에게 유용한 지식이다. 그런데 이것을 마지막에 몰아서 읽지 말고, 본문의 각 장과 짝을 맞춰 읽기를 권한다(예를 들어, 1장이 끝나면 '1. 안식일'을 읽고, 2장이 끝나면 '2. 코셔'를 읽는다). 또한 본문에 언급된 내용을 뒷받침하는 도표도 삽입했다.

하나님께서 당신에게 지혜 주시기를 기도한다. 그리고 당신이 룻기의 역사 속으로 거슬러 올라가 마침내 미래를 향해 발을 내딛을 때, 하나님께서 당신을 축복하시기를 바란다.

1장

베들레헴에서 모압으로

_룻 1:1-2

1995년 8월 19일 주일 아침, 생각지 못한 놀라운 여정이 시작되었다. 나는 편도선염이 도져 앓아누워 있었고, 남편 켄은 교회에 간다고 나갔다. 열은 펄펄 끓고 침을 삼키기 어려울 정도로 목이 아파 차라리 죽는 것이 낫겠다 싶었다. 그런데 문득, 육성처럼 선명한 목소리가 들렸다. "안녕하세요, 제 이름은 룻입니다. 나를 묵상하는 것은 슈퍼마켓에 가는 것과 같답니다." 충격이었다. 몸이 아프다는 사실을 잠시 망각한 나는 벌떡 일어나 책상으로 가서 금방 들은 음성을 적어 두고, 성경을 집어 다시 침대로 돌아왔다. '무슨 소릴까?' 기대감에 서둘러 룻기를 펼쳤다. 무언가 보물 같은 하나님의 계시가 불쑥 튀어나올 것 같았다!

4장밖에 안 되는 룻기를 단숨에 읽었지만, 실망스럽게도 새로운 내용은 털끝만큼도 보이지 않았다. 그렇지만 하나님께서 정말 무언가 말씀하셨다고 믿었기 때문에 낙담하지는 않았다. 오히려 그 음성이 무엇을 의미하는지 깨달을 때까지 포기하지 않겠다고 다짐했다.

이후 몇 달간 구할 수 있는 모든 번역본을 구하여 룻기를 읽고 또 읽었다. 하지만 예전에 알던 결론과 다른 내용은 전혀 없었다. 주석이나 논문자료, 성경사전을 샅샅이 뒤져도 새로운 깨달음은 없었다.

나는 굴하지 않고 처음부터 다르게 접근해 보기로 했다. 룻기를 '묵상'해야 한다는 것은 알겠는데, '슈퍼마켓'이라는 부분은 전혀 짐작이 가지 않았다. 나는 무작정 동네 슈퍼마켓에 전화를 걸어 그곳에 진열된 상품이 몇 가지냐고 물었다. 별 기대 없이 던진 질문이었는데, 이런 대답이 돌아왔다. "보통 때는 3만 종 정도 됩니다만, 명절 때는 5만 종 정도입니다." 순간 귀를 의심했다. 슈퍼마켓에서 그렇게 많은 상품을 파는 줄 꿈에도 몰랐다.

전화를 끊고 부엌으로 가서 우리 집에 있는 물건의 종류를 세어 보았다. 그러자 이런 계산이 나왔다. 우리 집에 500종의 물품이 있다면, 3만 종을 기준으로 1.67퍼센트를 가지고 있는 셈이다. 만약 1,500종을 가지고 있다면(이것만 해도 너무 많은 거 아닌가), 그래봐야 5퍼센트 수준이다. 나는 곰곰이 생각해 보았다. 백분율로 봤을 때, 실제로 구입 가능한 물건의 숫자에 비해 나는 너무 적은 양을 가지고 있었다. 그제서야 하나님께서 룻기에 대해 무슨 말씀을 하고 싶으셨는지 이해가 되었다.

쇼핑을 할 때 대부분 항상 같은 코너에서 같은 물건을 집어오는 고정된 틀에서 벗어나지 못하듯 룻기를 읽을 때도 항상 같은 것만 집어왔다. 늘 익숙한 관점으로만 읽었기 때문에 룻기가 내포한 심오한 진리를 깨닫지 못했던 것이다. 진리의 보물은 항상 그곳에 있지만, 익숙한 영역을 넘어 모험을 떠날 때에만 내 것이 된다. '낯선' 코너에서 생소한 '물건'을 집어 직접 사용해 봐야 한다. 나의 '구매습관'을 바꿀 때, 그 '물건'들이 나에게 소용이 있다.

슈퍼마켓의 물건이 보통 때는 3만 종이지만 명절에 5만 종으로 늘어나는 것처럼 룻기 역시 유대인의 3대 주요절기에 맞춰 이해할 때 그 의미가 증폭된다는 사실도 깨달았다.

하나님께서 이런 특이하고 직접적인 방법으로 내게 말씀하셨다는 사실이 놀라웠다. 하나님은 한 이방 여인(룻)과 우리 동네 슈퍼마켓을 통해, 그리고 말씀묵상을 통해 내게 말씀하셨다. 그렇게 모든 일이 시작되었다. 책을 쓰는 것이 놀이기구를 탄 것처럼 정신없는 과정이었지만, 나는 이 책을 무엇과도 바꾸고 싶지 않다. 이 책을 통해 많은 이들이 룻기를 새로운 관점으로 바라보고, 룻기라는 드넓은 슈퍼마켓에서 예전과는 다르게, 새로운 방식으로 쇼핑해 보기를 권한다.

> 사사들이 치리하던 때에 그 땅에 흉년이 드니라 유다 베들레헴에 한 사람이 그의 아내와 두 아들을 데리고 모압 지방에 가서 거류하였는데 룻 1:1

사사 시대는 이스라엘 역사에 있어 오점을 남긴 시대다. 우리 교회 목사님은 사사기 설교를 할 때, 마지막 세 장을 이렇게까지 표현하곤 했다. "사사기 19-21장은 성경의 시궁창이라 할 정도로 가장 더러운 부분입니다."[1)] 바로 이 시대에서 이야기는 시작한다.

1절에는 이 시대에 하나님이 이스라엘과 함께하지 않으셨다는 사실을 암시하는 실마리가 몇 군데 있다. “그 땅에 흉년이 드니라”가 첫 암시인데, 이스라엘에 흉년이 들 수 있는 원인은 다음 구절 외에 성경 어디에서도 발견되지 않는다.

> 내가 오늘 너희에게 명하는 내 명령을 너희가 만일 청종하고 너희의 하나님 여호와를 사랑하여 마음을 다하고 뜻을 다하여 섬기면 여호와께서 너희의 땅에 이른 비, 늦은 비를 적당한 때에 내리시리니 너희가 곡식과 포도주와 기름을 얻을 것이요 또 가축을 위하여 들에 풀이 나게 하시리니 네가 먹고 배부를 것이라 너희는 스스로 삼가라 두렵건대 마음에 미혹하여 돌이켜 다른 신들을 섬기며 그것에 절하므로 여호와께서 너희에게 진노하사 하늘을 닫아 비를 내리지 아니하여 땅이 소산을 내지 않게 하시므로 너희가 여호와께서 주신 아름다운 땅에서 속히 멸망할까 하노라 신 11:13–17

하나님은 이스라엘 백성이 전심으로 하나님을 사랑하고 섬기면, 곡식과 가축을 위해 비를 주실 것을 약속하셨다. 그러나 그들이 반복하여 명령에 따르지 않았을 때에는 스스로 하신 약속을 지키기 위해 그들에게 기근을 주셨다. 하지만 그들이 회개하고 돌이키면, 기근을 끝내거나 풍요로운 축복을 주셨다.[2)]

백성이 이 명령을 잘 지키도록 하기 위해서 하나님은 모세로 하여금 백성에게 명하여 성경구절을 이마와 손목에 매어 매일 기도하게 하셨다(오늘날까지 이 명령을 지키는 유대인이 있다).[3] 그중 하나가 신명기 11장에 나온다.[4] 그들이 하나님 말씀에 순종했다면, 흉년은 찾아오지 않았을 것이다.

룻기 1장 1절에서는 그 땅에 흉년이 들었을 뿐 아니라 한 가족이 베들레헴을 떠나 모압에 가서 살았다고 한다. 그런데 이방 땅 모압에 갔다는 사실이 또 문제다.

창세기 12장 1절에서 하나님은 아브람에게 아버지의 집을 떠나 하나님께서 보여 주실 땅으로 가라고 하셨다. 아브람은 명령에 순종하여 조카 롯과 함께 길을 떠났다. 후에 아브람과 롯의 하인들이 가축 떼를 먹이는 문제로 다투게 되자 아브람은 롯에게 먼저 땅을 고를 선택권을 주며 헤어질 것을 제안했다. 롯은 푸른 초원을 낀 소돔과 고모라를 선택하고 아브람은 나머지 땅을 취했다. 그리고 우리가 잘 알듯 하나님께서 소돔과 고모라를 심판하기로 작정하셨을 때, 롯과 그의 가족들에게 뒤돌아보지 말고 도시를 떠나라고 하셨다. 그러나 유혹을 참지 못하고 뒤돌아본 롯의 아내는 불순종의 결과로 소금기둥이 되었다.

소돔과 고모라를 떠난 롯과 그의 두 딸은 근처 동굴에 정착하였다. 시간이 흐른 뒤 롯의 두 딸은 자신들에게 결혼이나 출산의 기회가 허락되지 않을 것이라 생각하고 직접 문제를 해결했다. 그들은 둘 다 아버지를 술에 취하게 하여 성관계를 맺고 임신을 했다. 큰딸은 아들을 낳고 '모압'(모압 족속의 조상)이라 불렀는데, 이는 '어머니의 아버지에게서 나다'라는 뜻이다(표 1 참조). 둘째 딸은 자신의 아들을 '벤암미'(암몬 족속의 조상)라 하였는데, '내 근친의 아들'이라는 뜻이다(창 19:30-38).

그러므로 모압은 롯 자손의 땅이며, 아브라함(그리고 엘리멜렉의) 자손에게는 적의 땅이기도 하다. 바로 그 모압으로 이 가족이 흉년을 피해 도망을 간 것이다. 유대인 가족에게 모압은 매우 이례적인 피난처였다.

> 그 사람의 이름은 엘리멜렉이요 그의 아내의 이름은 나오미요 그의 두 아들의 이름은 말론과 기룐이니 유다 베들레헴 에브랏 사람들이더라 그들이 모압 지방에 들어가서 거기 살더니 룻 1:2

이제까지 접한 대부분의 설교에서 나오미는 이스라엘을, 룻은 교회를, 보아스는 예수님을 상징한다고 들었다. 그런데 룻기 연구를 시작한 후, 이런 생각이 들었다. '하나님은 룻기에 나오는 모든 인물이 아니라 왜 몇 사람만 골라 상징을 부여하신 것일까?' 인물 전체에 상징적 역할을 부여하는 것이 하나님께 무리였을까? 그런데 이것이 하나님을 제한하는 것이라는 생각이 들었다. 나는 룻기에 나오는 모든 인물의 상징적 역할을 찾아보기로 했다(우화는 등장인물이나 사건, 상황 속에 상징적 의미가 숨겨져 있는 이야기로, 주로 가르치고 교훈하기 위해 사용된다).

2절에는 엘리멜렉과 나오미, 말론과 기룐이라는 네 명의 인물이 등장한다. 나오미가 이스라엘이라면, 남편과 두 아들은 무엇을 상징할까? 비밀을 풀기 위해 먼저 이름에 담긴 의미를 찾아야 한다.

엘리멜렉은 히브리어로 '하나님은 왕이시다, 왕권이 내게 있다, 내게서 왕이 나리라' 등의 뜻을 가지고 있다. 나오미가 이스라엘이면, 남편 엘리멜렉은 다름 아닌 하나님일 수밖에 없다. 이유는 이사야서 54장 5

절에 나온다.

> 이는 너를 지으신 이가 네 남편이시라 그의 이름은 만군의 여호와이시며 네 구속자는 이스라엘의 거룩한 이시라 그는 온 땅의 하나님이라 일컬음을 받으실 것이라

재미있는 사실은, 내가 읽은 유대교 주석서에는 모든 것이 엘리멜렉 탓이라고 나온다는 점이다. 가족을 데리고 베들레헴을 떠난 것도 엘리멜렉이요, 그들을 가혹한 처지로 내몰리게 한 것도 엘리멜렉이다. 권위 있는 주석서로 평가받는 '미드라쉬'는 엘리멜렉의 이름이 거만한 성격을 드러낸다고 기록한다. "엘리멜렉은 '내가 왕이 되리라'며 거들먹거리곤 했다. 자신이 왕위에 오를 사람이라고 우쭐대며 유명인사 행세를 했다. 그는 고향 땅을 버리는 행위가 낳을 결과를 미리 고려했어야 했으나 그러지 못했기 때문에 마땅한 대가를 치렀다."[5] 만약 엘리멜렉이 하나님이 낫다면, 이것은 내단히 위중한 혐의이다.

엘리멜렉 아내의 이름은 나오미로, '나의 기쁨'이란 뜻이다. 그리고 두 아들, 말론과 기룐은 각각 '허약한 자'와 '병든 자'를 뜻한다.

그렇다면 두 아들은 무엇을 상징할까? 이들이 흥미로운 인물들이기는 하나 엘리멜렉이나 나오미처럼 상징하는 바를 정의하기가 그리 간단치 않았다. 그러던 어느 날, 하나님께서 그들에 대해 깨우쳐 주셨다. 나는 그날 이 여정이 제대로 가고 있구나 싶어 신이 났다. 두 아들은 이스라엘 역사 안에서의 '허약하고' '병든' 두 시대, 즉 사사 시대와 왕정 시

대를 의미한다. 두 아들의 특성을 발견하고 나서 이들의 죽음과 두 시대의 종말 사이에 어떤 연관성이 있는지에 주목하자 놀라운 사실을 발견했다!

삼손은 사사기 말기의 대표적 사사이다. 삼손 이야기는 다들 잘 알지만, 삼손이 치리하던 시기에 사사 시대가 막을 내렸다는 사실은 모르는 이들이 많다. 사사기 16장 21절을 보자.

> 블레셋 사람들이 그를 붙잡아 그의 눈을 빼고 끌고 가사에 내려가 놋 줄로 매고 그에게 옥에서 맷돌을 돌리게 하였더라

여기서 블레셋 사람들이 삼손의 눈을 빼고 놋 줄로 매어 가두었다는 점을 기억하기 바란다. 이제 시간을 빨리 돌려 왕정 시대 말기로 가보자. 예루살렘 멸망 전, 마지막 왕은 시드기야였다. 열왕기하 25장 5-7절은 이렇게 말한다.

> 갈대아 군대가 그 왕을 뒤쫓아가서 여리고 평지에서 그를 따라 잡으매 왕의 모든 군대가 그를 떠나 흩어진지라 그들이 왕을 사로잡아 그를 립나에 있는 바벨론 왕에게로 끌고 가매 그들이 그를 심문하니라 그들이 시드기야의 아들들을 그의 눈앞에서 죽이고 시드기야의 두 눈을 빼고 놋 사슬로 그를 결박하여 바벨론으로 끌고 갔더라

왕정 시대의 시드기야 왕국도 사사 시대의 삼손과 같은 결말을 맞았

다. 그들을 향한 경고도 이미 예언되어 있었다.

> 너희가 만일 돌아서서 너희 중에 남아 있는 이 민족들을 가까이 하여 더 불어 혼인하며 서로 왕래하면 확실히 알라 너희의 하나님 여호와께서 이 민족들을 너희 목전에서 다시는 쫓아내지 아니하시리니 그들이 너희에게 올무가 되며 덫이 되며 너희의 옆구리에 채찍이 되며 너희의 눈에 가시가 되어서 너희가 마침내 너희의 하나님 여호와께서 너희에게 주신 이 아름다운 땅에서 멸하리라 수 23:12-13

'사사기'와 '왕정기' 모두 이방 땅에서 눈을 빼앗기고 묶여 멸절되었다. 둘 다 그들을 의지하던 존재, 이스라엘을 실망시키고 말았다. 그 결과, 나오미는 속수무책으로 방치되었다.

2장

모압에서의 10년, 남편과 아들의 죽음

_룻 1:3-7

엘리멜렉 ________

나오미 ________

말론 ________

기룐 ________

룻기는 상징성을 내포한 우화로 볼 수 있으며, 각각의 등장인물에게는 부여된 혹은 이면에 감춰진 배역이 있다. 그래서 각 장을 시작할 때, 등장인물의 이름을 순서대로 적어 두었다. 이름 옆 빈 공간에 그들이 맡은 배역을 기입하면, 이중적 의미가 더 명확하게 보인다(상징적으로 엘리멜렉은 하나님, 나오미는 이스라엘, 말론은 사사 시대, 기룐은 왕정 시대를 의미한다).

앞에서 사사 시대와 왕정 시대의 종말을 보았다. 삼손과 시드기야 왕 모두 눈을 잃고 놋 사슬에 묶여 이방 땅으로 잡혀갔다. 두 시대를 합쳐 모두 40명의 사사와 왕이 각각 400년씩 치리했다.[6] 40과 400, 이 두 숫자에는 무슨 의미가 있을까? 부록의 '표 10 유대인의 수비학'에 주요 숫자들의 상징적 의미가 나온다.

유대학자들에 의하면 40은(400도 마찬가지다) '근신기간, 거룩한 시험의 시간'이다. 40명의 사사와 왕이 400년씩 근신과 시험의 시간을 보냈다면, 결과는 어땠을까? 불행하게도 그들은 이스라엘을 총체적 난국에 빠뜨리며 비참한 낙제점을 받았다. 그러면 사사기와 왕정기에 대한 이러한 평가가 허약하고 병든 말론과 기룐에게도 적용될까? 두 시대가 이스라엘에 한 일이 두 아들이 나오미에게 한 것과 같을까? 이 아들들도 이방 땅에 나오미를 내버려 둔 채 사라져 버릴까?

룻기와 관련된 또 하나의 흥미로운 사실은, 구약성경 안에서 룻기의 위치다. 성경의 순서를 보면, 먼저 사사기가 있고 다음에 룻기, 사무엘상·하, 열왕기상·하가 따라온다. 원래 사무엘과 열왕기서는 한 권의 책이다(사무엘상·하는 다윗 왕의 성장과 통치를, 열왕기상·하는 그 외 다른 왕들의 이야기를 다룬다). 사랑과 소망, 믿음과 헌신의 이야기인 룻기가 하나님을 잃어버린 인간 중심의 두 시대 사이에 끼어 있는 것이다.

나오미의 남편 엘리멜렉이 죽고 나오미와 그의 두 아들이 남았으며 룻 1:3

3절에 이르러서는 이런 생각이 들었다. '룻기를 상징적 관점으로 접근하도록 하신 분이 하나님이신데, 영원하신 하나님을 상징하는 엘리멜렉이 죽다니, 이건 뭐지? 도저히 말이 안 돼!' 하나님께서 성경으로 풀어 주시지 않는 한 더 이상 앞으로 나아갈 수 없다는 생각이 들었다.

나는 이스라엘에서 태어나 히브리어를 모국어로 사용하는 한 유대인 친구에게 전화를 걸어 '타나크'(유대인이 자신들의 경전을 일컫는 말, 구약성경에 해당한다)에서는 이 구절에 나오는 '죽고'의 의미가 뭐냐고 물었다. 친구는 이렇게 대답했다. "죽었다는 것은 죽었다는 뜻이지." 나는 말했다. "그럴 리가 없어." 친구가 말했다. "맞다니까." 하지만 나는 분명 무언가 있다는 것을 알았고, 그것을 찾아야만 했다. 그러나 아무리 주석과 사전을 뒤져도 분명 있을 것 같은 그 무언가를 찾을 수 없었다.

어느 날, 책을 전부 다 뒤질 작정으로 기독교 서점에 갔다. 《스트롱 성구사전》Strong's Concordance을 펼치자 거기에 찾던 조각이 떡하니 있었다. 이 사전은 집에도 있었고, 몇 번이나 찾아보았지만 이전에는 그 내용을 보지 못했다. 성경에서 '죽고'라고 번역된 히브리어 '무스'mooth는 문자적으로 '죽이다, 죽다'라는 뜻이지만, 문학적·상징적 표현으로도 사용된다고 나와 있었다.[7] 이야기 속에서 엘리멜렉은 문자적으로 죽었지만, 엘리멜렉(하나님)은 이스라엘을 향해 상징적 의미로 죽은 것이었다.

엘리멜렉이 죽었을 즈음 이스라엘의 상황을 살펴보자. 하나님만이 이스라엘의 '통치자'이시며, 이것은 하나님께서 이스라엘 백성과 광야에서 맺은 언약이다. 출애굽기 19장 4-6절에서 하나님은 모세에게 이스라엘 자손을 향해 이렇게 전하라고 하신다.

> 내가 애굽 사람에게 어떻게 행하였음과 내가 어떻게 독수리 날개로 너희를 업어 내게로 인도하였음을 너희가 보았느니라 세계가 다 내게 속하였

나니 너희가 내 말을 잘 듣고 내 언약을 지키면 너희는 모든 민족 중에서 내 소유가 되겠고 너희가 내게 대하여 제사장 나라가 되며 거룩한 백성이 되리라 너는 이 말을 이스라엘 자손에게 전할지니라

모세가 이 말을 전하자 그들은 한 목소리로 답한다. "여호와께서 명령하신 대로 우리가 다 행하리이다"(출 19:8). 이로써 그들은 하나님과 법적 구속력을 가진 계약관계에 들어가 '선택받은 족속', 하나님의 나라가 되었다(엘리멜렉의 이름이 '왕권이 내게 있다'라는 의미임을 기억하라). 하나님께는 다스릴 땅이나 나라가 필요치 않으셨다. 이미 모든 것이 하나님의 소유였기 때문이다. 하나님께서는 스스로 그분께 나아오는 백성을 누구보다 귀하게 높이길 원하셨다. 하지만 이스라엘 백성은 언약을 떠나 다른 길로 가기 시작했다.

모세와 여호수아가 죽고 이스라엘에 위기가 닥치자 하나님께서는 사사를 세워 '전달자'가 되게 하셨다. 다스리는 분은 하나님뿐, 사사는 다스리는 자가 아니었다. 하지만 사사기 8장 22~23절에서 이스라엘 백성이 기드온에게 하는 말을 들어 보자.

그 때에 이스라엘 사람들이 기드온에게 이르되 당신이 우리를 미디안의 손에서 구원하셨으니 당신과 당신의 아들과 당신의 손자가 우리를 다스리소서 하는지라 기드온이 그들에게 이르되 내가 너희를 다스리지 아니하겠고 나의 아들도 너희를 다스리지 아니할 것이요 여호와께서 너희를 다스리시리라 하니라

기드온은 백성의 악한 요구를 꾸짖으며 오로지 하나님께서 다스리신다고 경고한다. 이처럼 이스라엘은 하나님과 언약관계 안에 있었으며, 아무것도 이 언약을 바꿀 수 없었다.

하지만 이스라엘 백성은 패역을 멈추지 않는다. 사무엘상 8장 4-7절에 보면, 장로들이 사무엘을 찾아가 그가 늙었고 그의 아들도 원치 않으니 주변국과 같이 그들을 다스릴 왕을 달라고 요구한다. 화가 난 사무엘이 하나님께 기도하자 이렇게 말씀하신다.

> 백성이 네게 한 말을 다 들으라 이는 그들이 너를 버림이 아니요 나를 버려 자기들의 왕이 되지 못하게 함이니라 삼상 8:7

하나님께서는 사무엘에게 백성이 원하는 것을 주라고 말씀하신다. 우리에게 자유의지를 주신 하나님께서는 우리가 원하는 것을 선택할 자유도 주신다. 그 선택이 하나님을 거부하는 것일지라도 하나님은 허용하신다. 그들은 최고 통치자로서의 하나님을 거부하기로 선택하였다.

상징적 관점에서 성경은 이스라엘이 과부 되었던 적이 있다고 말한다(죽음이 선행되지 않으면 과부가 될 수 없다). 다음은 이사야가 '과부 된' 이스라엘을 메시아께서 회복시키실 것이라고 말하는 장면이다.

> 두려워하지 말라 네가 수치를 당하지 아니하리라 놀라지 말라 네가 부끄러움을 보지 아니하리라 네가 네 젊었을 때의 수치를 잊겠고 과부 때의 치욕을 다시 기억함이 없으리니 사 54:4

이 말씀에 따르면, 이스라엘은 영원히 과부로 남지 않는다. 언젠가는 젊은 시절에 당한 수치와 과부로서 받았던 치욕을 잊어버릴 것이라고 한다.

다시 룻기로 돌아와서 성경은 엘리멜렉이 죽었다는 사실만 말할 뿐 구체적 상황에 대해서는 함구한다. 하지만 우리는 이스라엘에 대한 하나님의 상징적인 죽음이 일어난 상황을 알고 있다. 에스겔이 그 가슴 아픈 이야기를 전해 주었기 때문이다.

에스겔서 9-11장에서 하나님께서는 포로 신분의 에스겔을 이스라엘로 데리고 가셔서 '죽음'의 현장을 환상으로 보게 하신다. 에스겔은 하나님의 손에 붙들려 그룹에 머물렀던 여호와의 영광이 성전 문지방에 이르는 장면을 보았다(겔 9:3). 여호와의 영광은 동쪽으로 움직여 성전 문지방에 머물다가(겔 10:3) 다시 동문 입구에 멈추어 그 위를 덮었다(겔 10:19). 그리고 여호와의 영광이 감람산 위에 머무르는 것을 본 에스겔은 바벨론으로 돌아왔다(겔 11:23).

어떤 신과도 비길 수 없는 만군의 여호와, 이스라엘의 남편 되신 하나님(사 54:5)께서 스스로 선택하신 백성으로부터 여호와의 영을 거두고 떠나가시는 장면을 목도한 에스겔의 비애가 얼마나 컸을까? '백성의 요구에 따라' 하나님은 그날 이스라엘을 향해 (상징적으로) 죽으셨다. 제사장 나라, 거룩한 백성을 위하여 하나님께서는 인간이 세운 왕에게 보좌를 내어 주셨다. 오스왈드 챔버스는 《주님은 나의 최고봉》My Utmost For His Highest 1월 20일자 묵상에서 "만일 주님이 아닌 다른 것에 의지하게 될 때, 당신은 주께서 떠나시더라도 결코 깨닫지 못할 것입니다"라고 하였다. 이

보다 슬픈 일은 없다.

> 그들(두 아들)은 모압 여자 중에서 그들의 아내를 맞이하였는데 하나의 이름은 오르바요 하나의 이름은 룻이더라 룻 1:4

엘리멜렉은 이야기에서 사라지고, 이제 그의 두 아들이 이방민족 모압 여성과 결혼한다. 모압에서는 어떻게 결혼이 성사될까? 일반적으로 신랑의 아버지가 신부 될 여인의 아버지를 찾아가 합의를 맺고, 신부와 신부의 아버지에게 예물을 준다. 딸의 부모 입장에서 결혼은 키우느라 들인 공이 헛것이 되는 일종의 밑지는 장사였다. 그래서 신랑의 아버지는 신부의 아버지에게 그것을 '변상'하기 위한 선물을 주었다. 더러 신랑의 아버지가 신부에게 선물을 주기도 하고, 신랑도 신부에게 선물을 주기도 했다. 이 가족의 경우 엘리멜렉이 죽었으니 아마도 나오미가 그 역할을 하지 않았을까 추측할 수 있다.

이와 비슷한 시기에 행해진 결혼식의 예가 성경에 나오는데, 당시의 결혼풍습을 이해하기 위해 잠시 살펴보자. 삼손이 이방 여인에게 구혼하기 위해 아버지에게 이야기하는 장면이다.

> 삼손이 딤나에 내려가서 거기서 블레셋 사람의 딸들 중에서 한 여자를 보고 올라와서 자기 부모에게 말하여 이르되 내가 딤나에서 블레셋 사람의 딸들 중에서 한 여자를 보았사오니 이제 그를 맞이하여 내 아내로 삼게 하소서 하매 그의 부모가 그에게 이르되 네 형제들의 딸들 중에나 내

백성 중에 어찌 여자가 없어서 네가 할례 받지 아니한 블레셋 사람에게 가서 아내를 맞으려 하느냐 하니 삼손이 그의 아버지에게 이르되 내가 그 여자를 좋아하오니 나를 위하여 그 여자를 데려오소서 하니라 삿 14:1-3

어느 누가 삼손을 거역하겠는가? 부모라도 그럴 수 없었다. 이방 신을 섬기는 적국의 여인에게 장가를 가겠다고 우기는 아들이 있다면, 부모 속은 까맣게 탈 것이다. 과거에도 그랬지만, 수천 년이 지난 지금도 유대인과 비(非)유대인의 결혼은 작은 일이 아니다. 아직도 이로 인한 갈등이 심각하다. 내가 아는 두 친구의 결혼식이 그런 예다.

두 사람은 직장에서 만나 사랑에 빠졌다. 신부는 엄격한 유대인 가정에서 자랐고, 신랑은 신실한 그리스도인 가정에서 자랐다. 신부의 부모는 결혼을 반대했지만, 딸은 순종하지 않았다. 딸이 허락 없이 결혼식을 올리자 부모는 딸의 장례식을 치렀다. 그들에게 딸은 '상징적으로' 죽은 존재였기 때문이다. 나중에 듣기로 이 부모는 딸의 사진까지 모두 치우고 정신적으로나 육체적으로 최대한 딸과 거리를 두었다.

유대인 가정에서는 상(喪)을 당하면, '쉬바'라고 하여 7일 동안 친구나 친척들이 방문하는 애도기간을 가진다(쉬바는 히브리어로 숫자 '7'을 의미한다). 실제로 이 친구의 부모가 쉬바를 지켰는지는 모르지만, 자녀가 이방인과 결혼할 때 이처럼 극단적인 반응을 보이는 경우는 허다하다. 오늘날 내 친구의 부모나 사사 시대 삼손의 부모가 허락하지 않는 결혼이었다면, 모압에 살던 엘리멜렉의 아들들의 결혼 역시 환영받지 못했을 것이다.

어쨌든, 두 아들과 결혼한 여인들의 이름은 오르바와 룻이었다. 유대학자에 따르면, 말론과 기룐은 모압에 사는 동안 대단한 부와 명예를 누렸다고 한다. 모압 왕 에글론이 공주들을 줄 정도였다.[8] 다시 말해, 오르바와 룻은 모압 왕의 딸들이었다. 확실하지는 않지만, 정략결혼이었을 가능성도 있다. 하여튼 엘리멜렉의 두 아들은 결혼을 잘했다. 그렇지 않은가?

> 그들이 거기에 거주한 지 십 년쯤에 말론과 기룐 두 사람이 다 죽고 그 여인은 두 아들과 남편 뒤에 남았더라 룻 1:4-5

룻기를 반복해서 읽다 보니 이야기 전반에 숫자 10이 여러 번 나온다는 것을 알게 되었다. 그중 처음 나오는 곳이 여기인데, 10이 '인간의 책임'[9]을 의미하는 숫자라는 사실이 재미있다(부록 '표 10 유대인의 수비학' 참조). 또 특별한 시험의 시간을 의미하기도 한다. 회당에 최소한 열 명의 사람이 모여야 회중이 되고, 결혼식에도 열 명의 성인이 증인으로 참석해야 한다.[10] 이처럼 의식을 치를 때의 정족수, 즉 꼭 필요한 사람의 숫자가 10이다. 소년이 '바르 미츠바'를 통과하고 나면 성인으로서 정족수에 들어갈 수 있다.

이 유대인 가족은 모압에서 10년을 살았고, 그 사이 집안의 모든 남자가 죽었다. 정말 10이 인간으로서의 책임과 특별한 시험을 의미한다면, 이 남자들은 시험에 실패한 것이 분명하다.

10년의 세월은 나오미에게 큰 변화를 가져왔다. 아버지와 아들과 남편을 잃은, 즉 남성의 보호막을 박탈당한 과부 신세가 되었다. 심히 수치스러운 처지였다. 당시 사회에서 나오미는 이제 거추장스러운 존재, 동정의 대상일 뿐이다. 그녀의 인생은 이제 남의 손에 달렸다. 남편의 재산을 청구할 자격도 없다. 다만 아들 상속자의 명의로 그것을 유지할 수 있을 뿐이다. 하지만 나오미에게 아들 상속자는 더 이상 기대할 수 없는 것처럼 보인다.

> 그 여인(나오미)이 모압 지방에서 여호와께서 자기 백성을 돌보시사 그들에게 양식을 주셨다 함을 듣고 이에 두 며느리와 함께 일어나 모압 지방에서 돌아오려 하여 룻 1:6

과부가 되어 모압에 살던 나오미는 신실하신 하나님께서 이스라엘 백성에게 하신 일에 대한 소문을 들었다. 기근이 끝나고, 땅이 다시 소산을 내기 시작했다는 이야기였다. 어떻게 소문을 들었을까? 모압 사람들이 나오미에게 고향 소식을 알려 주었을까? 아니면 멀리서 온 나그네에게 들었을까? 유대인 나그네가 금지된 땅, 모압까지 왔을 리는 없다. 어쨌든 이런 소식을 소문으로 듣다니, 참으로 안타까운 일이다.

> 있던 곳에서 나오고 두 며느리도 그와 함께 하여 유다 땅으로 돌아오려고 길을 가다가 룻 1:7

언젠간 돌아가겠지 했지만, 10년이 걸릴 줄은 몰랐을 것이다. 게다가 남편과 두 아들을 잃은 비참한 꼴로 가게 될 줄은 더욱 몰랐으리라. 베들레헴을 떠날 때만 해도 조만간 귀향해 참한 유대인 며느리를 보고, 엘리멜렉과 행복한 노후를 보내리라 생각했을 것이다.

나오미와 오르바, 룻은 짐을 싸서 유대땅 베들레헴을 향해 길을 나섰다. 즐거운 귀향길이었으면 좋으련만, 늙은 과부와 두 젊은 과부가 떠나는 길은 장송곡처럼 슬펐을 것이다.

아들이 아니라 이방인 며느리들과 함께 돌아간다는 사실이 창피하고 수치스럽지만, 그래도 고향에 간다는 기쁨이 있었을 것이다. '마침내 우리 하나님, 우리 민족, 우리 가족, 우리 집, 우리의 풍습과 전통이 있는 곳으로 돌아간다.' 하지만 오르바와 룻은 어땠을까 생각해 봐야 한다. 나오미가 되찾을 것을 오르바와 룻은 잃는다. 길을 떠날수록 오르바와 룻은 자신들의 신과 민족, 가족과 집으로부터 멀어졌다. 그런 길을 떠나는 이의 고뇌와 번민을 누가 상상이나 할 수 있을까?

3장

떠나는 오르바, 매달리는 룻

_룻 1:8–17

엘리멜렉 ____________

나오미 ____________

말론 ____________

기론 ____________

나오미가 두 며느리에게 이르되 너희는 각기 너희 어머니의 집으로 돌아가라 너희가 죽은 자들과 나를 선대한 것 같이 여호와께서 너희를 선대하시기를 원하며 룻 1:8

6절에서 모압을 떠날 채비를 한 세 여인은 7절에서 길을 떠났다. 그런데 8절에서 돌연 나오미의 마음이 변했다. 막상 떠나고 보니 며느리들이 겪을 격심한 문화충격이 염려된 것일까? 자기도 과부인데, 나이 어린 과부를 둘이나 데리고 돌아가서 어떻게 살까 싶었을지도 모른다. 아니면 두 아들을 모두 잃고 며느리들만 데리고 귀향하는 모습을 보여 주기 싫었을 수도 있다. 어쩌면 오르바와 룻의 친정 가족들에게 작별인사를 하러 갔다가 그들이 가족들과 생이별하는 것이 마음 아파서 그랬을 수도 있다. 한 번 헤어지면 영영 못 만날 것을 알았기 때문이다. 이유야 어떻든지 나오미는 마음을 바꾸어 며느리들에게 각자 집으로 돌아가라고 말한다.

오르바와 룻이 좋은 아내, 좋은 며느리였던 것은 분명하다. 나오미는 며느리들에게 친정으로 돌아가라고 권하면서 이스라엘의 하나님께 그들이 자신과 아들들에게 선하게 대했던 것같이 그들을 선대해 달라고 축복한다.

> 여호와께서 너희에게 허락하사 각기 남편의 집에서 위로를 받게 하시기를 원하노라 하고 그들에게 입 맞추매 그들이 소리를 높여 울며 룻 1:9

나오미는 며느리들이 새 남편을 만나 새로운 가정을 꾸리기를 축복한다. 모압에게 이스라엘은 적국이나 마찬가지인데, 한때 유대인과 결혼까지 했던 여인이 아무렇지 않게 다시 제 민족 사람과 가정을 꾸릴 수 있을지는 의문이다. 모압인들도 타민족과의 결혼을 곱게 보지 않기 때문이다. 어쩌면 그래서 더욱 간절하게 며느리들이 새로운 출발을 할 수 있도록 하나님께 자비를 구했는지도 모른다.

이 장면은 인간적으로 보면 참으로 애틋한 순간이다. 하지만 우리는 이 상황을 영적인 관점에서 재해석해야 한다. 나오미가 며느리들에게 축복해 준 새 남편은 당연 모압 남자다. 그들은 이방신을 섬기는 자들이었다. 살아 계신 유일신 하나님께 어떻게 그런 만남의 축복을 구할 수 있었을까? 이 부분은 나중에 살펴보기로 하자.

나오미가 오르바와 룻을 위해 구한 두 가지 축복이 실제로 이루어졌을까? 룻의 결말은 성경을 통해 알 수 있지만, 오르바가 어떻게 되었는지 알아볼 방법은 없을까?

지난 10년간 룻기를 공부하면서 하나님께서는 많은 일들을 겪게 하셨다. 나에게 얼마나 많은 도움이 필요한지 아셨기 때문이다. 한 유대인 친구가 이스라엘의 주요 일간지 '예루살렘 포스트' 1997년 6월 7일자에 나온 칼럼을 가져다준 것도 그런 일 중 하나였다. 그것은 룻에 관한 칼럼이었는데, 내용은 이러했다. "룻과 오르바 모두 강인한 여인이었다 … 나오미에게 등을 돌렸던 오르바는 골리앗의 증조할머니가 되었고, 룻은 다윗의 증조할머니가 되었다."[11] 이것은 참으로 놀라운 반전이다. 다윗과 골리앗의 관계를 누가 상상이라도 했겠는가?

또 다른 문헌에 따르면, 오르바는 룻과 달리 모압으로 돌아가 거인족 르바임의 후예인 블레셋 사람과 결혼했다고 한다. 이후 오르바는 이스비를 낳았는데, 이스비의 아들은 바르실래이고, 바르실래의 아들이 가드의 거인 골리앗이었다. 그러므로 다윗과 골리앗은 룻과 오르바의 증손자 세대인 셈이다.[12]

실제로 유대 역사학자들은 오르바와 룻이 재혼했다는 사실을 기록하고 있다. 각자의 길을 선택한 두 여인의 인생이 이렇게 다른 결말을 맺게 될 줄 누가 알았겠는가? 학자들은 오르바의 이름이 나오미에게 등을 돌렸기 때문에 '목덜미'라는 뜻을 가졌다고 설명한다. 룻의 이름은 나오미에 대한 사랑과 헌신으로 인해 '친구, 길동무'를 의미한다.

> 나오미에게 이르되 아니니이다 우리는 어머니와 함께 어머니의 백성에게로 돌아가겠나이다 하는지라 룻 1:10

이들은 그동안 울 일이 적지 않은 여인들이었다. 이미 여러 차례 함께 울었지만, 다시 한 번 껴안고 목 놓아 운다(룻 1:9). 비슷한 비극을 겪으면서 오르바와 룻은 동서지간이라기보다 친자매와 가까운 정이 쌓였을 것이다. 며느리들에게 나오미 역시, 같은 과부로서 여느 시어머니보다 친근했을 것이다.

그들은 눈물을 쏟았다. 일생을 좌우할 선택의 기로에 서서 나오미는 베들레헴으로 돌아가기로 결심을 굳혔고, 오르바와 룻은 시어머니를 따라갈지, 고향에 남을지 선택해야 했다. 나오미는 "너희는 각기 집으로 돌아가라"고 하고, 그들은 "아니니이다 우리는 어머니와 함께 어머니의 백성에게로 돌아가겠나이다"라고 한다.

> 나오미가 이르되 내 딸들아 돌아가라 너희가 어찌 나와 함께 가려느냐 내 태중에 너희의 남편 될 아들들이 아직 있느냐 내 딸들아 되돌아 가라 나는 늙었으니 남편을 두지 못할지라 가령 내가 소망이 있다고 말한다든지 오늘 밤에 남편을 두어 아들들을 낳는다 하더라도 너희가 어찌 그들이

자라기를 기다리겠으며 어찌 남편 없이 지내겠다고 결심하겠느냐 내 딸들아 그렇지 아니하니라 여호와의 손이 나를 치셨으므로 나는 너희로 말미암아 더욱 마음이 아프도다 하매 룻 1:11-13

이것은 뜻 모를 이야기다. 나오미 나이에 새 남편을 얻어 아들을 낳고, 그 아들이 자라 오르바나 룻과 결혼한다는 생각 자체가 망측하다. 현실적으로 계산해서 나오미가 18세에 결혼하고, 몇 년 뒤 두 아들을 낳았다고 치자. 그리고 말론과 기룐이 20대 초반에서 중반 사이에 죽었다면, 나오미는 당시 45-50세였을 것이다. 새 출발을 하기에 적합한 나이가 아니다. 게다가 먼저 남편도 구해야 한다.

오르바와 룻은 어떤가? 당시 기껏해야 10대 후반이나 20대 초반이었을 것이다. 이들이 40세가 될 때까지 기다렸다가 재혼한다는 것도 말이 안 된다(나오미가 새로 낳은 아들은 그들에게 남편이라기보다는 까마득하게 어린 동생으로밖에 보이지 않을 것이다). 도무지 어처구니가 없다. 하지만 이것은 어처구니 없는 말이 아니라 하나님께서 고안하신 법이었다.

11-13절까지의 내용을 가리켜 이른바 '수혼법'(嫂婚法)이라고 한다. 수혼을 의미하는 '레비르'levir라는 단어는 라틴어로 '남편의 형제'를 일컫는 말이다. 하나님께서는 신명기 25장 5-10절에서 수혼법을 규정해 두셨다. 그중에서 5-6절을 보자.

형제들이 함께 사는데 그 중 하나가 죽고 아들이 없거든 그 죽은 자의 아내는 나가서 타인에게 시집 가지 말 것이요 그의 남편의 형제가 그에게로 들어가서 그를 맞이하여 아내로 삼아 그의 남편의 형제 된 의무를 그에게 다 행할 것이요 그 여인이 낳은 첫 아들이 그 죽은 형제의 이름을 잇게 하여 그 이름이 이스라엘 중에서 끊어지지 않게 할 것이니라

수혼법의 목적은 1)이스라엘 내 가문의 혈통을 순수하게 지키고 2)사멸하는 가문이 없도록 하고 3)남성의 보호막을 제공함으로써 과부가 사회 속에서 안전하게 살아가도록 하기 위해서였다. 당시 남성(아버지, 남편, 아들)의 보호가 없는 과부는 구걸에 의존해야 했다. 그러므로 수혼법은 가족 구성원 모두를 보호하는 법이다.

11-13절에서 나오미가 말한 내용은 이스라엘에서 며느리들이 법적으로 새 남편을 만날 수 있는 유일한 방법이다. 이것을 이해하는 것이 룻기에 감춰진 비밀을 푸는 데 가장 중요하다. 나오미 스스로 인정하듯 수혼법이 적용되어야 할 대상은 나오미 자신이다.

나오미는 수혼법이 무엇인지 잘 알고 있었을 뿐 아니라 그 법을 지켜야 한다는 사실도 알고 있었다. 하지만, 그것을 지킬 생각은 없어 보인다. 희망을 버렸기 때문이다. 오르바와 룻을 위해 아무것도 해 줄 수 없는 자신의 무능력함을 이야기할 뿐이다. 자신의 삶에 하나님의 이적이 일어날 틈을 허락지 않는다.

법에 따르면, 나오미는 남편의 형제 중 가까운 사람과 결혼해 자식을 낳아 끊어진 족보를 이어야 한다. 그런데 자신의 형편이 하나님도 손쓸 수 없을 만큼 희망이 없다고 생각했던 것일까? 사라는 90세에 아브라함의 아들을 임신했다. 하나님의 영광을 드러낼 수 있는 최상의 타

이밍이었다. 나오미가 원하기만 했다면, 하나님께 쓰임 받을 수도 있었다. 하지만, 나오미는 자신의 의무를 거절했다. 나오미는 '영적' 기근 가운데 있었다.

나오미는 처음으로 진짜 속내를 드러낸다. 남편을 둘 능력도, 며느리를 위해 아들을 낳을 능력도 없음을 자조적으로 한탄한 다음 '여호와의 손이 나를 치셨다'고 한다. 유대학자들은 앞에서도 말했지만, 이 모든 일의 책임을 가족을 데리고 모압으로 피난을 간 엘리멜렉에게 있다고 본다. 자신의 잘못이 아닌데, 나오미 스스로 비난을 뒤집어 쓸 필요는 없었다. 그렇다면 죽은 남편에게 원망을 돌릴 법도 한데, 한 번도 엘리멜렉 탓을 하지 않는다. 대신 문제의 핵심이 하나님과 자신의 관계에 있고, 그것으로 인해 며느리들의 인생까지 망치게 되었다는 사실을 분명히 한다. "여호와의 손이 나를 치셨으므로 나는 너희로 말미암아 더욱 마음이 아프도다"(룻 1:13).

대부분의 사람들이 자신이 저지른 죄의 결과가 나에게만 국한된다고 생각하는 경우가 많다. 죄를 지은 사람이 값을 치르는 것은 당연하지만, 아무 죄 없는 옆 사람까지 그 결과에 휘말리는 경우가 다반사다.

> 그들이 소리를 높여 다시 울더니 오르바는 그의 시어머니에게 입 맞추되 룻은 그를 붙좇았더라 룻 1:14

흐느끼던 오르바는 나오미에게 작별의 입맞춤을 하고 뒤돌아섰다. 우리가 보기에는 이것이 합리적이고 올바른 선택이다. 그렇게 하지 않을 이유가 없다. 남편이 죽었으니 자유의 몸이 되었고, 나오미의 말처럼 이스라엘 땅에 '장미빛' 미래가 기다리는 것도 아니다. 하지만 문제가 하나 있긴 하다. 앞서 10절에서 "아니니이다 우리는 어머니와 함께 어머니의 백성에게로 돌아가겠나이다"라고 한 맹세를 번복해야 했다. 예수님께서 그런 사람들에게 뭐라고 하시는지 보자.

> 예수께서 이르시되 손에 쟁기를 잡고 뒤를 돌아보는 자는 하나님의 나라에 합당하지 아니하니라 하시니라 눅 9:62

롯의 아내도 소돔을 떠날 때, 손에 쟁기를 잡았다. 그녀도 오르바와 같이 옳은 방향으로 길을 정했지만, 결국 미련을 떨치지 못했다. 그래서 그 딸들이 어떻게 되었는지 생각해 보라. 어머니가 살아 있었다면, 두 딸은 아버지를 술 취하게 하여 동침하지 않았을 것이다. 어머니로 인해 딸들까지 죄에 휩쓸렸다. 가룟 유다도 마찬가지다. 예수님께서 제자로 부르셨을 때 그도 손에 쟁기를 잡았지만, 끝내 예수님께 입 맞추고 배신했다. 오르바도 손에 쟁기를 잡았다. '당연히' 어머니와 함께 가겠노라고 말해 놓고, 결국 입 맞추고 등을 돌렸다. 예수님의 표현에 의하면, 오르바도 하나님 나라에 합당하지 않았다.

오르바는 누구를 상징할까? 앞에서 룻이 믿는 자, 즉 교회를 상징한다고 하였다. 그렇다면 오르바는 누굴까? 나오미가 며느리 둘 다 아들들에게나 자신에게 선하게 대했다고 한 것을 보면, 오르바도 '좋은' 사람이었다. 그러면 오르바가 상징하는 것은 무엇일까? 바로 '세상'이다.

마태복음 13장의 씨 뿌리는 비유는 오르바에 대해 잘 설명해 준다. 예수님께서는 언제 씨가 자라지 못하는지 비유로 설명하시면서 영적 분별력이 부족할 때, 환난이나 박해를 이기지 못할 때, 염려나 재물의 유혹에 현혹될 때라고 하셨다(마 13:18-22). 오르바에게도 룻과 같은 기회가 주어졌지만, 세상일에 마음을 빼앗김으로 룻과 전혀 다른 길을 가게 된 것이다. 오르바는 모압을 버릴 수 없었다. 믿음이 아니라 현실을 보는 삶을 택한 것이다.

> 나오미가 또 이르되 보라 네 동서는 그의 백성과 그의 신들에게로 돌아가나니 너도 너의 동서를 따라 돌아가라 하니 룻 1:15

이 부분은 룻기 중에서 나오미가 가장 비난을 받아 마땅한 구절이다. 오르바가 떠나자 나오미는 룻을 향해 "네 동서가 너의 백성과 너의 신들에게 돌아갔으니 너도 동서를 따라 돌아가라"고 한다. 하나님을 믿는 나오미가 어떻게 "너의 신들에게로 돌아가라"고 말할 수 있을까? 모압의 신들이 누구인가? 열왕기하 3장 26-27절을 보자.

> 모압 왕이 전세가 극렬하여 당하기 어려움을 보고 칼찬 군사 칠백 명을 거느리고 돌파하여 지나서 에돔 왕에게로 가고자 하되 가지 못하고 이에 자기 왕위를 이어 왕이 될 맏아들을 데려와 성 위에서 번제를 드린지라 이스라엘에게 크게 격노함이 임하매 그들이 떠나 각기 고국으로 돌아갔더라

나오미가 룻에게 돌아가라고 한 모압의 신은 '그모스'로, 제물로 어린아이를 받는 신이다. 이방신의 땅 모압에서 10년을 살면서 세 번의 황망스러운 장례를 치렀으니 나오미가 영적으로 황폐해진 것은 당연한 일인지도 모른다.

이 부분을 우리가 잘 살펴야 하는데, 나오미는 오늘날 뛰어난 유대학자들까지도 헷갈리게 만드는 두 가지 말을 했다. 9절에서 전능하신 여호와께 구하기를, 오르바와 룻에게 이교도 모압 남자들을 남편으로 맞게 해 달라고 했다(진정한 하나님의 자녀라면, 그런 기도를 할 수 있을까?). 그리고 15절에서는 룻에게 오르바를 따라 모압의 신에게 돌아가라고 했다. 여기에 심각한 문제의 여지가 있다. 만약 오르바와 룻이 '결혼 전'에 유대교로 개종하지 않았다면(왜냐하면 개종하는 것이 규범이기 때문에), 그들의 결혼은 이스라엘에서 합법적 결혼으로 인정되지 않는다. 반대로 그들이 유대교로 개종했다면, 영적 분별력과 배려심을 겸비한 사람이라면 '진리를 거짓으로 바꾸라'는 조언을 할 수 없다.

저자이자 랍비인 미어 즐로토위츠는 이렇게 말한다. "며느리들이 이미 유대인으로 개종했다면, 나오미에게는 그들을 우상숭배의 길로 가게 할 권한이 없다. 만약 룻이 말론과 결혼하고도 모압 신을 믿었다면, 유대법에 의거하여 그 결혼은 효력을 잃게 된다. 룻이 말론의 합법적 아내가 아니라면, 룻기는 성립할 수 없다. 룻은 말론의 기업에 대해 아무런 권리가 없다. 또한 보아스가 룻의 기업을 무는 것도 말이 안 된다. 보아스는 수혼법에 따라 룻을 아내로 맞았다. 그런데 이때 유대법이 인정하는 결혼을 한 과부만이 수혼법의 적용대상이다. 룻이 유대교로 개종하지 않았다면, 여느 모압 과부와 다를 바 없다."[13] 이것은 이해하기 어려운 모순이다.

> 룻이 이르되 내게 어머니를 떠나며 어머니를 따르지 말고 돌아가라 강권하지 마옵소서 어머니께서 가시는 곳에 나도 가고 어머니께서 머무시는 곳에서 나도 머물겠나이다 어머니의 백성이 나의 백성이 되고 어머니의 하나님이 나의 하나님이 되시리니 룻 1:16

룻은 손에 쟁기를 잡았고, 얼굴은 베들레헴을 향했으며, 나오미가 아무리 타일러도 발걸음을 돌릴 생각이 없었다. 룻은 고향과 민족 그리고 자신의 신으로부터 영원히 등을 돌렸다.

이 구절과 다음 구절에서 보이는 룻의 반응은 평소의 순하고 온유한 성격과 다분히 상반되어 보인다. 오히려 어린 며느리가 시어머니를 꾸짖기라도 하는 듯한 인상을 준다. 돌아가라는 권유를 받아들이기는커녕 시어머니와 평생 함께 가겠다는 언약을 맺는다. "어머니가 가면 저도 가고, 어머니가 머물면 저도 머물겠습니다. 이젠 이스라엘 백성이 제 백성이고, 여호와 하나님이 제 하나님입니다." 그리고 룻의 맹세는 17절로 이어진다.

> 어머니께서 죽으시는 곳에서 나도 죽어 거기 묻힐 것이라 만일 내가 죽는 일 외에 어머니를 떠나면 여호와께서 내게 벌을 내리시고 더 내리시기를 원하나이다 하는지라 룻 1:17

16-17절의 맹세는 지금부터 두 사람이 죽을 때까지 겪을 모든 길을 포함한다. 이것은 그냥 하는 말이 아니라 맹세다. 내용은 쉽게 말해 이렇다. "지금부터 저는 영원히 어머니와 동행할 것이고, 아무것도 절 막지 못합니다. 죽어서도 떨어지지 않겠습니다. 어머니가 묻힌 곳에 저도 묻힐 거니까요."

잠시 본문에서 벗어나 이스라엘의 장례문화에 관한 경험을 하나 소개하겠다. 1996년, 남편과 함께 이스라엘에 갔을 때, 입구가 트인 나즈막한 동굴을 방문하였다. 입구 쪽의 높이가 1미터 남짓에, 깊이는 2미터 정도 되어 보이는 작은 묘지였다. 동굴 안쪽에는 작은 상자들이 여럿 있었는데, 위아래로 쌓여 있기도 했다. 사람이 죽으면 시신을 뒀다가 1년 후 완전히 분해되면 가족들이 와서 뼈만 추려 상자에 담아 두는 것이라고 한다. 그렇게 하여 가족 구성원 모두가 한 공간에 안치되었다. 룻도 자신의 종착지가 사랑하는 시어머니 바로 곁이라고 말하는 것이다(왕상 13:31 참조).

아직도 젊은 여인인 룻은 해 줄 것이 아무것도 없다고 말하는 늙고 퇴락한 시어머니에게 자신의 여생을 모두 바치겠다고 다짐했다. 룻의 맹세는 온전한 헌신을 약속한 것이다. 온전한 헌신이 무엇인지 우리는 대부분 의미조차 모른다. 16절을 인용하는 사람은 많지만, 17절을 완수하는 사람은 거의 없다.

> 룻이 이르되 내게 어머니를 떠나며 어머니를 따르지 말고 돌아가라 강권하지 마옵소서 어머니께서 가시는 곳에 나도 가고 어머니께서 머무시

는 곳에서 나도 머물겠나이다 어머니의 백성이 나의 백성이 되고 어머니의 하나님이 나의 하나님이 되시리니 어머니께서 죽으시는 곳에서 나도 죽어 거기 묻힐 것이라 만일 내가 죽는 일 외에 어머니를 떠나면 여호와께서 내게 벌을 내리시고 더 내리시기를 원하나이다 하는지라 룻 1:16-18

실제로 여기에는 두 가지 맹세가 있다. 하나는 룻이 나오미에게 한 것이고, 또 하나는 이스라엘의 하나님께 한 것이다. 이것은 결코 사소한 일이 아니다. 룻은 나오미에게 어떠한 상황에서도 그녀를 떠나지 않겠다고 했다. 그리고 하나님께는 나오미에게 한 맹세를 지키지 못할 경우, 하나님께서 개입하셔서 벌을 '내리고 더 내리시라'고 했다. 이 문장의 히브리어 번역은 '여호와께서 나를 벌하시되 심히 하시길 원하노라'이다.[14] 이 말은 룻이 나오미와 죽을 때까지 함께할 것이며, 혹시라도 맹세를 어길 경우 하나님께서 가차 없이 치셔도 좋다는 말이다. 이 얼마나 무서운 맹세인가! 이 맹세 아래 나오미가 할 일은 전혀 없다. 모든 책임이 룻에게 있는 일방적인 맹세다. 번복의 여지나 출구를 전혀 남겨 놓지 않았다.

룻은 무엇 때문에 이처럼 극단적인 약속을 했을까? 왜 자신을 이와 같은 조건에 가둬 두었을까? 룻은 자기 삶을 전적으로 나오미에게 양도하였다. 그리고 이 모든 일을 감독하시는 분은 다름 아닌 아브라함과 이삭과 야곱의 하나님, 그분이셨다.

정말로 룻기가 상징적 이야기이고 나오미가 이스라엘을, 룻이 교회를 상징한다면, 이와 같은 맥락에서 우리는 이 맹세를 어떻게 이해할 수 있을까?

이 본문을 연구하고 있을 즈음, 브릿 하다샤 메시아닉 교회에 다니는 유대인 친구가 자기 교회에서 이스라엘 출신 강사를 초빙한 집회가 열린다며 우리 부부를 초대했다. 강사였던 댄 저스터 박사는 메릴랜드 주의 게이더스버그 시(市)에서 티쿤 미니스트리를 이끌고 있는 메시아닉 유대인(예수 그리스도를 믿는 유대인)이었다. 집회에 참석했다가 강의 내용이 인상적이어서 저스터 박사의 책을 한 권 샀다. 저스터 박사와 키스 인트라터가 공저한 이 책의 제목은 《이스라엘과 교회, 그리고 종말》Israel, the Church and the Last Days이었다. 여기에 룻기의 이 대목과 관련이 있는 부분을 발췌·인용했다.

> 하나님께서 교회와 이스라엘을 회복시키시고 제자리로 돌려놓고 계신다. 교회와 이스라엘은 하나의 팀으로 일하도록 되어 있다. 하나님께서는 둘이 협력하여 하나가 되기를 고대하고 계신다. 이스라엘을 보호하는 것은 그리스도인들이 올려 드리는 중보기도다. 유대인을 구원으로 이끄는 것도 그리스도를 믿는 이방인들이 행하는 선한 일이다. 그리스도인들이 스스로 겸손하게 몸을 낮출 때, 예수를 받아들이지 못하도록 가려져 있던 유대인들의 눈이 열리고 그로써 구원받게 된다.[15)]

내가 룻기에서 깨닫기 시작한 내용이 저스터 박사가 쓴 글과 일치했다. 그는 이스라엘이 메시아를 믿기 위해서는 교회의 역할이 중요하다고 말했다. 만약 나오미가 이스라엘이고 룻이 교회라면, 우리는 룻의 맹세를 어떻게 이해해야 할까? 하나님께서는 상징적 의미에서도 두 사람의 관계가 꼭 붙어 있어야 한다는 것을 분명히 아셨다. 그래서 룻기를 통해 남편을 잃은 가난한 두 과부(이스라엘과 교회)가 어떻게 서로에게 진정한 구세주를 만나도록 도와주는지 보여 주셨다. 룻의 맹세는 치기 어리고 성급한 맹세가 아니었다. 그것은 두 사람을 하나로 묶어 생명의 구원을 발견하도록 하기 위해 전능하신 하나님께서 창세부터 품고 계시던 계획이었다.

이스라엘과 교회의 연합에 대해 깨닫고 있을 즈음, 비(非)유대인 그리스도인인 마빈 윌슨 박사가 쓴 《우리 아버지 아브라함》Our Father Abraham이라는 책을 유대인 친구가 빌려주었다. 저자가 같은 주제로 쓴 부분을 살펴보자.

> 로마서 11장에서 바울은 예수를 믿는 이방인들을 향해 자랑하지 말며(18절) 높은 마음을 품지 말라(20절)고 경고한다. 그들(이방인)은 감람나무(이스라엘)에 접붙임 받은 돌감람나무에 불과하며(24절), 하나님의 선하심으로 '참감람나무 뿌리의 진액을 함께 받는 자'가 되었을 뿐이라고 말한다(17절). 바울은 생명력을 가지고 자라는 감람나무에 빗대어 하나님을 믿는 유대인과 이방인이 불가분의 관계로 묶여 있음을 말했다. 로마서 11장이 유대인과 이방인의 연합을 말하고 있지만, 역사적으로 둘의 관계는 반대였다. 교회는 한 번도 바울의 경고를 좇아 '두려운' 마음으로 선 적이 없다. 바울은 이방인을 향한, 자랑하지 말며 높은 마음을 가지지 말라는 자신의 경고가 아무 소용이 없으리란 것을 알지 못했다. 바울 시대가 지난 후 교회는 유대인의 뿌리로부터 절단되다시피 했다.[16)]

바울은 이방인(돌감람나무)이 참감람나무에 접붙임 받은 것은 영광이라고 말한다. 하나님의 선하심으로 인해 우리를 접붙여 주셨고, 그러므로 우리가 유대인 뿌리를 갖게 되었다. 하지만 나는 이제까지 한 번도 내가 유대인과 이런 관계에 있다는 사실을 생각해 본 적이 없었다. 하나님께서는 이 놀라운 비밀을 우리가 이해하기 원하신다. 개인적으로는 물론, 교회 공동체로서도 인식하기를 원하신다. 이와 관련하여 나의 경험을 소개하고 싶다.

어느 날 기독교 라디오 방송을 들으며 차를 운전하고 있었다. 그런데 브릿 하다샤 메시아닉 교회에서(당시에는 이 교회에 대해 전혀 모르고 있었다) '패스오버 세데르'(유월절 만찬)를 여는데, 아무나 참여해도 좋다는 광고가 흘러나왔다. 패스오버가 유월절이라는 것은 알고 있었지만, 세데르는 금시초문이었다. 그런데 이상하게 마음이 끌렸다. 특히 날짜가 4월 10일이라는 사실이 나를 혹하게 만들었다. 바로 내 생일이었기 때문이다.

며칠 후 남편이 생일날 뭐하고 싶냐고 물었다. 내가 패스오버 세데르에 가고 싶다고 말하자 남편은 깜짝 놀랐다. 평소 내 말을 잘 들어 주는 남편은 예약을 하고 함께 가 주었다. 패스오버 세데르는 형언할 수 없을 만큼 좋은 경험이었다. 인생의 영적 이정표가 된 그날의 따뜻함은 영영 잊지 못한다.

그로부터 몇 년 뒤, 밤에 기도를 하고 있는데 하나님께서 또렷하게 '브릿 하다샤'라고 말씀하시는 음성이 들렸다. 참 이상한 일이라고 생각했지만, 그들을 위해 기도하라는 뜻으로 이해하고 대수롭지 않게 넘겼다. 다음날, 남편이 서류에 서명할 일이 있다며 밖에서 점심을 함께

하자고 전화를 했다. 남편을 만나 식당으로 들어가는데, 브릿 하다샤에서 패스오버 세데르 때 봤던 랍비가 테이블에 앉아 있는 것이 눈에 띄었다. 지난밤에 기도 중에 들은 음성을 남편에게 이야기했더니 남편은 대수롭지 않게 생각했다. 하지만 나는 하나님께서 무언가 하고 계시다는 것을 알았다.

우리는 음료를 주문한 다음 샐러드를 담기 위해 샐러드바로 갔다. 항상 '레이디 퍼스트'인 남편이 그날따라 앞장서고 내가 뒤따랐는데, 랍비가 마침 다가와 내 뒤에 줄을 섰다. 하나님께서 모든 일을 조율하셨다는 확신에 떨리는 마음을 다잡고 무슨 일이 기다리든지 그 순간을 놓치지 말아야겠다는 생각이 들었다.

나는 뒤돌아 랍비에게 나와 남편을 소개하고, 우리가 브릿 하다샤에서 열린 세데르에 참석한 적이 있다고 덧붙였다. 그리고 간밤에 하나님께서 당신의 교회를 위해 기도하라는 감동을 주셨다고 이야기했다. 랍비는 나에게 고맙다고 인사했고, 나는 샐러드를 담아 테이블로 돌아와 안도의 숨을 내쉬며 앉았다. '하나님, 됐어요. 제가 할 일은 했으니 이젠 모르겠어요' 하고 생각했다. 그런데 놀랍게도 남편이 랍비와 대화를 시작하더니 불안할 정도로 오래 서서 이야기를 나누었다. 거리가 멀어 내용은 들리지 않았지만, 시간이 지날수록 내 심장은 더 쿵쾅거렸다.

마침내 테이블로 돌아온 남편이 말했다. "6월에 저분들과 함께 이스라엘에 가기로 했어요." 내가 그토록 원했던 이스라엘 방문을, 그것도 메시아닉 유대인들과 함께 갈 수 있도록 하나님께서 준비하고 계셨던 것이다.

하나님께서는 이스라엘과 교회의 연합을 원하신다. 둘을 갈라놓은 것은 사람이고, 하나님께서는 그것을 싫어하신다. 그분은 개인과 교회 차원에서의 견고한 연합을 보기 원하신다. 우리의 삶을 드려 그 일에 헌신할 때, 우리에게 어떤 일들이 기다리고 있을지는 오직 하나님만 아신다!

4장

베들레헴으로 돌아오다

_룻 1:18-22

엘리멜렉 ____________

나오미 ____________

말론 ____________

기론 ____________

오르바 ____________

룻 ____________

우리는 앞 장 끝에서 룻이 나오미에게 전적인 헌신을 맹세하는 장면을 살펴보았다. 룻은 익숙하고 편안한 삶을 포기하고, 약속의 땅으로 결연히 나아갔다.

나오미가 룻이 자기와 함께 가기로 굳게 결심함을 보고 그에게 말하기를

그치니라 룻 1:18

누군가가 맹세를 하며 그것이 지켜지지 않을 경우 전능하신 하나님께서 다스리시길 원한다고 한다면, 더 이상 할 수 있는 것이 없다. 나오미도 더 이상 말릴 재간이 없었다. 룻은 선택의 선을 넘었고(이미 쟁기를 손에 들었다), 만약 뒤를 돌아보면 무서운 결과가 따를 것이다. 이것이 나오미와 룻, 두 사람 사이의 쌍방계약이 아니라는 사실을 기억해야 한다. 나오미에게는 아무런 해당사항이 없다. 충족해야 할 조건이나 의무가 나오미에게는 하나도 없다. 모든 책임은 오직 룻에게 있다. 룻은 자발적으로 이러한 계약 상황 속으로 들어갔고, 축복을 받든지 저주를 받든지 결과는 전적으로 룻에게 달렸다.

모압인 룻으로서는 아마 알지 못했을 놀라운 내용이 창세기에 나온다. 하나님께서 아브라함에게 약속하시는 장면인데, 하나님도 그분 스스로 모든 약속을 이행할 책임을 지는 일방적 조건의 맹세를 하셨다.

너(이스라엘)를 축복하는 자에게는 내가 복을 내리고 너를 저주하는 자에게는 내가 저주하리니 창 12:3

이에 그 두 사람이 베들레헴까지 갔더라 베들레헴에 이를 때에 온 성읍이 그들로 말미암아 떠들며 이르기를 이이가 나오미냐 하는지라 룻 1:19

성읍에 있는 사람들이 왜 "저기 나오미가 돌아왔구나"라고 하지 않고 "저 사람이 정말 나오미냐?"라고 했을까? 알아보기가 그리 힘들었을까? 모압에서의 10년이 나오미를 많이 변하게 한 것은 사실이다. 세 명의 유대인 남자와 떠났다가 이방인 여인 하나만 데리고 돌아온 것이 놀라워서 그랬을지도 모른다. (왕을 의미하는 이름을 지닌 남편 엘리멜렉과 함께) '왕비'로 떠났다가 아무것도 아닌 신세로 돌아왔기 때문일 수도 있다. 어쩌면 10년 전, 나오미가 가진 것 없는 백성을 '불쌍한 것들'이라 깔보며 도도하게 베들레헴을 떠났는지도 모른다. 온 성읍이 떠들썩했을 이유가 무엇인지는 짐작만 갈 뿐 단정할 순 없다. 분명한 것은 나오미에게 눈에 띌 만큼 큰 변화가 있었다는 것이다.

> 나오미가 그들에게 이르되 나를 나오미라 부르지 말고 나를 마라라 부르라 이는 전능자가 나를 심히 괴롭게 하셨음이니라 룻 1:20

20-21절은 나오미의 이름에 관한 내용이다. 앞서 19절에서 "이이가 나오미냐" 하고 묻는 사람들의 말이 나오미의 심기를 건드렸을지도 모른다. 나오미의 심기를 살펴보기 전에 먼저 그녀가 고른 이름부터 보자. 마라는 히브리어로 '쓰다'라는 뜻으로, 이스라엘 자손이 광야생활을 할 때 사용한 적이 있다.

> 모세가 홍해에서 이스라엘을 인도하매 그들이 나와서 수르 광야로 들어가서 거기서 사흘길을 걸었으나 물을 얻지 못하고 마라에 이르렀더니 그 곳 물이 써서 마시지 못하겠으므로 그 이름을 마라라 하였더라 백성이

모세에게 원망하여 이르되 우리가 무엇을 마실까 하매 모세가 여호와께 부르짖었더니 여호와께서 그에게 한 나무를 가리키시니 그가 물에 던지니 물이 달게 되었더라 거기서 여호와께서 그들을 위하여 법도와 율례를 정하시고 그들을 시험하실새 출 15:22-25

나오미는 광야의 쓴 물처럼 자신이 쓸모없고 가치 없는 사람이며, '나의 기쁨'이라는 이름도 자신에게 어울리지 않는다고 생각했다. 그래서 새 이름 마라를 선택함으로써 공공연하게 반항적인 심기를 드러냈다.

내가 풍족하게 나갔더니 여호와께서 내게 비어 돌아오게 하셨느니라 여호와께서 나를 징벌하셨고 전능자가 나를 괴롭게 하셨거늘 너희가 어찌 나를 나오미라 부르느냐 하니라 룻 1:21

나오미는 계속해서 새 이름의 타당성을 변론한다. 마치 그것을 하나님께 빈정대는 도구로 사용하는 것처럼 보인다. '나(하나님)의 기쁨'이라는 이름이 싫어진 이유가 뭘까? 위의 두 구절을 자세히 읽어 보면, 그 기쁨의 주체가 전능하신 하나님이라는 것을 알 수 있다. 그런데 하나님께서 자신의 이름 뜻대로 살도록 허락하지 않으셨기 때문에 그분을 원망한다. "하나님이 내 삶을 이 지경으로 만드셨는데, 어떻게 내가 그분의 기쁨일 수 있겠어요? 내가 떠날 때는 풍족했는데, 하나님이 나를 빈털터리로 돌아오게 하셨어요. 하나님이 나를 심판하시고 내게 고통을 주셨어요. 만약 내가 정말 하나님의 기쁨이라면, 내게 이러실 순 없지요. 그러니 이름을 바꾸겠어요"라고 항변하는 것이다. 상처와 수치, 반항과 분노에 찬 나오미는 동네 사람들에게 보란 듯 쓴 마음을 쏟아낸다.

사람에게 이름을 지어 줄 권한은 그를 소유하거나 혹은 그럴 책임이나 권위를 가진 이에게 있다. 그래서 자녀를 부양할 책임을 가진 부모가 자녀의 이름을 지을 특권도 가진다. 자녀가 부모에게 속하기 때문이다. 성경에서 새로운 지위나 사명이 주어질 때, 이름이 바뀌는 경우를 종종 본다. 하나님께서 아브람을 아브라함으로, 사래를 사라로, 사울을 바울로 바꾸시면서 그들로 새 역할을 감당하게 하셨다. 바벨론 왕인 느부갓네살은 포로로 잡혀온 다니엘과 세 친구의 이름을 벨드사살, 사드락, 메삭, 아벳느고로 바꿈으로써 그들에 대한 통치권을 천명했다.

나오미는 자신의 이름을 바꿈으로써 명명자에 대한 극단적인 반항과 독립성을 표현했다. 그러나 하나님께서 나오미라는 이름을 주셨고, 그것을 개명하실 의사가 전혀 없으셨다. 하지만 나오미는 말한다. "그래도, 난 그 이름이 싫습니다. 난 더 이상 하나님의 기쁨이 아니에요. 차라리 '쓰다'라고 불리길 원합니다." 나오미에게는 반항심, 고집스러움, 교만이 있을 뿐, 순종하는 마음은 조금도 없었다. 모압에서 사는 동안 겸손과 회개는 사라지고 말았다.

출애굽기 15장의 사건이 흥미로운 것은 이스라엘 자손이 그 후 어떻게 되었는지를 알기 때문이다. 이야기는 물은 쓰고, 이스라엘 자손은 목이 말라 죽는 것으로 끝나지 않는다. 하나님께서는 모세에게 어디에나 널린 평범한 나뭇가지를 물속에 던지라고 명령하신다. 모세가 그렇게 하자 물은 단 물로 바뀐다. 나무 하나가 쓸모없던 물 전체를 바꾸어 백만

명 이상의 목마른 자들에게 생명을 주었다. 이스라엘 자손을 위해 하나님께서 공급하시는 방법은 참으로 기이하다!

룻기에서도 하나님께서는 참으로 흔하고 평범한, 그야말로 아무것도 아닌 사람 하나를 들어 이스라엘이라는 '물' 한가운데로 밀어 넣으신다. 한 사람(룻)을 통해 하나님께서는 나오미뿐 아니라 유다 집안 모두, 이스라엘 전체, 아니 궁극적으로는 세상 모든 이들을 위해 달콤한 생명의 자양분을 공급하신다.

> 나오미가 모압 지방에서 그의 며느리 모압 여인 룻과 함께 돌아왔는데 그들이 보리 추수 시작할 때에 베들레헴에 이르렀더라 룻 1:22

"보리 추수 시작할 때에"라는 짧은 구절에는 유대의 전통과 관습에 대한 지식 없이는 간과하기 쉬운 내용이 많이 들어 있다. 책의 도입부에서 슈퍼마켓에 진열하는 물건의 종류에 대해 이야기하며 "평소에는 3만 종이고 주요 명절 때는 5만 종 정도 된다"고 했다. 성탄절이나 추수감사절, 부활절에 더 풍성한 물건이 진열된다는 것은 알았지만, 평소의 두 배에 이르는지는 몰랐다. 이것과 똑같은 상황이 룻기에서도 펼쳐지려 한다. 룻기를 유대절기를 포함하여 그들의 문화적 배경 위에서 이해할 때, 이야기 속 사건이 갖는 의미는 폭발적으로 확대되고 명료해진다.

성경에는 모든 유대인 남성이 예루살렘으로 올라가야 하는 세 번의 주요절기가 나온다.[17] 집안 사정이 허락한다면 여성과 어린이도 순례에 동참할 수 있지만, 남성에게는 법적 의무사항이었다. 유대인들이 '페삭'

이라고 부르는 유월절과 '샤부오트'라고 부르는 오순절, 그리고 '수콧'이라고 부르는 초막절이 3대 절기이다(각 절기에 대한 소개는 부록 참조).

간단하게 말해서, 유월절 다음날부터 누룩을 넣지 않은 떡을 먹는 7일간의 무교절이 시작된다. 이 기간 중 첫 안식일 다음날을 초실절로 지키는데, 이날은 곡식단을 흔들어 바치는 요제를 드린다. 초실절로부터 7주간(50일)을 '오멜 세기'라 하며, 이 사이에 보리 수확이 끝난다. 이 기간의 마지막 날이 오순절인데, 이때 제사장은 새 보리로 만든 두 덩이의 떡을 흔들어 제사를 드린다. 또 이로부터 일정기간이 지난 후에(항상 정해져 있지는 않다) 오는 마지막 세 번째 절기가 초막절이다. 이는 40년의 광야생활을 기억하기 위한 7일간의 절기로, 8일째에는 성회로 모인다.

"보리 추수 시작할 때에"라고 한 것으로 미루어 보아 때가 3대 절기의 첫 번째인 유월절 즈음이었을 것이다(오순절은 룻기 4장 13절, 초막절은 4장 17절에서 다룬다). 3대 절기를 주요절기로 구분짓는 이유는 예루살렘 성전 순례를 필수적으로 요구하기 때문이다. 유대력상 이 절기들은 끊어짐 없이 서로 연결되어 있다.

대부분의 그리스도인들에게 유월절은 어느 정도 낯이 익다. 이날이 이스라엘 민족이 출애굽한 것을 기념하는 명절이라는 것을 다들 안다. 하지만 유월절과 때를 같이 하여 무교절[18]과 초실절[19] 두 절기가 함께 온다는 사실을 아는 사람은 많지 않다. 이 세 명절을 하나로 묶어 유월절이라고 통칭하는 이유는 모두 비슷한 시기에 있기 때문이다(이 장과 함께 읽도록 구성한 부록 '알고 있나요 4. 유월절' 참조).

이제는 유월절을 네 시기, 즉 1) 출애굽 시대 2) 룻기 시대 3) 예수님 시대 4) 현대의 유대교로 나누어 살펴보자.

1) 출애굽 시대 – 이스라엘 자손은 유월절 밤에 양의 피를 문설주에 발랐다.[20] 그날 밤과 다음 7일 동안 누룩을 넣지 않은 떡을 먹었기 때문에 이 기간을 무교절이라고 한다. 서둘러 애굽을 떠난 뒤 맞는 첫 번째 일요일, 바로의 병사들이 갈라진 홍해 속에 잠기면서 이스라엘 자손은 애굽에서 영원히 해방되었다. 유월절 이후의 첫 번째 일요일[21]이 바로 초실절이다. 바닷길을 무사히 건너 살아남은 이스라엘 자손은 하나님 앞에 흔들어 올리는 첫 곡식 제물이 되었다. 이날은 그들에게 새로운 시작이었으며, 앞으로 있을 일들에 대한 기대감도 컸다. 이어 50일 동안 '오멜 세기'가 뒤따르는데, 이스라엘 자손은 노예였던 과거를 뒤로 하고 새 지도자 모세와 함께 하나님께 순종하는 삶을 배워 나갔다.

2) 룻기 시대 – 건실한 유대인 보아스 역시 유월절을 지키기 위한 순례에 동참했음이 분명하다[22](아직 예루살렘에 성전이 지어지지 않았으므로 아마도 보아스는 실로에 있던 회막으로 갔을 것이다).[23] 그곳에서 보아스는 가족 그리고 친지와 유월절 식사를 나누며 몇 천 년이 지난 지금까지 전통으로 내려오듯 출애굽 과정을 이야기하였을 것이다. 그날 밤과 그 후 7일 동안 보아스도 누룩이 들어가지 않은 떡을 먹으며 무교절을 지켰다. 보아스는 자신의 십일조로 제사를 드리기 위해 일요일(안식일 이튿날 혹은 그 주의 첫날, 레 23:11)까지 회막에 머물렀다.

예물의 일부로 준비한 새로 수확한 곡식단을 제사장에게 가져다주면, 제사장은 그것을 제단 위에서 흔들었다. 보아스는 회막으로 올라오기 전에 미리 보릿단을 준비해 왔다. 제단에 바칠 보릿단을 자르기 전에는 수확을 할 수 없다. 새로 거둔 곡식으로 드리는 제사, 혹은 흔들어서 드린다 하여 요제라고도 하는 이 제사는 하나님의 공급하심과 더 풍성하게 주실 것에 대한 약속을 기뻐하는 것이다.

초실절을 다 지내고 나서야 보아스는 집으로 돌아와 '오멜 세기' 기간에 곡식을 수확했다. 바로 이 기간 중에 룻이 그의 밭에 나타난 것이다. 출애굽 시대에 이 기간은 이스라엘 자손이 과거를 잊고 새 지도자와 함께 하나님을 섬기는 방법을 배워 나가는 시간이었는데, 룻에게도 똑같은 의미의 시간이었다.

3) **예수님 시대** – 예수님과 제자들은 예루살렘으로 올라가 유월절 식사를 하고 다락방에서 누룩이 들어가지 않은 떡을 드셨다. 스스로 유월절 어린 양이 되신 예수님은 배반당하고 십자가에 달리셨으며 무덤에 누이셨다가 유월절이 지난 일요일에 죽은 자 가운데서 첫 열매로 다시 살아나셨다. 예수님의 부활은 궁극의 요제였다. 바울이 초실절 제사에 대해 하는 말을 들어 보자.

> 그러나 이제 그리스도께서 죽은 자 가운데서 다시 살아나사 잠자는 자들의 첫 열매가 되셨도다 고전 15:20

이 첫 열매는 하나님의 섭리와 앞으로 이루어질 약속에 대한 감사예물이다. 50일의 '오멜 세기' 기간에 예수님께서는 수차례 제자들과 여러 사람들에게 나타나셨으며, 40일째 되는 날 하늘로 올라가셨다. 이 기간은 예수님을 따르는 자들이 이전의 삶을 잊고 전심으로 하나님을 따르며 곧 오실 새로운 지도자이자 위로자이신 성령님과 함께 살아가는 삶을 배우는 시간이었다.

4) 현대의 유대교 – 오늘날 유대인들이 유월절과 무교절, 초실절을 지키는 데는 많은 제약이 따른다. 여전히 전 세계 유대인들은 가족, 친구들과 모여 무교병을 먹고 출애굽 하던 날 밤의 이야기를 나누며 절기를 이어간다. 하지만 예루살렘에 성전이 존재하지 않기 때문에, 계명을 말씀 그대로 준수하지는 못한다. 현대식 유월절 식사는 "내년엔 예루살렘에서!"라고 외치는 것으로 마무리되는데, 하나님께서 명령하신 대로 제사 드리길 원하는 열망의 표현이다. 마찬가지로 초실절 제사도 성전이 없기에 드리지 못한다. '오멜 세기' 기간은 달력에 표시해 두는 것으로 갈음한다.

나오미와 룻이 특별히 이 시기에 베들레헴으로 돌아왔다는 것이 참으로 흥미롭다. 두 여인이 도착했을 때, "(그들이) 이이가 나오미냐"라고 물었다. 여기에서 '그들'이 누구인지에 주목해야 한다(문맥의 의미상 '그들이' 들어 있으며, 영문성경에는 '그들이'라는 단어가 들어 있다 – 역자 주). 히브리어 성경에 사용된 이 단어는 여성 복수형이다. 이 점을 특히 주의해야 하는 이유는 "온 성읍이 그들로 말미암아" 떠들었다고 했는데, "이이가 나오미냐"라고 묻는 것이 여성들이라는 점이다.

화자는 다수의 여성이다. 그곳에 남자는 전무하고 여자들만 모여 있다고 확신하는 이유는 나를 가르친 히브리어 선생님이 강조했던 문법 때문이다. 선생님은 이렇게 가르쳤다. "방에 사람 5천 명이 있는데, 그중 한 명만 남자고 나머지 모두가 여자라 해도 그 사람들을 일컬을 때는 남성형을 사용해야 합니다." 이 문법은 시대, 상황에 상관없이 모든 경우에 적용된다고 한다. 그러므로 "온 성읍이 떠들었다"고 하지만, 나오미가 이름을 바꾼다며 한탄하던 공간에는 단 한 명의 남자도 없었다.

왜 남자가 한 명도 없었는지에 대해 하나의 가능성을 제시할까 한다. 나는 나오미가 그렇게 계획했기 때문이라고 생각한다. 나오미는 언제 남자들이 유월절 제사를 위해 떠나고, 언제 돌아오는지 정확하게 알고 있었다. 나오미가 용의주도한 사람이었다면, 남자들의 눈을 피해 성읍으로 돌아올 절호의 기회를 분명히 노렸을 것이다. 여자들과 맞닥뜨리는 것도 괴롭긴 매한가지지만, 그나마 조금은 나았다. 하지만 남자들 앞에선 그럴 수 없었다. 마을에 남자들이 있었다면, 동네 여인들이 일도 없이 모여 희희낙락할 순 없었다. 이런 결론을 내린 또 다른 이유는, 같은 여자 입장에서 나라도 나오미처럼 했을 것이기 때문이다. 내가 나오미였더라도 비난은 최소한으로 받으면서 조금이라도 큰소리칠 수 있는 시간을 틈타 귀향했을 것이다.

그리고 옆에 룻이 있다는 사실도 간과해선 안 된다. 며느리 보는 데서 손가락질과 비웃음을 당하느니 아직도 권위 있는 척 당당하게 상황을 주도하는 것이 나았을 것이다. 그러려면 먼저 큰소리부터 치고 봐야 했다. 남자들이 없을 때가 적기였다.

나오미도 나름의 계획에 따라 움직였지만, 모든 것이 하나님의 손바닥 안에 있었다. 그야말로 집으로 돌아오기에 가장 적절한 시간이었고, 하나님께서는 '그들의' 귀향을 위해 모든 것을 준비하고 계셨다.

5장

보아스와 룻이 만나다

_룻 2:1–10

엘리멜렉 ____________

나오미 ____________

말론 ____________

기룐 ____________

오르바 ____________

룻 ____________

나오미의 남편 엘리멜렉의 친족으로 유력한 자가 있으니 그의 이름은 보아스더라 룻 2:1

룻기를 공부하면서 이 구절이 여기에 나온 이유가 궁금했다. 룻은 아직 밭에 나가지 않았고, 밭에 나갈 뜻을 내비치지도 않았는데, 성경은 서둘러 보아스를 소개한다. 왜 그랬을까? 여러 이유가 있겠지만, 나오미가 자신을 마라라고 하며 절망스러운 처지를 하소연한 것에 대한 반응이라고 생각한다. 아마도 룻기 저자는 나오미에게 소망이 기다리고 있다는 사실을 조금이라도 빨리 알려 주고 싶었던 것 같다.

말론과 기룐이 죽기 전부터, 오르바와 룻이 며느리로 들어오기 전부터, 엘리멜렉이 죽기 전부터, 아니 나오미와 엘리멜렉이 모압으로 떠나기 훨씬 전부터 보아스라는 유력한 친척이 살고 있었다. 보아스는 나오미뿐 아니라 이방 여인 룻까지 돌봐줄 수 있을 만큼 충분한 재물이 있는 유력자였다. 보아스의 등장을 소개하는 이 구절이 나오미와 모압 며느리의 귀향을 초조하게 기다리며 대기하고 있었다.

여기에 나오미와 룻의 모든 문제를 단번에 해소해 줄 해결책이 있다. 보아스는 신세타령하는 '쓴 물' 나오미를 단물로 재생시키고, 이방 여인 룻에게 새로운 위치를 부여해 줄 인물이다. 그들이 필요로 하고, 원하고, 추구하는 모든 것을 충족시킬 수 있는 능력자였다.

앞에서 말했듯이 주석가들은 보아스가 그리스도의 원형이라고 본다. 앞으로 계속해서 살펴보겠지만, 보아스의 역할은 실제로 예수님의 역할과 일치한다. 그렇다면 1절에 나온 보아스에 대한 소개가 예수님에게도 적용되는지 보자.

보아스가 엘리멜렉의 친족이라고 했는데, 친족이라는 말로 사용된 히브리어는 '야다'yada, 즉 '알다'라는 뜻의 단어에서 유래했다. 야다는 머리와 가슴으로 아는 것이 아니라 친밀함까지 총망라한 지식을 뜻하여 부부 사이의 친밀함을 표현할 때 사용하는 단어이기도 하다. 룻기에서는 친족이라는 말이 수차례 사용되었는데, 이 구절에서만 특별히 '야다'에서 유래한 히브리어 단어가 사용되었다. 엘리멜렉과 보아스의 관계는 마치 한 사람인 것과 같았다.

또 보아스를 '유력한 자'라고 덧붙였는데, 이것을 문자 그대로 번역하면 '강하고 부유한 사람'이다. 여기서 '강하고'는 전사, 챔피언, 우두머리, 용맹한 자를 의미하고, '부유한'은 군대나 재물, 능력이나 성품에 있어서 부(富)를 가진 사람을 뜻한다. 엘리멜렉의 친족 보아스는 강한 전사이자 챔피언이며, 물리적·재정적·능력적으로 부유한 사람이었다. 이는 예수님에게도 모두 해당하는 수식어이다. 예수님은 전사 중의 전사, 부유한 자 중의 부유한 자이시며, 모든 힘의 근원이시다. 룻기 저자는 이야기의 진짜 주인공을 서둘러 등장시키고 싶었던 것 같다.

> 모압 여인 룻이 나오미에게 이르되 원하건대 내가 밭으로 가서 내가 누구에게 은혜를 입으면 그를 따라가서 이삭을 줍겠나이다 하니 나오미가 그에게 이르되 내 딸아 갈지어다 하매 룻 2:2

때가 되어 보리 수확이 시작되었다. 지난 10년간의 흉년이 끝나고 밭에는 활기가 돌아왔다. 일꾼들은 새로운 희망으로 사기충천하여 다들 신이 났을 것이다.

룻은 나오미에게 밭으로 나가는 것에 대해 허락을 구한다. 밭에 나가서 이삭을 줍겠다는 생각을 어떻게 하게 된 것일까? 또 밭에서 쫓겨나지 않으리란 것을 어떻게 알았을까? 사실 밭에서 쫓겨날 가능성도 있었다. 하지만 룻은 시도해 볼 작정이었다. 어쩌면 룻도 가난한 자들에게도 공급하시는 인자한 이스라엘의 하나님에 대해 들은 바가 있었을지도 모른다.

> 너희 땅의 곡물을 벨 때에 밭 모퉁이까지 다 베지 말며 떨어진 것을 줍지 말고 그것을 가난한 자와 거류민을 위하여 남겨두라 나는 너희의 하나님 여호와이니라 레 23:22

하나님의 복지정책은 일할 동기를 북돋운다. 하나님께서는 밭 주인에게 모서리까지 모두 수확하지 말고 떨어진 것을 다시 주우러 가지 말라고 명하셨다. 가장자리에 난 것과 떨어진 이삭은 가난한 자와 과부, 이방인의 것이었다. 하나님께서는 심지어 많게는 20-30퍼센트의 수확물까지 남겨 두도록 하셨다. 우리 하나님은 참으로 너그러우신 공급자이시다.

수확하는 일꾼이 잘 익은 곡식을 낫으로 베면, 단을 묶는 인부들이 뒤따라가며 벤 곡식을 가지런히 다발로 묶었다. 그런 후에야 이삭 줍는 사람들이 밭으로 들어가 인부들이 놓친 이삭을 주웠다. 이삭줍기를 하는 사람은 과부나 고아, 거류민들이었다. 이들은 떨어진 이삭을 주워 머리에 쓰고 있던 긴 수건으로 묶었다.[24)]

룻이 "내가 밭으로 가서 … 이삭을 줍겠나이다"라고 하자 나오미는 "내 딸아 갈지어다"라고 대답한다. 룻은 은혜를 입을 밭을 믿음으로 찾아 나선다(킹제임스성경에서는 룻이 '옥수수'를 주우러 가겠다고 되어 있다. 《홀맨성경사전》에 의하면, 킹제임스성경은 모든 종류의 곡식을 옥수수로 번역하였다.[25)] 히브리어 성경에는"이삭 사이에서 줍게 하소서"로 나온다).

> 룻이 가서 베는 자를 따라 밭에서 이삭을 줍는데 우연히 엘리멜렉의 친족 보아스에게 속한 밭에 이르렀더라 룻 2:3

룻은 '우연히' 보아스의 밭에 이르렀다. 왜 하필 보아스의 밭이었을까? 여러 밭을 거쳤을까, 아니면 곧장 갔을까? 그곳이 다른 밭보다 풍작이라 그랬을까, 아니면 그 밭에 이삭 줍는 사람이 많아 얼굴 숨기기에 안성맞춤이라 그랬을까? 우리가 알 길은 없지만, 이 사실만은 안다.

> 하나님을 사랑하는 자 곧 그의 뜻대로 부르심을 입은 자들에게는 모든 것이 합력하여 선을 이루느니라 롬 8:28

어느 날 친정 아버지와 대화를 나누다가 아버지께 물었다. "이 구절에서 정말 '모든 것'이 '모든 것'을 밀할까요?" 그러자 아버지는 "물론이지!"라고 대답하셨다. 나는 추가로 이렇게 물었다. "만약 제가 고의적으로 죄를 짓는다면, 그것도 '모든 것'에 포함될까요?" 아버지는 잠깐 뜸을 들이다가 대답하셨다. "그렇단다. 일부러 저지른 죄마저도 '모든 것'에 들어가고말고." 하나님은 좋은 분이셔서 그분을 사랑하는 자들에게 이런 은혜를 베푸신다. 하나님께서는 나오미나 룻을 그들이 상상도 못할 만큼 사랑하시며, 하나님의 계획에 따라 그들을 부르셨다. 보아스의 밭에 이른 '우연 같은 행운'은 사실 우연도 아니고, 행운도 아니었다. 그것은 오래전부터 하나님이 계획해 놓으신 것이었다. 하나님께서 룻을 그 밭에 데려다주셨고, 룻은 있어야 할 곳에 있게 된 것뿐이다.

> 마침 보아스가 베들레헴에서부터 와서 베는 자들에게 이르되 여호와께서 너희와 함께 하시기를 원하노라 하니 그들이 대답하되 여호와께서 당신에게 복 주시기를 원하나이다 하니라 룻 2:4

남의 밭에서 이삭을 줍는 마음이 어땠을까? 아마도 긴장된 마음으로 주변사람들의 대화나 수시로 변하는 상황을 놓치지 않으려 귀를 쫑긋 세웠을지도 모른다. 한때 모압 '공주'였던 룻은 이스라엘에서는 물론이고 어디에서도 이런 일을 해 보지 않았을 것이다. 그래서 더욱 눈 밖에 나거나 화를 자초하지 않기 위해 최대한 몸을 낮췄을 것이다. 그런데 보아스가 하는 말이 들려왔다. "여호와께서 너희와 함께 하시기를 원하노라." 밭주인이 일꾼들을 축복하다니, 이런 일은 모압에서도 본 적이 없었다. 하나님이 우리와 함께하시는 것 외에 우리가 더 바랄 것은 없다. 이것은 최상의 축복이다. 보아스의 축복에 사람들도 화답한다. 참된 주인이신 여호와는 우리의 축복을 받으시기에 합당하다.

> 보아스가 베는 자들을 거느린 사환에게 이르되 이는 누구의 소녀냐 하니 룻 2:5

사환은 보아스의 밭에서 일어나는 모든 일을 책임지는 하인이다. 곡식을 베는 자와 묶는 자는 삯을 받는 인부들이고, 그들을 관리·감독하고 일을 진행하는 것이 그의 소임이다. 떨어진 이삭을 줍는 거지들도 그의 소관이다. 안전하고 신속하게 수확을 마치기 위해 거지들이 정해진 영역을 넘어 오지 않도록 관리해야 한다.

그런데 어떻게 룻이 보아스의 눈에 들어온 것일까? 모르는 사람이 없을 정도로 베들레헴이 작은 동네였을까? 아니면 딱 봐도 외국인이었기 때문일까? 이렇게 어린 과부가 흔치 않아서였을까? 그 이유는 알 수가 없으나 어쨌든 보아스의 눈에 룻이 들어왔다.

보아스가 사환에게 물었다. "이는 누구의 소녀냐?" 이것도 이상한 질문이다. 우리 같으면 "저 사람이 누구냐"라고 하지 "누구의 사람이냐"라고 하지 않는다. 이것은 앞에서도 이야기했듯이 여자는 남자의 보호 아래 있다는 유대문화의 한 단면을 보여 주는 부분이다. "저 소녀는 누구의 소유냐?"라고 묻고 있는 것이다. 당시 룻은 아무에게도 속하지 않은 '끈 떨어진 연' 같은 존재였다. 보호해 줄 남자가 없어서 보아스의 밭에 온 신세였다.

> 베는 자를 거느린 사환이 대답하여 이르되 이는 나오미와 함께 모압 지방에서 돌아온 모압 소녀인데 그의 말이 나로 베는 자를 따라 단 사이에서 이삭을 줍게 하소서 하였고 아침부터 와서는 잠시 집에서 쉰 외에 지금까지 계속하는 중이니이다 룻 2:6-7

사환은 룻이 '누구의' 소녀인지는 말하지 않고, 오히려 어떤 상황인지를 보고한다. 1장에서 나오미가 동네 여자들 앞에서 이야기한 것을 기억할 것이다. 이 일로 베들레헴 사람이라면 누구나 나오미가 남편과 아들을 다 잃고 모압 며느리와 함께 돌아왔다는 사실을 알게 되었다. 온 성읍이 떠들썩할 정도였기 때문이다. 한동안 베들레헴에 이렇게 쏠쏠한 이야깃거리는 없었을 것이다. 사환은 "이는 나오미와 함께 모압 지방에서 돌아온 모압 소녀인데"라고 대답한다. 여기에서 소녀라는 뜻으로 사용된 히브리어는 유아기부터 사춘기까지의 아주 어린 소녀를 지칭하는 말이다.[26]

사환은 또 룻이 밭에 들어와 이삭을 줍게 해 달라고 허락을 구했다며 룻이 권위를 존중하는 사람임을 알려 준다. 또 "아침부터 와서는 잠시 집에서 쉰 외에 지금까지 계속하는 중이니이다"라고 말한다. 때가 유월절 즈음이니 4월 초에서 중순 사이이고, 날씨도 아직은 심하게 덥지 않았다. 그렇더라도 얼마 전 모압을 떠나 60킬로미터 정도 되는 길(부록 지도 참조)을 걸어온 여정도 여정이지만, 떠날 준비를 하고 가족 그리고 친지와 생이별하는 슬픔, 낯선 곳에 정착하는 일 모두 어린 소녀에겐 힘들고 지칠 법한 일이다. 따라서 잠시의 휴식은 호사가 아니라 필수였을 것이다.

> 보아스가 룻에게 이르되 내 딸아 들으라 이삭을 주우러 다른 밭으로 가지 말며 여기서 떠나지 말고 나의 소녀들과 함께 있으라 룻 2:8

8절에서 특히 눈에 띄는 점은 나오미가 그랬듯이 보아스도 룻을 "내 딸아"라고 부르는 것이다(룻 1:11-13; 2:2). 처음 만난 모압 여인을 그렇게 부른다는 것이 매우 독특한데, 이것에 대해 잠시 생각해 볼 필요가 있다. 보아스는 분명 엘리멜렉과 비슷한 연배로, 나이도 지긋하고 재력도 갖춘(룻 2:1) 신실한 유대인(룻 2:4) 남성이다. 룻은 알다시피 젊은 과부이고, 어쩌면 이국적인 신비로움과 매력을 지녔을지도 모른다. 만약 이 노신사가 룻에게 다른 마음을 품었다면, "내 딸아"라고 부르진 않았을 것이다. 그렇다면 다른 의도가 있었던 것은 아닐까?

보아스는 룻에게 매우 구체적으로 지시하는데, 말투로 봐서는 이성에 대한 관심이라기보다는 아버지의 당부처럼 보인다. 일을 마치고 룻이 집으로 돌아가 그가 했던 말을 나오미에게 전부 고할 것을 염두에 두기라도 한 것일까? 여기에 대해선 나중에 더 살펴보기로 하고, 일단은 보아스의 아버지 같은 조언을 보자.

> 그들이 베는 밭을 보고 그들을 따르라 내가 그 소년들에게 명령하여 너를 건드리지 말라 하였느니라 목이 마르거든 그릇에 가서 소년들이 길어 온 것을 마실지니라 하는지라 룻 2:9

8-9절에서 보아스는 룻에게 일곱 가지의 구체적인 지침을 내린다.

1) 들으라 – 룻이 듣지 않으면 보아스가 하는 말은 아무 의미가 없다.

2) 이삭을 주우러 다른 밭에 가지 말며 – 보아스는 자신의 밭에 대한

절대적이고 완전한 권위를 가진 자로, 그의 밭 안에서는 모두가 그의 말에 순종한다. 그런데 룻이 다른 밭으로 가면 그의 권위 영역 밖에 있게 되므로 보아스가 도울 수 없다.

3) **여기서 떠나지 말고** – 이 밭에서 떠나지 말라는 말이다. 이곳이 안전하고, 공급을 얻는 곳이다. 오직 이곳에서 '비어 돌아온' 시어머니가 다시 채워지고, '이방인' 룻도 집과 이웃을 얻는다.

4) **나의 소녀들과 함께 있으라** – 소녀들, 즉 하녀들은 보아스에게 은혜를 입은 사람들로 그의 성품과 그가 무엇을 원하는지 알기 때문에 룻에게 가르쳐 주고 지도해 줄 수 있다.

5) **그들이 베는 밭을 보고** – 이것을 문자적으로 해석하면 "너의 눈을 밭에 두어라"이다. 다른 밭에 한눈을 팔아 유혹에 빠지지 말라는 뜻이다. 시선을 집중하여 밭에 고정하라는 말이다.

6) **그들을 따르라** – 이 말은 "나의 하녀들을 따라가라"는 말이다. 하녀들은 룻과 남자들 사이에서 완충제 역할을 하며 룻을 보호해 준다. 그리고 보아스는 덧붙인다. "내가 그 소년들에게 명령하여 너를 건드리지 말라 하였느니라." 당시 이스라엘 백성에게 모압 여인은 틀림없이 폭력의 대상이었다. 일꾼들은 언어뿐만 아니라 육체적으로도 거칠었다. 그들은 거지들이 가까이 오면 소리를 질러 쫓았다. 외국 여성에게는 더욱

심해서 괴롭힘이나 폭행을 당할 위험이 다분했다. 하지만 보아스의 말대로 하녀들을 따라다니면 안전했다. 참고로 '건드리다'라는 말은 '손지검을 하다, 때리다 또는 강간하다'라는 뜻이다.[27] 여성은 우리가 잘 알듯이 남성에 비해 연약한 육체를 가지고 있다. 더구나 적국이나 마찬가지인 이방 땅에서 젊은 과부로 사는 것은 분명 위험한 일이었다.

7) 목이 마르거든 그릇에 가서 소년들이 길어 온 것을 마실지니라 – 막아주는 사람이 없다면, 여기에 나오는 소년들 역시 룻을 때리고 해칠 수 있는 남자들이다. 이처럼 룻에게 해를 입힐 수 있는 사람들에게 보아스는 룻의 갈증을 풀어 줄 물을 길어다 주라고 명령했다. 원수가 될 수 있는 자들에게 그녀를 시원케 해 주라는 것이다. 시편 기자는 이렇게 말했다.

> 주께서 내 원수의 목전에서 내게 상을 차려 주시고 시 23:5

보아스(예수님의 원형)가 내린 일곱 가지 지침을 오늘날 그리스도인에게도 적용할 수 있을까? "들으라, 다른 밭에 가지 말며, 떠나지 말고, 나의 사람들과 함께 있으며, 그들이 베는 밭을 보고, 먼저 있던 자들을 따르라, 목이 마르거든 마셔라." 우리에게도 위안이 되는 말씀인데, 당시 외국 땅 낯선 곳에 있던 모압 소녀에게 얼마나 큰 위안이 되었을까?

> 룻이 엎드려 얼굴을 땅에 대고 절하며 그에게 이르되 나는 이방 여인이

거늘 당신이 어찌하여 내게 은혜를 베푸시며 나를 돌보시나이까 하니 룻 2:10

이것은 너무나 당연한 반응이다. 룻은 최대한 겸손하게 얼굴을 땅에 대고 엎드렸다. 절을 한다는 것은 충성과 경의를 표함을 의미한다.[28)] 룻은 아직 보아스가 누구인지 알지 못했다.

도대체 룻의 어떤 점 때문에 보아스가 이렇게 행동했을까? 룻이 왜 보아스에게 은총을 입었을까? 보아스는 왜 룻에게 관심을 보였을까? 씨 뿌리지도 않고 물을 주거나 돌보지도 않은 곡식의 이삭을 줍게 해 준 것만으로도 충분한 호의가 아닐까? 무엇 때문에 밭도 내어 주고 안전과 보살핌까지 제공했을까? 왜 일꾼들에게 건드리지 말라고 했을까? 룻과 보아스는 무슨 관계일까?

아무것도 알 리 없는 룻은 보아스의 호의와 은총을 도무지 이해할 수 없었다. 그날 밭에는 이삭을 줍는 사람들이 많았다. 그런데 왜 룻이 눈에 띄었을까? 보아스가 "내 딸아"라고 부른것도 이해하기 어렵다. 룻을 위해서였을까, 아니면 다른 누군가를 위해서였을까? 시어머니처럼 보아스도 룻을 딸이라고 불렀다는 것도 눈여겨볼 부분이다.

룻은 모르고 있었지만, 아마 밭에 있던 다른 사람들은 다 알고 있었을지도 모른다. 나오미의 남편 엘리멜렉이 밭주인 보아스의 친척이었다는 사실과 보아스가 기업 무를 사람이라는 사실, 그리고 보아스가 집안에서의 책임에 대해 얼마나 성실한 사람인지 그들은 알고 있었다.

6장

보아스가 은혜를 베풀다

_룻 2:11-23

엘리멜렉 ____________

나오미 ____________

말론 ____________

기룐 ____________

오르바 ____________

룻 ____________

보아스 ____________

룻은 보아스의 은혜에 어리둥절하며 얼굴을 땅에 대고 물었다. "나는 이방 여인이거늘 당신이 어찌하여 내게 은혜를 베푸시며 나를 돌보시나이까?"

보아스가 그에게 대답하여 이르되 네 남편이 죽은 후로 네가 시어머니에게 행한 모든 것과 네 부모와 고국을 떠나 전에 알지 못하던 백성에게로 온 일이 내게 분명히 알려졌느니라 룻 2:11

보아스가 룻에게 은혜를 베푼 이유는 룻이 나오미를 품고 섬겼기 때문이다. 룻이 나오미에게 한 일이 왜 보아스의 마음을 감동시켰을까?

보아스는 룻이 과부라는 사실을 알고 있었다. 이것이 말을 꺼내는 사람과 듣는 사람 모두에게 쉬운 말은 아니지만, 언급할 필요가 있었다. 남편이 죽었다는 것은 룻이 자유로운 여인이라는 뜻이다. 남편 말론이 죽었을 때, 룻은 집안의 모든 의무로부터 자유로워졌다. 사실 나오미를 따라 낯선 이방 땅까지 와서 이삭을 주울 필요가 없었다.

보아스가 룻에게 은혜를 베푼 이유는 자유의 몸이 되었는데도 편안하고 익숙한 고향과 부모 형제를 버리고 '쓴 물'과 같이 된 시어머니를 따라 적국인 이스라엘 땅으로 왔기 때문이다. 하지만 룻은 아직도 '그것이 그와 무슨 상관일까' 이해하지 못했다. 왜 "내 딸아"라고 불렀는지도 모른다. 룻은 이 상황을 이해하지 못했다. 룻의 질문에 보아스가 답했지만, 그의 대답은 오히려 더 많은 궁금증을 낳았다. '도대체 이 남자는 누구일까?'

룻기 저자가 2장 1절에서 서둘러 보아스를 소개시켰을 때, 엘리멜렉과 보아스가 얼마나 가까운 관계인지 설명했다. 누군가를 진심으로 사랑하면(보아스가 엘리멜렉을 사랑했던 것처럼) 우리는 그가 사랑했던 사람까지 '무조건적으로' 사랑하게 된다. 보아스는 나오미가 '누구의' 여인이었는지 알았기 때문에 나오미를 사랑했다. 보아스는 나오미를 선택한 엘리멜렉의 선택을 존중했다. 룻에게 은혜를 베푼 첫 번째 이유로 보아스는 자신이 사랑했던 친척 엘리멜렉의 아내 나오미를 룻이 '무조건적'으로 사랑했기 때문이라고 꼽았다.

> 여호와께서 네가 행한 일에 보답하시기를 원하며 이스라엘의 하나님 여호와께서 그의 날개 아래에 보호를 받으러 온 네게 온전한 상 주시기를 원하노라 하는지라 룻 2:12

보아스는 계속해서 말을 이어가고, 룻은 상황을 이해하려 애쓴다. 하나님께서 주신 은혜가 너무나 크고 나 같은 사람을 부르셨다는 사실이 믿기지 않아 가슴 벅찬 감동을 느껴본 사람이라면 룻의 심정을 이해할 수 있을 것이다. 보아스가 입을 열어 말할 때마다 룻의 마음에는 '왜 나를?'이라는 질문이 메아리쳤다.

12절에서 보아스가 룻에게 놀라운 축복을 하는데, 쉬운성경은 다음과 같이 번역한다.

> 여호와께서 당신이 한 일을 갚아 주실 것이오. 작은 새가 자기 어미 날개 아래로 피하듯이 당신이 여호와께 왔으니 이스라엘의 주 하나님께서 당신에게 넉넉히 갚아 주실 것이오.

11절에서 보아스는 자신이 룻에게 은혜를 베푸는 이유를 설명한다(룻이 자신의 과거를 떠나 나오미와 이스라엘 민족을 선택했기 때문이다). 그런데 자신이 개인적으로 베푸는 은혜가 부족하기라도 한듯 이스라엘의 하나님 여호와께서 룻에게 '갚아 주시길' 빈다. 이스라엘의 하나님이 룻에게 갚아 주실 수 있는 분일까?

룻은 남편도 잃고 자녀를 가질 가능성도 잃었으며, 친정 부모와 형제, 이모, 고모, 삼촌, 사촌, 친구도 다 잃고, 고향과 신앙까지 잃었다. 보아스의 하나님이 정말 이 모든 상실을 갚아 주실 수 있는 분일까? 무언가를 갚아 준다는 말은 그것들을 다시 돌려준다는 뜻이 아니던가?

보아스는 거기서 멈추지 않고 하나님께서 갚아 주실 뿐 아니라 '넉넉히' 갚아 주시기를 구했다. '넉넉히'라는 말은 차고 넘쳐서 남는 것을 말한다. 모압에는 그렇게 하는 신이 없었다. 갚아 주시고 게다가 '넉넉히' 갚아 주신다니, 이해할 수 없는 일이었다.

만약 당신이 모든 것을 포기했을 때 무엇을 갚아 주기를 원하냐고 묻는다면, '잃어버린 것 전부'라고 할 것이다. 그런데 거기에 더 많은 대가를 준다고 한다면 무엇을 원하겠는가? "잃어버린 것 전부인데, 더 나은 것으로요!"라고 할 것이다. 룻은 이스라엘 땅에서 극빈자, 거지 신세에 또 다른 극빈자에게 얹혀사는 입장이다. 나오미도 이미 자신들에게는 아무런 희망이 없다고 시인했다. 이런 상황에 놓인 사람이 어떻게 보상받고 또 넉넉히 보상을 받을 수 있을까? 끼닛거리를 찾아 떨어진 이삭을 주우러 온 처지라는 것이 눈에 안 보이지 않나? 이 낯선 이의 입에서 쏟아져 나오는 말들을 어떻게 이해해야 할까?

보아스가 12절에서 마지막으로 한 말은 룻의 새로운 거처에 대한 것이다. 그는 룻이 '보호받으러 온' 거처가 하나님의 날개 아래라고 말한다. 룻은 자신이 모압을 버리고 선택한 새로운 집이 하나님의 날개 아래이며, 그 하나님께서 자신을 보호해 주실 것이라는 사실을 아직 깨닫지 못하고 있었다. 하지만 보아스는 룻이 하나님의 보호 아래 있다는 것을 알았다. '보호를 받으러 온'이라는 말은 '안전을 찾아 숨다, 은신처 삼다 또는 희망을 가지다'라는 뜻이다.[29)]

여담이지만, 하나님께서 어떤 문제에 대한 부담을 주실 때는 그 문제에 맞서거나 해결하거나 잘못된 것을 바로잡는 데 그 사람을 사용하기 원하시기 때문이다. 만약 어떤 일에 자꾸 마음이 쓰이고 그것에 대해 '과도하게' 기도하게 된다면, 조만간 하나님께서 그 일과 관련하여 당신을 사용하실 징조이다. 룻기에서도 마찬가지다. 룻이 넉넉하게 보상받는 일을 보아스가 감당해야 할지도 모른다. 룻을 위해 보아스가 쓰임 받게 될 징조이다.

하나님께서 룻에 대해 독특한 방법으로 말씀하셔서 이 책을 쓰게 되긴 했지만, 내가 유대인과 그리스도인의 관계에 대해 관심을 가지기 시작한 것은 룻을 만나기 훨씬 전, 30년도 더 된 일이다.

나에게는 세 아들이 있는데, 첫째가 과잉행동장애를 가지고 있다. 그래서 '특별한' 아이를 둔 부모와 가족의 마음을 잘 이해한다. 이런 아이들은 밝고 천진난만하고 또 영리하기도 하지만, 때로 통제하기가 매우 힘들다. 일찌감치 아들이 평범하지 않다는 사실과 특수한 환경에서 자라야 한다는 것을 알았기 때문에 기독교 학교에 입학시켰다.

하루하루가 전쟁이었다. 설탕이나 색소 같은 인공첨가물이 들어가지 않은 음식을 먹이기 위해 항상 신선한 재료로 요리를 했지만, 효과는 전혀 없었다. 매주 선생님과 면담을 했을 정도였고, 전화가 울릴 때마다 두려웠다. 정말 힘든 시간이었다. 늘 우리의 양육법은 공격의 대상이 되었다. 학교의 교장과 몇몇 선생님들은 매우 쌀쌀맞았다(기독교 학교 간판을 붙이고도 말이다). 친척 중에도 우리에 대해 함부로 말하거나 판단하는 사람이 있었다. 우리 아이에게 무조건적인 사랑을 보여 준 친구는 몇 안 되었다.

어느 날 저녁, 목욕을 마친 뒤 둘째 아들은 우리가 스프레이를 사용하는 것을 여러 번 봐서 그랬는지 제 머리에 헤어스프레이를 뿌려 보기로 마음먹었다(당시 둘째는 여섯 살이었고, 과잉장애가 있던 큰아들은 여덟 살이었다). 두 아들 녀석은 스프레이를 들고 아래층 침실로 들어가 조용히 문을 닫았다.

다음날 아침이 되어 부엌에서 아침을 준비하고 있는데, 큰아들의 방문이 열렸다. 아들은 군인들이 포복하듯 배를 마루에 대고 밀면서 기어 나오더니 나를 올려다보며 소리를 질렀다. “굿모닝 엄마!” 순간 눈을 믿을 수 없었다. “도대체 이게 무슨 일이야!” 나중에서야 나는 아이들이 방 안에서 헤어스프레이를 마구 뿌린 탓에 신경체계가 통제 불능 상태가 됐다는 것을 알게 되었다.

아들을 안정시킨 다음 평소처럼 학교에 보냈다. 곧 학교에서 전화가 올 것이다. 모두 집을 나가고 난 뒤, 나는 소파 앞에 무릎을 꿇고 절박한 마음으로 울며 하나님께 매달렸다. “하나님, 사람으로서 할 수 있는 건다 했어요. 더 이상 할 수 있는 게 없어요. 하나님께서 도와주시지 않으면, 전 더 이상 아무것도 할 수 없어요." 순간 하나님께서 내 안에 말씀하시는 음성이 들렸다. "나에게 이스라엘이 어떤지 이제 너도 알겠지?"

갑자기 전기가 온몸을 훑고 지나간 것 같았다. 나는 꿇었던 무릎을 풀고 바닥에 앉아 생각했다. 그런 경험은 처음이었다. 내가 무슨 기도를 했고, 하나님이 뭐라고 하셨는지 곰곰이 생각해 보았다. 친척, 친구, '그리스도인들'까지도 우리 아들을 좋아하지 않았다. 하나님도 이스라엘에 대해 그런 심정이셨나? 이스라엘의 '친척들'(아랍국가들)은 어떤가? 이스라엘의 '친구들'은?(그들은 입에 발린 소리만 한다) '그리스도인들'은 또 어떤가?(이스라엘에 대한 교회의 과거사를 살펴보라. 정말 끔찍하다)**30)** 아들이 우리의 장자이듯 이스라엘도 하나님의 장자였다(출 4:22). 우리 부부가 자녀양육법에 대해 지적을 받았듯이 혹시 하나님도 그런 대우를 받으신 것이 아닌가 생각해 보았다.

다른 두 아들도 그렇지만, 큰아들은 내 심장과 같은 존재였다. 하나님의 심정이 큰아들에 대한 내 마음과 같다고 생각하니, 하나님께서 느끼셨을 고통에 가슴이 미어졌다. 하나님께서 내게 원하신 것이 바로 이것이었다. 하나님께서는 내 심장이 이스라엘을 향해 다시 뛰기를 원하셨다. 그 순간 나는 아주 조금이나마 하나님의 마음을 이해했고, 앞으로 죽는 날까지 매일 하나님께서 사랑하시는 이스라엘을 위해 기도하겠다고 말씀드렸다. 아주 오래전 일이지만, 지금까지 약속을 지키기 위해 노력해 왔다.

내가 아들 이야기를 한 이유는 누군가에 대한 특별한 연민과 사랑을 품으면(보아스가 룻에게 그랬듯이) 아무 일도 하지 않고 지나치기 어렵다는 것을 말하기 위해서다. 하나님은 종종 누군가로 하여금 특별한 상황에 직접 뛰어들게 만드신다. 나 역시 매일 기도하겠다는 약속 이상으로 이스라엘에 대해 개입할 생각은 없었다. 그 이상 무언가를 하게 되리라고는 상상도, 기대도 하지 않았다.

> 룻이 이르되 내 주여 내가 당신께 은혜 입기를 원하나이다 나는 당신의 하녀 중의 하나와도 같지 못하오나 당신이 이 하녀를 위로하시고 마음을 기쁘게 하는 말씀을 하셨나이다 하니라 룻 2:13

만약 룻이 그날 내내 일꾼들로부터 냉대를 받았더라면, 선택받은 나라 이스라엘에 빌어먹으러 들어온 거지 취급을 받았더라면, 보아스가 한 말은 그야말로 속을 시원케 해 주는 위로였을 것이다.

룻은 은혜 입기를 원하며, 자신의 분수를 알고 있다고 말한다. 자신이 하녀와 같은 신분이지만, 그의 다른 하녀들보다 못하다고 말함으로써 자신을 그들 밑에 둔다. 이 말에는 전적인 겸손이 배어 있다.

> 식사할 때에 보아스가 룻에게 이르되 이리로 와서 떡을 먹으며 네 떡 조각을 초에 찍으라 하므로 룻이 곡식 베는 자 곁에 앉으니 그가 볶은 곡식을 주매 룻이 배불리 먹고 남았더라 룻 2:14

13절에서 룻이 더욱 은혜 입기를 구했듯이 14절에서도 계속해서 은혜를 입는다. 10년을 기근에 시달렸으니 참으로 즐거운 시간이었을 것이다. 일은 허리가 끊어질 정도로 고되었지만, 일을 할 수 있다는 기쁨이 더 컸다. 식사시간이 되어 다들 둘러앉아 떡을 소스에 찍어 먹고, 볶은 곡식도 맛나게 먹는다. 일한 다음 먹는 음식은 언제나 꿀맛인데, 게다가 기근 후니 오죽할까? 보아스는 자신 옆으로 룻을 부른다. 룻은 밭주인과 사환, 삯을 받는 일꾼들, 하녀들과 같은 음식을 먹는다. 거의 잔치 같은 분위기다. 그 잔치에 룻이 초대된 것이다!(다시 상기시키지만, 아직 룻은 보아스와 엘리멜렉의 관계를 모른다)

보아스가 룻에게 볶은 곡식을 대접했다(이것은 놀라운 일이다). 룻이 원하는 대로 먹고도 남았다. 킹제임스성경은 "그녀가 배불리 먹고 남겼더라"고 하였고, 히브리어로도 "배부르게 먹고도 남은 것이 있었다"고 표현했다. 보아스의 식탁에는 먹을 것이 넘쳤다. 식사를 마친 룻은 남은 곡식을 머릿수건으로 쌌다. 시어머니께 드릴 선물이었다.

룻은 감히 끼어들 순 없어도 오가는 사람들의 대화를 들으며 시어머니도 함께였으면 얼마나 좋을까 생각했을 것이다. '어머니는 오늘 일을 정말 믿지 못하실 거야. 아, 여기 계셨더라면 얼마나 좋을까? 어머니라면 아마 한가운데 앉으셨겠지.' 그럴 자격이 없는데 신분이 다른 사람들과 함께 즐길 수 있는 것, 게다가 밭의 주인과 함께 식사를 하는 것은 엄청난 일이다. 그 은혜로 인한 감사함은 너무 크지만, 우리가 사랑하는 사람이 식탁에 함께하지 못한다는 것은 고통스러운 일이다.

룻이 이삭을 주우러 일어날 때에 보아스가 자기 소년들에게 명령하여 이

르되 그에게 곡식 단 사이에서 줍게 하고 책망하지 말며 룻 2:15

보아스는 9절에서 일꾼들에게 룻을 건드리지 말고 때리거나 해치지도 말라고 한 데 이어 식사를 마친 후 또 다른 지침을 내린다. 그것은 권고사항이 아니라 명령이었다. 룻이 베거나 묶어둔 이삭을 가져갈지라도 그녀를 책망하지 말라는 명령이었다. '책망하다'라는 말은 '나무라다, 감정을 상하게 하다, 비난하다, 수치스럽게 하다'라는 뜻이다.[31]

이삭 줍는 자들은 자신들의 경계 안에서 오로지 떨어진 이삭이나 단을 묶는 일꾼이 남겨 놓고 간 것만 주워야 했다. 하지만 보아스는 룻에게 일꾼들이 베어 놓은 것과 단으로 묶은 것까지도 허락하며 자유롭게 줍도록 해 주었다. 룻은 잘못을 저지르기도 전에 완전한 면책특권을 받았다! 어떤 실수를 하더라도 보아스에 의하면 룻은 '무죄'였다. 어떤 이유로도 룻은 질책을 받지 않았다. 일꾼들이 주인의 명령에 불순종할 때는 징계를 받지만, 룻은 예외였다. 어떠한 위반을 해도 룻은 무혐의 처분을 받았다(죄가 전부 무죄로 선포되는 것, 너무 좋지 않은가?).

또 그를 위하여 곡식 다발에서 조금씩 뽑아 버려서 그에게 줍게 하고 꾸짖지 말라 하니라 룻 2:16

보아스가 말했다. "차라리 말이야, 다발로 묶을 때 조금씩 뽑아서 땅에 흘어 주게. '실수'로 말이야." 일꾼들은 주인이 해도 너무한다고 생각했을지 모른다. 곡식을 베고 줍고 묶어 다발로 만들라고 데려온 일꾼들에게 곡식을 뽑아서 모압 과부가 주울 수 있게 뿌려 놓으라니, 주인이 제 정신이 아니거나 젊은 모압 과부에게 단단히 빠진 게 분명하다. 절대 건들지도, 나무라지도 말라더니 이젠 그녀를 위해 일부러 이삭을 흩어 줘야 했다. 정말 사랑에 빠졌던지, 그게 아니라면 이해를 초월하는 무언가 아주 깊은 뜻이 있어야 했다.

> 룻이 밭에서 저녁까지 줍고 그 주운 것을 떠니 보리가 한 에바쯤 되는지라 룻 2:17

룻은 아침(미명 혹은 새벽녘)부터 저녁(해질녘)까지 이삭을 주웠다. 시간상으로 12시간 정도 밭에 머물며 이삭을 주웠는데, 보아스를 만난 이후부터는 머릿속으로 그날의 놀라운 일들을 생각하고 또 생각하느라 전혀 지루하게 느껴지지 않았다.

룻은 주운 이삭에서 보리를 털었다. 저녁이 되자 지중해로부터 시원한 바람이 불어왔다.[32] 이때 보리 이삭을 두들겨 공중으로 날리면 가벼운 이삭은 멀리 날아가고 무거운 곡식 알갱이는 바닥에 떨어진다. 룻이 첫날 수확한 양은 꽤 많았다. 한 에바는 약 0.6부셸, 그러니까 부피로 대략 22리터쯤 된다. 쉽게 말해서 2리터짜리 음료수 병 열한 개에 해당하는 양이다!

내가 룻기를 가르쳤던 성경공부반에 아칸소 출신의 농부가 있었다. 그의 말에 따르면, 1부셸은 약 27킬로그램에 해당한다고 한다. 그렇다면 룻이 거둔 양은 약 16킬로그램으로, 처음 밭에 나가 주운 곡식치고는 상당히 많은 양이다. 보아스의 축복대로 이스라엘의 하나님께서 벌써 룻에게 보답하시고 온전한 상을 주시기 시작하신 것일까?

> 그것을 가지고 성읍에 들어가서 시어머니에게 그 주운 것을 보이고 그가 배불리 먹고 남긴 것을 내어 시어머니에게 드리매 룻 2:18

룻은 짊어진 짐이 무겁기는커녕 공중을 나는 듯 가벼운 발걸음으로 집으로 향했다. 머리부터 발끝까지 땀과 먼지 범벅이었지만, 매우 행복했다. 집에 돌아와 자신이 '수확한' 것들을 자랑스럽게 나오미 앞에 내려놓고, 점심때 챙겨 두었던 음식 보따리도 뿌듯한 마음으로 풀어 보였다.

> 시어머니가 그에게 이르되 오늘 어디서 주웠느냐 어디서 일을 하였느냐 너를 돌본 자에게 복이 있기를 원하노라 하니 룻이 누구에게서 일했는지를 시어머니에게 알게 하여 이르되 오늘 일하게 한 사람의 이름은 보아스니이다 하는지라 룻 2:19

나오미는 하루 종일 며느리 생각에 마음이 쓰이다가 해 질 녘엔 무슨 일이라도 있는 것이 아닐까 걱정이 됐을 것이다. 머릿속으로 별별 생각이 다 들었을 것이다. 일꾼들이 얼마나 거친지 나오미는 잘 알았다. 그런데 마침 룻이 활짝 웃으며 음식과 상상치도 못한 양의 보리를 안고 집으로 돌아왔다. 얼마나 반가웠을까! 나오미는 궁금한 것이 너무나 많았다. "어땠느냐? 괴롭히는 사람은 없었느냐?"라고 물을 수도 있었다. 하지만 나오미는 룻을 돌봐준 좋은 밭주인을 먼저 축복하였다. 누군지도 모르는 사람을 축복하고 나니 그제서야 룻이 기쁨에 들떠 소리쳤다. "그분은 보아스예요."

하나님께서 우리 삶에 개입하고 일하실 때, 우리는 감격하고 흥분하게 된다. 우리가 뿜어내는 기쁨을 보고 사람들은 "무슨 일이 있었던 거예요? 그분의 이름이 뭔가요?" 하며 참지 못하고 물어온다. 룻은 그날 보아스의 밭에서 일어난 일을 나오미에게 '쉽고 조리 있게' 이야기했다. 그분이 누구시냐고 묻는 이들에게 우리 역시 쉽고 조리 있게 전해 주어야 한다.

> 나오미가 자기 며느리에게 이르되 그가 여호와로부터 복 받기를 원하노라 그가 살아 있는 자와 죽은 자에게 은혜 베풀기를 그치지 아니하도다 하고 나오미가 또 그에게 이르되 그 사람은 우리와 가까우니 우리 기업을 무를 자 중의 하나이니라 하니라 룻 2:20

앞 절에서 룻은 자신이 만난 보아스에 대해 이야기했다. 직접 그의 밭에서 눈을 맞추고 함께 음식을 먹고 대화를 나누며 그가 풍기는 온유함을 직접 느꼈기 때문에 은혜롭고 자비로운 신사, 보아스에 대해 생생하게 전할 수 있었다.

룻의 이야기를 들은 나오미는 보아스를 축복한 후에 그가 누구인지 말한다. 그런데 참으로 알 수 없는 소리를 한다. "그가 살아 있는 자와 죽은 자에게 은혜 베풀기를 그치지 아니하도다." 대체 어떻게 죽은 사람에게 은혜를 베풀 수 있을까? 산 사람에게 은혜를 베푼다는 것은 알겠지만, 죽은 사람에게 은혜를 베푼다는 말은 쉽게 납득이 가지 않는다. 보아스는 엘리멜렉과 매우 돈독한 관계였다. 사랑하는 친척 엘리멜렉에 대한 애정과 신의 때문에 보아스는 흔쾌히 나오미와 룻에게 나눠 줄 수 있었다. 엘리멜렉은 이미 죽었지만, 한때 그의 소유였던 사람들을 사랑함으로써 보아스는 그에 대한 애정을 표현했다.

그런데 이 구절의 의미는 상징적인 영역에서 더욱 분명하게 드러난다. 나오미는 이스라엘을 상징한다. 에스겔서 37장에서 선지자는 그녀를 골짜기에 가득한 마른 뼈들에 비유하며, 그녀가 다시 살아날 것을 예언한다. 죽었다가 살아나는 것이 나오미만은 아니다. 룻이 상징하는 교회(이방인 그리스도인들)도 마찬가지다.

에베소서 2장 1절에서 바울은 허물과 죄로 죽었던 우리를 하나님께서 살리셨다고 말한다. 우리 또한 한때 죽었고, 예수님께서 아무런 희망도, 미래도 없는 우리를 위해 새로운 길을 여셨다. 산 자와 죽은 자에게 은혜 베풀기를 그치지 않는다는 말은 보아스에 대한 말이기도 하지만, 예수님에 대한 말이기도 하다.

나오미는 계속해서 말한다. "그 사람은 우리와 가까우니 우리 기업을 무를 자 중의 하나이니라." 앞에서 기업 무를 자의 역할에 대해 잠깐 살펴보았는데, 여기에서는 좀더 자세히 도표와 함께 알아보기로 하자.

하나님께서는 한 집안에서 대가 끊어지면 죽은 자의 친척 가운데 가까운 사람이 대신하여 대를 이어주라고 명령하셨다. 죽은 자의 이름과 재산이 존속되게 하기 위함이었다. 유다의 계보에서 알 수 있듯이 하나님은 이 법을 매우 엄중하게 다루셨다(부록 '표 4 유다(다말)' 참조, 창 38장).

유다의 아내였던 가나안(이방인) 여인은 세 아들을 낳고 죽었다. 큰 아들 엘은 악하여 하나님께서 죽이셨다. 유다는 엘의 아내 다말을 둘째 아들 오난에게 주었다. 하지만 오난은 형수에게서 아들이 태어나는 것을 원치 않았기 때문에 체외사정을 했다. 이를 악하게 여기신 하나님은 오난도 죽이셨다. 유다는 며느리 다말에게 셋째 아들이 장성하면 남편으로 주겠다고 약속했다. 이처럼 하나님은 기업 무를 자의 역할을 매우 중요하게 생각하셨다.

"그 사람은 우리와 가까우니 우리 기업을 무를 자 중의 하나이니라"는 구절에는 또 하나의 특이한 점이 있다. '우리'라고 한 것은 보아스가 룻과도 가까우며 룻의 기업을 무를 자이기도 하다는 뜻이다. 룻이 베들레헴에 온 것은 자원했기 때문이지 의무가 아니었다. 나오미는 진심으로 보아스가 룻의 기업 무를 자이기도 하다고 믿었을까, 아니면 자신이 자구책으로 고안해 낸 작전이 이미 맞아 들어가고 있다고 생각해서 던진 말이었을까?

> 모압 여인 룻이 이르되 그가 내게 또 이르기를 내 추수를 다 마치기까지 너는 내 소년들에게 가까이 있으라 하더이다 하니 룻 2:21

보아스가 자신들의 기업 무를 자라고 한 나오미의 말이 룻의 귀에는 들리지 않았거나 '나하고는 상관없는 일이야'라고 생각했을 가능성이 크다. 왜냐하면 룻이 보아스가 한 말을 신이 나서 계속하기 때문이다. 룻은 보아스가 추수가 다 끝날 때까지 밭에 나와도 좋다고 말했다고 전했다. 보아스는 룻이 자신의 밭에 나와서 머무는 동안 그녀를 보호하고, 또 두 여인의 양식을 공급할 수 있었다(수확이 이루어지는 '오멜 세기' 기간은 50일이다. 이때 보리가 먼저 익고, 그 다음 밀이 익는다. 보리는 평민과 동물을 위한 곡식이고, 밀은 좀 더 귀했다).

> 나오미가 며느리 룻에게 이르되 내 딸아 너는 그의 소녀들과 함께 나가고 다른 밭에서 사람을 만나지 아니하는 것이 좋으니라 하는지라 룻 2:22

경고에 순종하지 않고 '다른 밭'을 기웃거린 여인에게 일어난 슬픈 실화가 있다. 어느 날, 남편이 점심시간에 제한속도가 70킬로미터인 7차선 도로를 운전하고 있었다. 그런데 오른쪽 끝차선을 달리던 남편의 차 앞으로 어떤 여성이 갑자기 달려들어 목숨을 잃고 말았다. 그녀는 미국에 있는 가족을 방문하러 온 외국인 여성으로 고향에서 하던 대로 그날도 인근 교회에 가려던 참이었다. 그녀의 나라에서는 교회가 항상 열려 있었고, 도로에서는 보행자가 우선권을 가지고 있었다. 그래서 모든 주행차량이 자신을 위해 정지해 줄 것이라 믿고 그날도 그 넓은 간선도로를 아무 생각 없이 가로질렀던 것이다. 미국의 도로교통법이 자기 나라와 전혀 다르다는 것이 비극이었다. 그녀는 가족이 함부로 길을 건너지 말라고 경고했음에도 불구하고 듣지 않았고, 그 결과 목숨을 잃었다. 의도는 고귀하고 순수했으나 미국에 대한 이해에 있어서는 '이방인'이었다. 보아스와 나오미도 룻에게 그 밭에 머물라고 경고했다. 위험을 알았기 때문이다.

> 이에 룻이 보아스의 소녀들에게 가까이 있어서 보리 추수와 밀 추수를 마치기까지 이삭을 주우며 그의 시어머니와 함께 거주하니라 룻 2:23

룻은 추수기간 내내 하녀들 가까이 머물며 나오미를 봉양했다. '거주하다'라는 말은 '머물다, 계속 살다'라는 의미다.[33] 당연히 룻은 나오미와 계속 함께 살았다. 다른 선택이 있다고는 상상하기 어렵고, 혹 함께 살지 않았다면 매우 실망스러웠을 것이다. 이 세 사람(보아스, 나오미, 룻)의 연합은 모든 사람을 위해 매우 중요하다! 각 사람의 역할은 나머지 둘과 불가분으로 연결되어 있고, 또 서로 의존적이다.

얼마 전, 부모님이 우리 집을 방문했다. 마침 토요일이었는데, 맞은편 이웃집에서 마당에 중고물품을 내어 놓고 팔고 있었다. 어머니와 나는 아침을 먹고 타이완 가족이 사는 그 집으로 가 보았다. 나는 곧장 부엌 용품이 있는 곳으로 갔고, 어머니는 책이 있는 곳으로 향하셨다. 곧 어머니가 흥분된 얼굴로 얇은 책을 손에 들고 흔들며 "이거 사 줄까?"라고 하셨다. 표지를 보자마자 나는 대답했다. "예, 사 주세요!"

《유대교와 기독교》Judaism and Christianity라는 제목의 이 소책자는 유대교 후원단체인 브나이 브리스의 청소년 교재로, 한 정통 유대교인이 쓴 책이었다(딱 내 수준이었다). 앞에서 교회의 뿌리가 유대교에 있다고 말하는 메시아닉 유대인과 이방 그리스도인의 글을 인용한 바 있는데, 놀랍게도 이 저자도 같은 시각을 가지고 있었다. 여기 그 일부를 소개하겠다.

약 2천 년 전, 팔레스타인에서 발생한 기독교는 유대인에 의한, 유대인을 위한, 유대인의 움직임이었으며 … 주후 150년경에는 하나의 독립적인 종교가 되었다 … 유대인에 의한, 유대인을 위한, 유대인의 움직임이었던 것이 이방인에 의한, 이방인을 위한, 이방인의 움직임으로 전환되었다 … 유대교 안에서 일어난 하나의 움직임이 이제는 유대교 밖에 있는 개별적인 종교가 되었다 … 기독교의 시초는 아무것도 감하지 않은 기존의 유대교에 예수에 대한 몇 가지 신념을 덧붙여 시작된 유대인들의 운동이었다 … 예수를 믿던 팔레스타인의 유대교인들은 토라를 믿었다. 메시아로서의 예수에 대한 개념을 추가하기는 했지만, 그들은 오늘날까지 전해지는 유대교의 모습 중 어느 것도 폐기하지 않았다 … 기독교는 유대교에 뿌리 내린 자식이다 … 고대 유산이 되어버린 '유대적 기독교' 전통은 한때 하나의 몸이었던 것이 지금 우리 시대에 와서는 몇 갈래의 변종으로 계승되었다 … 우리는 기독교를 유대교에서 유래한 하나의 친척 종교로서 이해한다. 기독교의 뿌리가 우리에게 있음을 인식할 때, 유대교와 기독교가 얼마나 가까운 혈통인지 깨닫게 된다.[34)]

보아스와 나오미와 룻, 이 세 사람의 연합이 무엇보다 중요하다. 누구 하나라도 떨어져 나와 제 역할과 사명을 다하지 않으면, 그 사람은 물론이고 다른 사람까지 고통을 겪는다. 룻기를 상징적 우화로 볼 때, 예수님과 이스라엘과 교회의 연합에 대해서도 동일하게 말할 수 있을까? 셋 중 하나가 연합에서 빠지면 어떻게 될까?

7장

타작마당을 찾아가다

_룻 3:1-9

엘리멜렉 __________

나오미 __________

말론 __________

기룐 __________

오르바 __________

룻 __________

보아스 __________

다음 구절과 함께 앞장이 막을 내렸다.

이에 룻이 보아스의 소녀들에게 가까이 있어서 보리 추수와 밀 추수를 마치기까지 이삭을 주우며 그의 시어머니와 함께 거주하니라 룻 2:23

룻은 보아스와 나오미의 지시(룻 2:8; 2:22)에 순종하여 추수가 끝날 때까지 보아스의 밭에 머물렀다. 룻기 2장 마지막 절과 3장 첫 구절 사이의 시간적 간격은 약 7주다. 룻이 밭에 처음 나갔을 때가 보리 수확이 시작될 즈음이었고(룻 1:22), 밀 수확이 마칠 때까지(룻 2:23) 그 밭에서 이삭을 주웠다.

보리와 밀을 수확하는 기간, 즉 '오멜 세기'는 꽉 찬 7주 또는 50일이며, 마지막 날 모든 성인 남자는 예루살렘 성전으로 두 번째 순례를 떠난다. 이날은 3대 절기 중 두 번째 절기(샤부오트)로, 유월절로부터 7주 후라 칠칠절이라고도 하며 교회에서는 보통 오순절이라고 부른다.

수확기간 중 룻과 보아스가 다시 만나고, 대화를 나눴을까? 아마 그랬겠지만, 성경이 말해 주지 않기 때문에 알 길은 없다. 다시 만났든, 안 만났든 상관없다. 첫 만남에서 이미 보아스는 룻과 나오미를 위해 필요한 일을 모두 마쳤다.

> 룻의 시어머니 나오미가 그에게 이르되 내 딸아 내가 너를 위하여 안식할 곳을 구하여 너를 복되게 하여야 하지 않겠느냐 룻 3:1

나는 나오미가 룻을 사랑한 것이 사실이지만, 서로에게 유익이 되는 일을 하는 데 아무런 가책을 느끼지 않았던 것도 사실이라고 생각한다. 곡식 수확이 마무리되고 이제 룻이 할 수 있는 일은 끝났다. 이삭 줍는 일보다 더 중요한 문제로 관심을 옮기기에 이보다 좋은 때는 없다. 지난 7주는 모두에게 바쁜 시간이었고, 모두가 기한 내에 수확을 마치는 데

열중했다. 이제 곡식 줍는 일도 끝나고 나오미는 전혀 다른 사안을 룻에게 제안한다. 그녀는 계속 룻을 '딸'이라 부르며 룻이 안식할 곳, 즉 집을 마련해 주겠다고 말한다.[35)]

앞에서 유대인들의 혼인이 어떻게 성사되는지 이야기했다(룻 1:4). 다시 요약하면, 신랑의 아버지가 신부의 아버지를 찾아가서 자녀들과 두 집안 모두에게 유익한 조건으로 협의를 맺는다. 일반적으로 신랑의 아버지가 신부와 신부의 아버지에게 선물을 주고, 신랑도 신부에게 선물을 하기도 한다. 이제 다시 나오미의 '파격적인' 제안을 살펴보자.

> 네가 함께 하던 하녀들을 둔 보아스는 우리의 친족이 아니냐 보라 그가 오늘 밤에 타작 마당에서 보리를 까불리라 룻 3:2

'우연히' 룻이 보아스의 밭에 발을 들여놓은 첫날(룻 2:3)부터 어쩌면 줄곧 마음에 품고 있었을 생각을 나오미는 처음으로 룻에게 내비친다. 나오미는 앞에서 보아스가 "우리와 가까운 사람"이며 "우리 기업을 무를 자 중의 하나"라고 했다(룻 2:20). 그리고 2절에서는 보아스가 "우리의 친족"이라고 한다. 보아스가 친족이라는 사실을 이렇게 강조하는 이유는 가문의 성씨와 재산을 보존하기 위해 친족 중 가까운 자가 과부된 여인과 결혼해야 하는 수혼법 때문이다. 이 법은 하나님께서 모세에게 주신 613개의 율법 중 하나다(신 25:5-10).

여기서 잠깐 따져 보자. 부록 '표 2 엘리멜렉과 보아스'를 참조하여 존재하지 않는 사람들(엘리멜렉, 말론, 기룐, 오르바, 아직 태어나지 않은 오벳)을 마음속에서 X표로 지워 보자. 논리적으로 봤을 때, 가계의 맥을 잇기 위해 보아스가 결혼해야 할 사람은 누구인가? 누구에게서 대가 끊겼는가? 당연히 엘리멜렉과 나오미로부터 끊어졌다. 룻기의 비밀을 푸는 데 너무나 중요한 이 사실을 우리는 그동안 간과해 왔다.

이해를 돕기 위해 의미심장한 구절로 돌아가 보자. 1장 9절에서 나오미가 여호와께 오르바와 룻의 남편을 간구했다. 당시 그들이 새 남편을 얻었다면, 이교도인 모압 남성들이었을 것이다.

나오미는 1장 11-13절에서 두 며느리가 자신과 함께 베들레헴으로 가게 되면, 얼마나 암울한 미래가 기다리고 있는지 털어 놓았다(나오미가 남편을 얻어 아들을 낳으면, 그 아들이 며느리들의 새 남편이 될 것이었다). 1장 15절에서 나오미는 룻에게 오르바와 함께 "너의 신들(물론 이방신이다)에게로" 돌아가라고 말한다. 1장 21절에서 나오미는 자신이 풍족하게 나갔다가 비어 돌아왔음을 한탄했다(만약 룻이 유대교로 개종했다면, 나오미는 정말 '비어' 돌아온 것일까?). 2장 13절에서 룻은 자신이 보아스의 하녀들보다도 못한 존재라고 고백했다(만약 룻이 결혼 전에 유대교인으로 개종했다면, 이렇게 고백하는 것은 옳지 않다).

나오미가 1장 11-13절에서 정확하게 알고 있었듯이, 기업 무를 자를 맞이해야 할 사람은 나오미지 룻이 아니었다. 예수님께서 이 이야기와 평행을 이루는 상징적 영역에서 어떻게 말씀하셨는지 살펴보자. 주님은 제자들을 파송하시며 다음과 같이 명령하셨다.

이방인의 길로도 가지 말고 사마리아인의 고을에도 들어가지 말고 오히

려 이스라엘 집의 잃어버린 양에게로 가라 마 10:5-6

그리고 가나안 여인이 귀신들린 딸을 고쳐 달라고 왔을 때, 이렇게 말씀하셨다.

나는 이스라엘 집의 잃어버린 양 외에는 다른 데로 보내심을 받지 아니하였노라 마 15:24

요한은 예수님에 대해 이렇게 기록했다.

자기 땅에 오매 자기 백성이 영접하지 아니하였으나 요 1:11

예수님은 이스라엘로 보내심을 받았다. 예수님과 이방인 사이에 일어난 일은 성경 속에서 몇 차례 나오지 않는다. 예수님께서는 부활하신 후에도 유대인에게만 나타나셨다. 하지만 예수님은 유대인들이 원하는 모습이 아니었다. 그들이 원했던 것은 왕과 왕권이었지 구유에서 태어난 평범한 사람이 아니었다.

다시 룻기로 돌아와서, 나오미(이스라엘)는 '왕권이 내게 있다'는 뜻의 이름을 가진 엘리멜렉과 결혼했다. 이것이 바로 나오미가 원했던 것이다. 이스라엘이 예수님을 원치 않았던 것처럼, 나오미도 보아스를 원치 않았다. 나오미는 보아스가 좋은 사람이라고 말한다(룻 2:20). 오늘날 유대인들도 예수님에 대해 그렇게 말한다. "예수님은 좋은 분이지요. 그런데 그게 다예요."

당연히 결혼해야 할 사람들은 보아스와 나오미였다. 어쩌면 "나오미 말도 일리가 있는 것 같습니다. 자식을 낳기에 너무 늙었잖아요?"라고 할지도 모른다. 그러면 나는 이렇게 대답하겠다. "사라도 늙었고, 엘리사벳도 나이가 많았고, 수많은 여인들이 그랬듯이 하나님께 나이는 아무런 문제가 되지 않습니다." 그것은 나오미의 변명일 뿐이다. 보아스와의 결혼이 내키지 않았을 뿐이고, 그래서 비밀스럽고 파격적인 계획을 주선한 것이다.

곡식을 베고 묶는 일을 마친 일꾼들은 알곡과 겨를 분리하는 타작마당으로 옮겨갔다. 당시 타작마당은 바위나 빚어 놓은 진흙바닥처럼 표면이 단단하고 편평하면서도 탁 트여 있어서 바람이 알맞게 불어드는 곳에 만들었다.[36] 그리고 황소가 끄는 썰매를 곡식 위로 지나가게 하여 이삭의 껍질을 벗겼다. 그 다음 까부르는 사람이 곡식을 공중에 날리면, 지중해에서 불어오는 시원한 바람에 쭉정이는 날아가고 알곡만 바닥에 떨어졌다.[37]

예전에 가장 유명한 타작마당이라 할 수 있는 예루살렘의 성전산에 대해 공부한 적이 있다. 이곳에 대한 이야기는 역대상 21장에 나오는데, 사탄이 다윗의 마음을 충동하여 이스라엘의 군사를 계수하도록 만들었다. 다윗도 이 일이 옳지 않다는 것을 알았다. 또 이로 인해 하나님의 징계가 이스라엘에 임하리라는 부하 장군 요압의 경고도 있었다. 하지만 그는 계수를 명령하였고, 하나님은 심히 노하셨다. 하나님께서는 선견자 갓을 시켜 다윗에게 세 가지 벌 중 하나를 선택하게 하셨다. 다윗은 그

중 3일간의 전염병을 선택하며 이렇게 말한다.

> 내가 그의 손에 빠지고 사람의 손에 빠지지 아니하기를 원하나이다 대상 21:13

3일간의 전염병으로 7만 명이 죽었다. 다음은 그 이후의 이야기이다.

> 하나님이 예루살렘을 멸하러 천사를 보내셨더니 천사가 멸하려 할 때에 여호와께서 보시고 이 재앙 내림을 뉘우치사 멸하는 천사에게 이르시되 족하다 이제는 네 손을 거두라 하시니 그 때에 여호와의 천사가 여부스 사람 오르난의 타작 마당 곁에 선지라 다윗이 눈을 들어 보매 여호와의 천사가 천지 사이에 섰고 칼을 빼어 손에 들고 예루살렘 하늘을 향하여 편지라 다윗이 장로들과 더불어 굵은 베를 입고 얼굴을 땅에 대고 엎드려 하나님께 아뢰되 명령하여 백성을 계수하게 한 자가 내가 아니니이까 범죄하고 악을 행한 자는 곧 나이니이나 이 양 떼는 무엇을 행하였나이까 청하건대 나의 하나님 여호와여 주의 손으로 나와 내 아버지의 집을 치시고 주의 백성에게 재앙을 내리지 마옵소서 하니라 여호와의 천사가 갓에게 명령하여 다윗에게 이르시기를 다윗은 올라가서 여부스 사람 오르난의 타작 마당에서 여호와를 위하여 제단을 쌓으라 하신지라 대상 21:15-18

오르난(아라우나라고도 불림)이 다윗에게 제사를 위해 자신의 타작마당과 소와 곡식을 모두 드리겠다고 하자 다윗이 말한다.

그렇지 아니하다 내가 반드시 상당한 값으로 사리라 내가 여호와께 드리려고 네 물건을 빼앗지 아니하겠고 값 없이는 번제를 드리지도 아니하리라 대상 21:24

다윗은 값을 모두 치렀다. 하나님께서는 다윗의 제사를 받으셨고, 다윗은 그곳이 이스라엘의 여호와 하나님의 성소가 될 자리임을 알았다. 이것이 유대인이 성전산 타작마당을 소유하게 된 경위이며, 이곳은 오늘날 이스라엘에서도 분쟁의 중심지가 되었다.

오르난의 타작마당이 얼마나 중요한 곳인지 깨닫고 나서 나는 성경에 나오는 다른 타작마당에서는 어떤 일들이 있었는지, 혹시 룻기에 나오는 타작마당을 이해하는 데 도움이 될 내용은 없는지 찾아보았다. 내가 발견한 내용은 다음과 같다.

1) 창세기 50장에서 요셉은 아버지 야곱의 죽음으로 인해 아닷 타작마당에서 7일 동안 울고 애통해하였고, 온 이스라엘이 그와 함께 애곡하였다. 이방인인 애굽 사람들도 요셉과 함께 슬퍼하였다.

2) 사사기 6장에는 기드온이 양털 뭉치를 타작마당에 둔 이야기가 나온다. 당시 이스라엘은 미디안의 침략으로 고초를 겪고 있었다. 그런데 하나님의 천사가 기드온에게 나타나 장차 그가 이스라엘을 미디안의 손에서 구할 것이며, 그가 적과 싸워 이길 것이라고 말했다.

3) 사무엘상 6장에 나오는 타작마당에서는 하나님의 궤가 수레에서 떨어지려 하자 이것을 붙든 웃사를 하나님께서 죽이시는 사건이 벌어졌다. 하나님의 궤

에 손을 대는 것은 금지된 일이었다. 하나님의 법을 어겨도 되는 '예외적' 상황이란 없다. 하나님께서는 민수기 4장 15절과 19장 20절에서 성물을 만져서는 안 된다고 명령하셨다. 웃사의 행동에는 하나님에 대한 존중이나 경외심이 없었다.

4) 호세아 9장 1절은 타작마당의 창녀에 대해 말한다. 타작마당에는 유혹이 난무했다. 남자들밖에 없는 어두운 밤에 무슨 짓을 한들 아무도 모른다. 아내도, 자식도 없는데, 무언들 못하겠는가?

5) 시편 132편에서 여호와께서는 시온산(오르난의 타작마당이었음)을 거처로 삼으시고 영원히 그곳에 거하실 것을 선포하셨다.

이 장면들을 통해 룻기의 타작마당에 대해 얻을 수 있는 통찰은 무엇일까? 야곱의 죽음이 유대인과 이방인 모두에게 슬픔이었던 것처럼, 룻기에서도 누군가의 죽음으로 인해 그와 같은 일이 있을까? 기드온이 그랬듯이 '이스라엘'을 구해 줄 '구원자'가 룻기에서도 나타날까? 하나님의 거룩하심을 경외함과 두려움으로 대할 것인가, 아니면 경솔했던 웃사와 같이 될 것인가? 개인적인 향락이나 유혹이 룻기의 타작마당에도 있을까? 마침내 '왕'이 나타나실까? 타작마당은 진정 흥미로운 장소이다. 바로 그곳으로 나오미가 룻을 보내려는 것이다.

그런즉 너는 목욕하고 기름을 바르고 의복을 입고 타작 마당에 내려가서 그 사람이 먹고 마시기를 다 하기까지는 그에게 보이지 말고 룻 3:3

이것이 나오미가 주선한 결혼 방식이다. 나오미가 직접 보아스를 찾아가지도 않았고, 결혼예물에 대한 협의도 없었다. 앞서 1절에서 나오미는 "내(나오미)가 너(룻)를 위하여 안식할 곳(집)을 구하겠다"고 말했다. 자신이 어떻게 그렇게 하겠다는 것일까? 이처럼 변칙적인 결혼을 꾸미는 이유가 무엇일까? 물론 딸에게 집을 마련해 주려 하는 것은 부모로서 당연한 일이다. 하지만 직접 나서지 않고도 본인이 원하는 바를 얻을 수 있다면, 게다가 룻의 집까지 덤으로 얻을 수 있다면, 이 정도 '은밀한 작업'은 전혀 문제될 게 없다.

남자를 유혹하는 요령까지 꿰고 있는 영리한 나오미는 룻에게 목욕(신부가 되기 위한 준비과정[38])으로, 이와 같은 목욕의식을 '미크베'라고 한다)을 하고, 기름(향수)을 바르고 가장 고운 옷을 입으라고 한다.[39]) 아름다운 룻의 모습이 쉽게 상상된다(우리는 룻이 외모뿐 아니라 마음도 착하다는 것을 알고 있다). 보아스는 룻이 이렇게 차려입은 것을, 특히 자신을 위해 향기롭게 단장한 것을 한 번도 본 적이 없다. 밭에서 일상복을 입은 모습은 보았을 것이다. 하지만 나오미가 룻에게 입혀 보낸 옷은 땀내 나는 작업복과는 완전히 달랐다.

아마 이날도 룻은 밭에 나갔다가 집으로 돌아와 나오미에게 수확이 다 끝나고 일꾼들이 모두 타작마당으로 갔다고 말해 주었을지도 모른다. 나오미에게는 지체할 시간이 없었다. 나오미는 룻에게 타작마당에 내려가서 어스름한 곳에 몸을 숨기고 일꾼들이 먹고 마시기를 끝낼 때까지 기다리라고 지시한다.

앞에서 살펴본 성경의 타작마당 사건들 중에는 창녀가 등장하는 장면도 있었다. 룻은 매우 조심해서 이 비밀스러운 결혼을 진행해야 했다. 호세아서 9장 1절은 말한다.

> 네가 음행하여 네 하나님을 떠나고 각 타작 마당에서 음행의 값을 좋아하였느니라

나오미가 지시한 일은 룻에게 무척 위험한 임무였다. 나오미는 왜 일반적인 방법으로 보아스와의 결혼을 추진하지 않았을까? 룻과 보아스를 이런 힘든 상황으로 밀어 넣은 이유가 뭘까? 혹시 보아스와 맞닥뜨리는 일을 피하기 위해서였을까?

> 그가 누울 때에 너는 그가 눕는 곳을 알았다가 들어가서 그의 발치 이불을 들고 거기 누우라 그가 네 할 일을 네게 알게 하리라 하니 룻 3:4

나오미는 매우 자세하게 지시한다. 베들레헴은 지금 흥겨운 분위기이다. 추수가 끝나가니 잔칫집과 같았다. 타작일은 고되고 힘들지만, 먹고 마실 때는 화기애애한 법이다. 타작마당은 남자들 세상이었다. 그곳에서는 체면과 상관없이 원하는 대로 할 수 있다. 일을 끝낸 보아스도 흡족한 마음으로 몸을 눕혔다. 나오미는 룻에게 멀찌감치 숨어서 보아스가 눕는 자리를 잘 봐 두라고 일렀다. 한치의 실수도 있어서는 안 된다(웃사에게 일어난 일을 기억하라). 어쩌면 보아스와 닮아 보이는 사람이 있을지도 모른다. 아니면 잘 지켜보고 있었는데, 잠시 한눈 판 사이 보아

스가 눕는 자리를 놓칠 수도 있다. 실수로 다른 남자 발밑에 누우면 큰 일이다. 그러면 두말할 것도 없이 창녀로 낙인찍힌다. 와서 구해 줄 사람도, 진실을 알아 줄 사람도 없다. 룻에게 주어진 임무는 참으로 위험했고, 실패하면 큰일이었다.

몸을 움직이기에 안전한 시각이 되면, 보아스의 잠자리로 조용히 다가가 그의 발치에 누워야 한다. 보아스 옆에 나란히 누워야 룻의 아름다운 얼굴도 잘 보이고 향기도 더 은은할 텐데, 왜 굳이 발치에 누우라고 했을까? 룻이 은밀하게 접근한 것을 보아스가 불쾌하게 여겨 화를 낼 수도 있기 때문일까?

발치에 눕는다는 것은 전적인 굴복과 복종을 의미한다. 룻은 하루 종일 곡식을 밟느라 거칠어진 주인의 발 옆에 가장 고운 의복을 갖춰 입고 몸을 뉘어야 했다. 미어 즐로토위츠에 의하면 이불을 들어 보아스의 발을 드러내고 그의 지시를 기다리는 일은 직접적인 구혼행위나 다름없으며, 그 결혼에는 '나오미'도 포함되어 있다고 봐야 한다고 한다. 왜냐하면 나오미가 누우라고 말할 때 '내가 눕겠다'라는 의미를 내포한 1인칭 동사형을 사용했기 때문이다. 이는 나오미의 이해관계도 룻의 행위에 연관되어 있고, 자신도 그 행위의 주체자임을 시사한다.[40] 그날 밤 연출된 모든 일의 주체가 나오미였다는 사실에는 의심의 여지가 없으며, 보아스도 분명히 그 사실을 이해하고 있었다.

룻은 보아스의 발치에 누워 그의 지시를 기다려야 했다.

룻이 시어머니에게 이르되 어머니의 말씀대로 내가 다 행하리이다 하니

라 룻 3:5

룻은 나오미에게 전혀 따지지 않았다. 앞서 룻기 1장 16-17절에서 맹세했듯이 나오미를 향한 무조건적인 사랑을 표현했다.

내게 어머니를 떠나며 어머니를 따르지 말고 돌아가라 강권하지 마옵소서 어머니께서 가시는 곳에 나도 가고 어머니께서 머무시는 곳에서 나도 머물겠나이다 어머니의 백성이 나의 백성이 되고 어머니의 하나님이 나의 하나님이 되시리니 어머니께서 죽으시는 곳에서 나도 죽어 거기 묻힐 것이라 만일 내가 죽는 일 외에 어머니를 떠나면 여호와께서 내게 벌을 내리시고 더 내리시기를 원하나이다

룻은 "어머니께서 시키시는 대로 다 하겠습니다"라고 대답한다. 어머니에 대한 신뢰가 참으로 놀랍다. 시키는 대로 무조건 다 하겠다고 할 정도로 누군가를 신뢰해 본 적이 있는가? 오늘날 시어머니에 대한 고정관념에 비춰 보면, 이것은 참으로 역설적이다. 어렵고 까다로운 존재, 때론 원수보다 못하고 없는 편이 더 나은 존재가 바로 시어머니이다. 그래서 고부지간이 가족 관계 중 가장 어렵다고들 한다. 시어머니를 주제로 한 농담도 부지기수지만, 시어머니를 좋게 묘사하는 농담은 하나도 없다.

나오미가 맡은 상징적 역할을 생각해 보면, 모두가 싫어하는 시어머니인 것도 모자라 그녀는 이스라엘, 유대인이다. 유대인에 대한 농담은 또 얼마나 많은가? 그중에 유대인에게 우호적인 농담은 없다. 그러니 룻은 정말

별나다. 살과 피가 섞인 친정어머니를 떠나 유대인 시어머니를 따라 온 것도 대단한데, 그 시어머니가 '시키는 대로 다 하겠다'고 말한다. 룻이 존경받는 것은 당연하다.

그가 타작 마당으로 내려가서 시어머니의 명령대로 다 하니라 룻 3:6

그날 밤 타작마당으로 내려가면서, 또 수풀에 몸을 숨기고 때를 기다리면서 룻은 무슨 생각을 했을까? 시어머니가 동서 오르바와 자신에게 베들레헴에 돌아가도 아무런 미래가 없다고 했던 기억이 새삼 스쳤을지도 모른다. 시아버지와 남편이 죽기 전 행복했던 시절, 시어머니가 왕족의 부인답게 당당했던 시절의 기억이 고통스럽게 떠올랐을 수도 있다. 어쩌면 아브라함과 이삭과 야곱의 하나님께 이 일들을 잘 감당할 수 있게 해 달라고 기도했을지도 모른다. 두려움에 온몸이 떨렸지만, 룻은 나오미의 희망과 미래를 위해서라면 무슨 일이든 할 만큼, 못 할 일이 없을 만큼 시어머니를 사랑했다.

성경 속 다른 타작마당에서 일어났던 일들을 생각해 보자. 오늘 밤 (야곱의 죽음처럼) 비극적 사건이 일어난다면, 유대인과 이방인에게 큰 슬픔을 남기는 일이 발생할 것이다. 그래서 룻도 (기드온처럼) 하나님께서 자신을 만나 주시고 구원자를 보내 주실 것을 간절하게 바랐을지도 모른다. 두려운 마음으로 보아스의 타작마당으로 들어서며 (웃사처럼) 경솔한 행동을 하지 않으려 무척 조심했을 것이다. 타작마당에서 여인은 창녀로 오해받기 쉽다. 룻은 자신이 감당하려는 일이 (시온산의 주인을 만나는) 거룩한 사명이란 것을 알고 있었을까?

룻의 속마음은 어땠을까? 자신이 원하는 것, 자신이 하고 싶은 일에 대해서는 생각해 본 적이 있을까? 룻의 의견은 무엇이었을까? 지난 50일 동안 그랬던 것처럼 여생을 이삭이나 주우며 살기 원했을까? 지금은 젊어서 괜찮다지만, 나이가 들면 어떻게 될까? 나이 지긋한 밭주인 보아스가 친절하긴 하지만, 그가 세상을 떠나고 나면 어떻게 될지 모른다. 다음 밭주인도 인심이 좋으리라는 법은 없다. 나오미도 언젠간 세상을 떠날 텐데, 나오미마저 죽고 나면 동네 사람들의 태도가 어떻게 달라질지 모른다. 시어머니가 없다면, 룻은 유대인과는 아무런 연고가 없다. 나오미와 룻의 미래가 그날 밤에 달려 있었다.

나오미는 자신이 꾸민 일의 심각성을 잘 알고 있었다. 보아스를 시험대 위로 불러낸 것이다. 나무랄 데 없는 그의 명성을 이젠 증명해 보여야 한다. 정말로 보아스가 사람들이 말하는 것처럼 훌륭한 사람이라면, 그가 진정 엘리멜렉에 대한 의무와 토라를 존중한다면, 다른 선택의 여지가 없다. 요청받은 대로 책임을 나해야 한다.

> 보아스가 먹고 마시고 마음이 즐거워 가서 곡식 단 더미의 끝에 눕는지라
> 룻이 가만히 가서 그의 발치 이불을 들고 거기 누웠더라 룻 3:7

룻은 나오미의 지시대로 실행에 옮겼다. 룻이 타작마당에 당도하자 보아스가 보였다. 몸을 낮추고 훔쳐보니 시어머니 말대로 일꾼들은 먹고 마시며 다들 기분이 좋아 보였다. 역시 시어머니는 지혜로웠고, 사전조

사도 철저했다. 룻에게 실수는 허용되지 않았다. 나오미에게도 룻의 실수는 허용되지 않았다. 나오미의 완벽한 계획과 룻의 완벽한 이행에 모든 것이 걸려 있었다.

밭주인은 도둑으로부터 곡식을 지키기 위해 곡식더미 가까이에서 자는 것이 관례였다.[41] 보아스는 저녁식사를 마치고 곡식 옆에 자리를 잡았다. 적절한 기회를 봐서 룻이 보아스에게 다가갔다. 그리고 발을 덮은 이불을 들고 조심스레 누웠다.

스트롱사전에 따르면, 누군가의 발을 드러낸다는 것은 '옷을 벗기다 또는 알몸을 드러내다'라는 뜻으로 수치스러운 행위이다.[42] 그렇다면 보아스처럼 점잖은 남자를 수치스럽게 하는 이유가 뭘까? 나는 룻이 이불을 걷었을 뿐 아니라 보아스가 신고 있던 한쪽 내지 양쪽 샌달을 벗겨 그의 맨발을 드러냈을 가능성이 크다고 생각한다. 무척 대담한 행동이었지만 이것이 나오미의 계획이었고, 보아스는 그것의 의미를 정확하게 알고 있었다. 배후가 누구인지도 알았다. 룻이 스스로 그런 일을 꾸밀 리는 만무했다. 룻은 보아스에게 자신을 위해(그리고 나오미를 위해) 대가 없이(다른 집안의 아들을 낳아 주는 일이기 때문에) 알몸을 드러내 달라고 요청한 것이다. 수혼법은 타인의 유익을 위해 이타적인 봉사를 제공하는 행위였다.

> 밤중에 그가 놀라 몸을 돌이켜 본즉 한 여인이 자기 발치에 누워 있는지라 룻 3:8

칠흑 같은 밤, 세상이 잠들고 타작마당에서는 오직 한 사람을 위한 최고의 공연이 펼쳐진다. 이 무대가 열리는 동안 천국에서는 박수갈채가 요란했을 것이다. 시편 기자는 이렇게 말했다.

> 이스라엘을 지키시는 이는 졸지도 아니하시고 주무시지도 아니하시리로다 시 121:4

보아스는 '놀라'(히브리어로 '두려움에 소스라쳐')[43] 몸을 돌이켰다. 마침 심란한 꿈이라도 꾸었을까, 들짐승 우는 소리였을까, 아니면 문득 발에 느껴지는 선선한 바람 때문이었을까? 이유야 어떻든 타이밍은 완벽했다. 몸을 일으킨 보아스는 자신의 발치에 아름답게 차려입고 향기를 풍기는 부드러운 형체의 여인이 완전한 순복을 의미하는 몸짓으로 누워 있는 것을 보았다.

> 이르되 네가 누구냐 하니 대답하되 나는 당신의 여종 룻이오니 당신의 옷자락을 펴 당신의 여종을 덮으소서 이는 당신이 기업을 무를 자가 됨이니이다 하니 룻 3:9

"네가 누구냐"라는 질문은 단지 이름을 묻는 것이 아니다. 이것은 에덴동산에서 아담이 죄를 짓고 숨자 하나님께서 "네가 어디 있느냐"(창 3:9)라고 물으신 것과 같다. 하나님께서는 아담의 행방을 모르셨던 것이 아니라 아담의 입으로 (육체가 아니라 영적으로) 자신이 어디에 있는지 대답하는 것을 듣고자 하셨다. 보아스도 여인의 이름과 함께 무엇을 하러 왔는지 물었다. "나는 당신의 여종(하녀 또는 노예를 의미한다)[44] 룻이오니 당신의 옷자락을 펴 당신의 여종을 덮으소서 이는 당신이 기업을 무를 자가 됨이니이다." 룻이 대답했다.

이것은 현대인에게 이해하기 어려운 말이다. '옷자락'을 펴서 덮어 달라는 말이 실제로 요구하는 것은 무엇일까?(NIV성경은 '옷자락'을 '웃옷의 귀'라고 번역했다) 실제로 이런 관습은 아직도 일부 중동지역에 남아 있다고 한다.[45] 추우니까 몸을 따뜻하게 해 달라는 의미일까? 물론 룻도 이불을 덮지 않았기 때문에 추울 수 있지만, 룻에게 필요한 것은 온기가 아니라 엘리멜렉 가문을 이어갈 남성의 보호막이었다. 나오미와 룻은 남성의 보호 아래 있지 않았기에 위험에 노출된 '벗은 몸'이었다. 두 여인은 자신들의 벌거벗음과 수치를 보아스의 보호막과 교환하기를 청한 것이다. 다시 말해, 청혼이었다.

룻이 덮어 달라고 했던 '옷자락'에 대해 좀 더 살펴보자. 옷의 끝자락을 의미하는 히브리어는 '날개'와 같은 말이다.[46] 룻은 보아스가 입고 있던 겉옷의 끝자락, 혹은 날개를 자신 위로 펼쳐 달라고 청했다. 유대인 남성이 겉옷 위에 무엇을 입는지는 책의 끝 부분에 나오는 부록을 참조하기 바란다. 유대인 남성은 하나님께서 모세에게 시내산에서 주신 613개의 계명을 상기하기 위해 도포의 네 귀에 술을 달아 겉옷 위에 입었다(민 15:37-41). 형제나 가까운 친척이 죽었을 때 기업 무를 의무를 다해야 하는 수혼법도 613개의 율법 중 하나였다. 결국 룻이 요구한 것은 법이 정하고 있는 혼인에 대한 요청이었다.

보아스에게 옷자락으로 덮어 달라고 한 말의 의미는, '당신이 네 귀에 술을 단 도포를 입음으로써 율법을 지키는 사람이라고 표시를 하였으니 그것을 행동으로 증명하라'는 뜻이다. '그러겠다'고 수락하면 술을 매단 도포를 입을 자격이 있는 사람이고, '못하겠다'고 하면 위선자가 된다.

에스겔서 16장에도 하나님과 이스라엘의 결혼에 대한 흥미로운 우화가 등장한다. 16장 전체가 고전이지만, 특히 8절에서 하나님께서 하시는 말씀을 들어 보자.

> 내가 네 곁으로 지나며 보니 네 때가 사랑을 할 만한 때라 내 옷으로 너를 덮어 벌거벗은 것을 가리고 네게 맹세하고 언약하여 너를 내게 속하게 하였느니라 나 주 여호와의 말이니라

하나님께서 이스라엘에게 하셨듯이, 룻은 보아스에게 자신의 '벌거벗음'을 덮음으로써 언약의 맹세를 해 달라고 요청한 것이다.

나오미가 주선한 청혼 방식이 우리에겐 생소하지만, 그녀는 자신이 하는 일을 정확하게 알고 있었다. 그것은 보아스도 마찬가지였다. 나오미는 최고의 영광을 누릴 수 있는 자리를 룻에게 양도했다. 룻에게는 그것을 누릴 자격이 없었다. 나오미가 '자리를 비켜 주었기에' 비로소 가능한 일이었다. 브릿 하다샤 메시아닉 교회의 랍비 개리 샨스키가 2003년 1월 23일 린덴우드 교회에서 한 설교에서 "이스라엘이 지금의 위치에 있는 것은 그들이 자리를 비켜 주었기 때문"이라고 했다. 지금 타작마당에서 그 일이 일어난 것이다.

나오미는 자신의 자리를 룻에게 주었다. 그날 밤 룻이 한 모든 말과 행동, 그것이 의도하는 바는 전부 나오미의 것이었다. 그러나 정작 나오미를 실제로 덮어 준 것은 아무것도 없었다. "어머니께서 시키시는 대로 다 하겠습니다"라며 시어머니에게 보여 준 룻의 사랑이 얼마나 크며, 자신의 자리를 양보함으로써 룻에게 누리게 해 준 영광은 또 얼마나 위대한가?

그렇다면 상징적 영역에서는 언제 이스라엘(나오미)이 교회(룻)에게 예수님(보아스)에게로 가는 길을 가르쳐 주었는지 질문할 수 있다. 친애하는 독자들이여, 분명히 이스라엘은 교회에게 '타작마당'으로 이르는 길을 가르쳐 주었다. 그것은 바로 성경이다. 이스라엘이 성경을 기록하고 또 잘 보존했기 때문에 우리도 예수님(보아스)께로 가는 길을 알고 있는 것이다. 성경을 보존하는 일이 그리 대수인가? 이에 대한 이해를 위해 이 장과 짝을 이루고 있는 부록 '알고 있나요 7. 필사본 두루마리 성경'을 읽어 보기 바란다.

8장

룻의 청혼에 대한 보아스의 반응

_룻 3:10–18

엘리멜렉 ___________

나오미 ___________

말론 ___________

기룐 ___________

오르바 ___________

룻 ___________

보아스 ___________

룻은 나오미의 지시대로 보아스의 타작마당으로 갔다. 룻은 이불을 걷어 보아스의 발을 드러내고 옷자락으로 자신을 덮어 달라고 청했다. 이것은 수혼을 요청한 것으로, 말하자면 보아스와 룻이 입장을 맞바꾸는 거래와 같았다. 룻이 '벌거벗음'(아버지, 남편 또는 아들과 같은 남성의 부재)

으로 당하는 비난과 수치를 보아스에게 주고, 보아스는 보호막을 룻에게 주는 것이다. 이것은 룻에게는 '일거양득'인 셈이지만, 보아스에겐 큰 희생이 따르는 거래였다.

앞에서 다말의 경우에서 보았듯이 이것은 하나님께서 지키라고 명령하신 법이었다. 하나님은 기업 무를 책임에 대해 매우 엄격하셨다. 이 의무를 다하지 않은 유다의 아들 오난은 죽음을 면치 못했다. 하나님께서는 오난 대신 유다에게 (지극히 변칙적인 방법이기는 했지만) 기업 무를 자의 역할을 감당하게 하셨다(표 4 유다[다말] 참조).

앞 장에서는 엘리멜렉의 족보에 빈 고리가 있다는 이야기도 했다. 어디에서 후손이 끊겼는지 표 2를 살펴보면 엘리멜렉 세대에서 먼저 대가 끊기고, 다음에 아들(말론과 기룐) 세대에서 대가 끊겼다. 그렇다면 분명 나오미가 먼저 보아스와 결혼해 엘리멜렉의 뒤를 이을 아들을 낳아야 했다. 하지만 나오미는 자기 대신 룻을 보내기로 결정했고, 룻은 자신이 설 위치가 아닌 과분한 자리에 서게 되었다. 타작마당에서 만난 보아스와 룻의 이야기를 계속해 보자.

> 그(보아스)가 이르되 내 딸아 여호와께서 네게 복 주시기를 원하노라 네가 가난하건 부하건 젊은 자를 따르지 아니하였으니 네가 베푼 인애가 처음보다 나중이 더하도다 룻 3:10

룻의 요청에 응답하기 전, 보아스는 먼저 룻을 축복한다. 룻은 이 순간 얼마나 긴장했을까? 야심한 밤에, 그것도 창녀를 빼고는 금녀 구역인 곳에서 낯선 남자의 발치에 누워 그의 대답을 초조하게 기다렸다. 마침내 들려온 그의 친숙한 목소리는 들에서 처음 만났을 때와 같이 다시 한 번 룻의 마음을 위로해 주었다. 청혼을 하러 온 여인에게 "내 딸아"라고 부르는 점에 주목하길 바란다.

그는 룻이 나중에 베푼 인애가 처음보다 크다고 말한다. 처음 베푼 인애는 첫날 들에서 만났을 때 룻에게 호의를 베풀었던 이유, 즉 자신의 민족이 아니라 나오미와 이스라엘을 선택한 일을 일컫는다. 그것은 자신을 전적으로 부인하는 행위였다. 하지만 오늘 밤 그녀가 행한 일이 그것보다 더 귀하다고 보아스는 말한다. 그것은 엘리멜렉의 대를 잇기 위해 자신을 찾아와 결혼과 언약을 요구하는 또 한 번의 이타적 행위를 가리켰다. 룻은 더 마음에 드는 결혼 상대를 찾기보다 나오미를 대신하여 끊어진 고리를 잇는 일에 헌신했다. 율법에서는 기업 무를 자에게 이 책임을 주었다. 룻에게 이 일을 강요한 사람은 아무도 없었다. 룻은 나오미가 하지 않으려 한 일을 나오미를 위해 했고, 나오미는 룻이 혼자서는 할 수 없는 일을 룻을 위해 해 주었다. 이것이 바로 은혜이다.

> 그리고 이제 내 딸아 두려워하지 말라 내가 네 말대로 네게 다 행하리라 네가 현숙한 여자인 줄을 나의 성읍 백성이 다 아느니라 룻 3:11

보아스는 단호한 목소리로, 남편감이라기보다는 '아버지' 같은 말투로 모든 것이 잘될 것이니 걱정하지 말라고 룻을 위로한다. 그리고 매우 의미심장한 말을 덧붙인다. 룻이 말하는 대로 다 행하겠다고 한 것이다.

룻이 원하는 것이 무엇이며, 청하는 것은 무엇인가? 단순히 남편이 되어 달라는 것인가? 아무리 보아스가 부자라지만, 결혼은 임시방편에 지나지 않는다. 늙은 보아스가 죽기라도 한다면 모두 헛수고다. 룻과 나오미가 지금과 같은 형편이 된 것도 남편이 죽었기 때문이다. 엘리멜렉도 한때 부와 명성을 지닌 남편이었다. 만약 보아스가 약속하는 것이 남편이 되어 주는 것이라면, 그가 죽고 나면 다시 원점으로 돌아가게 된다.

룻이 정확하게 '구하는 것'은 무엇이며, 보아스가 다 행하겠다고 확신하는 근거는 무엇일까? 룻은 엘리멜렉 가문을 이어줄 남성의 보호막을 요청하고 있다. 다시 말해 보아스는 룻에게 아들을 낳아 주어야 했다. 이것이 바로 룻이 구하는 것이다. 그런데 임신을 해서 아이를 낳았는데 딸이면 어떻게 할 것인가? 게다가 룻은 이전 결혼에서도 아이를 낳지 못했다. 임신이 가능한지 여부도 잘 모른다. 보아스는 어떻게 엘리멜렉의 뒤를 이어 다시는 그 집안에 대가 끊기는 일이 없도록 해 줄 수 있다고 확신했을까?

여하튼 보아스는 확신하며 그녀가 말하는 대로 다 해 주겠다고 한다. 이와 같은 상황에서 보아스처럼 '약속'해 줄 수 있는 남자는 지구상에 없다. 하지만, 한 걸음 더 들어가 보자. 지금 실제로 요청을 하는 이는 누구인가? 룻의 입을 통해 말하고 있는 사람은 누구이며, 오늘 밤 타작마당에서 일어나는 일을 실제로 계획한 사람은 누구인가? 룻인가, 나오미인가? 근본적으로 지금 청혼을 하는 사람은 두 여인이고, 보아스는 두 여인에게 "다 행하리라"고 말한다. 양다리도 아니고, 어떻게 이런 말을 할 수 있을까? 보아스가 받은 요청은 실로 간단한 문제가 아니었다.

하지만 보아스는 룻에게 두려워하지 말라고 한다. 룻은 보아스의 약속을 받았다.

이제 "네가 현숙한 여자인 줄을 나의 성읍 백성이 다 아느니라"는 말에 대해 생각해 보자. 성읍 사람들이 룻에 대해, 또 이 결혼에 대해 어떻게 생각하는지가 중요한 이유가 무엇일까? 자신의 아내가 될 사람인데, 다른 사람들이 뭐라고 생각하는지가 왜 중요했을까?

유대인들은 실제로 이 부분에 대해 무척 중요하게 생각했다. 그들은 메시아가 유다의 후손을 통해 온다고 믿었고, 보아스를 포함한 성읍 사람들 모두 유다의 후손들이었기 때문이다. 어느 집안을 통해 메시아가 오실지는 모르지만, 바로 이 결혼이 장차 오실 메시아를 예비하는 결혼일 수도 있었다. 성읍 사람들은 룻이 현숙하며 성품이 곧은 여인이라고 평가하였다.

이를 뒷받침해 줄 재미있는 경험담이 있다. 룻기 연구 초기에 도대체 모르는 것이 너무 많아 히브리어로 성경을 읽어야겠다는 생각이 들었다. 고민 끝에 이웃에 사는 랍비에게 전화를 걸어 도움을 청하였다. 놀랍게도 랍비는 동의했고, 나는 그의 사무실로 갔다. 나는 그에게 성경을 공부하던 중 질문이 있어서 왔다고 했다. 그는 내가 건넨 질문서를 보더니 자신의 책장으로 가 유대인들이 보는 룻기 강해서를 가져와 다 읽고 돌려 달라고 했다. 처음 보는 사람에게(그것도 이방인 여인에게) 책을 선뜻 건넬 정도로 나를 신뢰한다는 것이 신기했다.

룻기에 대한 이야기를 마치고 조금 더 대화를 나누던 중 랍비는 생각지도 못한 말을 했다. "내 아들이 메시아가 아닌 것은 분명해요." 순간

뒤통수를 맞은 느낌이었는데, 얼굴에 티가 나지 않았을까 걱정될 정도였다. 랍비는 자신이 베냐민 후손이기 때문에 아들이 메시아일 가능성이 없다고 했다. 그제서야 나는 그들이 메시아가 이미 오셨다는 사실을 믿지 않기 때문에 아직도 유다 가문에서 태어나는 모든 아들 중에서 메시아를 기대하고 있다는 사실을 이해했다. 룻기에서도 베들레헴의 모든 유다 자손이 메시아의 아비가 될 가능성을 가지고 있었다. 그러므로 보아스가 누구와 결혼하는지는 모두에게 중요한 일이었다.

> 참으로 나는 기업을 무를 자이나 기업 무를 자로서 나보다 더 가까운 사람이 있으니 룻 3:12

"그런데 문제가 하나 있소. 나보다 우선권을 가진 분이 한 분 계시다오." 보아스가 말했다. '더 가깝다'라는 말은 혈족상의 거리 또는 시차상 보아스보다 먼저라는 뜻이다. 그러니까 이 우선권자는 엘리멜렉과의 관계나 위치, 또는 특정한 시간적 요소로 인해 순위상 우위에 있는 사람이다. 나중에 이 '우선권자'의 상징적 역할에 대해 자세하게 다루겠지만, 독자들의 흥미 유발을 위해 힌트를 주면 이 사람의 역할은 인물이 아니다. 기억하겠지만 우화에서는 사람이나 사물, 사건 모두 숨겨진, 혹은 상징적 의미를 내포할 수 있다. 그러므로 등장인물이 상징하는 것이 사람일 수도 있지만, 전형적인 기관이나 나라, 국민, 신앙 체계 등이 될 수도 있다(말론과 기룐이 사사기와 열왕기를 의미했듯이 말이다).

이 밤에 머무르라 아침에 그가 기업 무를 자의 책임을 네게 이행하려 하면 좋으니 그가 그 기업 무를 자의 책임을 행할 것이니라 만일 그가 기업 무를 자의 책임을 네게 이행하기를 기뻐하지 아니하면 여호와께서 살아 계심을 두고 맹세하노니 내가 기업 무를 자의 책임을 네게 이행하리라 아침까지 누워 있을지니라 하는지라 룻 3:13

임무를 수행했고 약속도 받았으니 룻은 이제 한숨 돌릴 수 있다. 동틀 때까지는 몇 시간이 남아 있었다. 두 사람은 과연 눈을 붙일 수 있었을까? 어쩌면 이런저런 생각에 뜬 눈으로 밤을 지새웠을지도 모른다. 룻은 모든 게 실수였다고 생각했을 수도 있다. '이게 내가 원한 일이었나, 어쩌다 여기까지 왔나' 하고 후회했을지도 모른다. 나이가 많은 보아스가 약속을 지킬 때까지 살아 있을까, 공을 들여 벌인 일이 수포로 돌아가면 어쩌나 염려스러웠을 수도 있다. 그것보다 보아스가 룻의 마음에 들기는 했을까? 이사야가 메시아(보아스)에 대해 어떻게 묘사하는지 보자.

고운 모양도 없고 풍채도 없은즉 우리가 보기에 흠모할 만한 아름다운 것이 없도다 사 53:2

보아스에 대해서도 동일한 묘사가 가능했을 수 있다.

보아스의 심정은 어땠을까? 일이 이렇게 된 것이, 그러니까 늙은 나오미가 아니라 젊은 룻이 나타났다는 사실이 일면 반가웠을까? 아니면 나오미가 직접 모습을 드러내지 않은 것에 상심했을까? 이들을 구원하기 위해 위중한 대가를 치러야 한다는 사실이 부담스럽진 않았을까? 그들의 수치와 비난을 가져오는 대신 그들에게 보호의 언약을 상으로 주기 위해 그가 치러야 할 '희생'은 너무나 컸다. 약속한 일에 대한 대가를 치르기 위해서는 자신의 모든 것을 바쳐야 했다.

2천 년 전, 성전산이 내려다보이는 겟세마네 동산에서도 이와 똑같은 일이 있었다. 예수님은 세상의 죄를 구원하기 위해 희생의 대가를 치르시기 전날 밤, 깊은 고뇌에 빠져 계셨다. (그날 밤의 룻처럼) 믿음으로 나아온 사람들의 수치스러운 벌거벗음을 구원의 언약으로 덮기 위한 전투가 한창이었다. 그리고 예수님은 겟세마네 동산에서 승리하셨다. "의지로 내적 위기를 겪어냅니다. 그러면 외부적으로 어떤 위기가 닥칠지라도 희생을 감수하며 나아갑니다."[47] "그러나 내 원대로 마시옵고 아버지의 원대로 되기를 원하나이다"(눅 22:42).

예수님의 말씀처럼 위기를 의지로 극복해 내면, 외부적으로 치르게 될 희생은 더 이상 중요치 않게 된다. 예수님은 자신의 뜻을 하나님의 뜻 앞에 내려놓으셨다. 그리고 보아스 역시 기업 무를 우선권자가 원치 않으면, 여호와께서 살아 계심을 두고 자신이 의무를 이행하겠다고 맹세했다. 상징적인 의미에서 타작마당은 겟세마네 동산이다. 그곳은 자신의 의지를 포기하는 곳이다.

예수님의 생애에서 우리가 생각해 봐야 할 또 하나의 중요한 장면은 그분이 돌아가시기 며칠 전이다. 마태복음 23장 37절에서 예수님은 이스라엘(나오미)을 두고 말씀하신다.

예루살렘아 예루살렘아 선지자들을 죽이고 네게 파송된 자들을 돌로 치는 자여 암탉이 그 새끼를 날개 아래에 모음 같이 내가 네 자녀를 모으려 한 일이 몇 번이더냐 그러나 너희가 원하지 아니하였도다

위 구절에서 '날개'라는 말은 룻이 보아스에게 펼쳐 덮어 달라고 했던 '옷자락'과 같은 단어다. 예수님은 이스라엘을 당신의 '날개' 아래에서 보호하고 공급해 주시길 원했지만, 이스라엘은 그것을 원치 않았다. 이스라엘이 거부했듯이 그날 밤 보아스가 자신의 옷자락으로(그의 날개로) 나오미를 덮어 주고자 했지만, 이 선물을 받을 합법적 수혜자인 나오미는 그것을 원치 않았다.

룻이 새벽까지 그의 발치에 누웠다가 사람이 서로 알아보기 어려울 때에 일어났으니 보아스가 말하기를 여인이 타작 마당에 들어온 것을 사람이 알지 못하여야 할 것이라 하였음이라 룻 3:14

창녀 외의 여인이 밤중에 타작마당에 들어오는 법이 없었기 때문에 보아스는 룻을 지켜 주기 위해 마음을 쓴다. 장차 아내가 될 여인에 대해 나쁜 소문이 도는 것은 당연히 싫은 일일 것이다. 하지만 그것보다 훨씬 더 깊은 이유가 있을지 모른다. 아내가 문란한 여인으로 소문나는 것이 해묵은 상처를 떠올리게 하기 때문은 아니었을까? 다음의 성경구절을 보자.

또 그들이 눕기 전에 라합이 지붕에 올라가서 그들에게 이르러 말하되 여호와께서 이 땅을 너희에게 주신 줄을 내가 아노라 우리가 너희를 심히 두려워하고 이 땅 주민들이 다 너희 앞에서 간담이 녹나니 이는 너희가 애굽에서 나올 때에 여호와께서 너희 앞에서 홍해 물을 마르게 하신 일과 너희가 요단 저쪽에 있는 아모리 사람의 두 왕 시혼과 옥에게 행한 일 곧 그들을 전멸시킨 일을 우리가 들었음이니라 우리가 듣자 곧 마음이 녹았고 너희로 말미암아 사람이 정신을 잃었나니 너희의 하나님 여호와는 위로는 하늘에서도 아래로는 땅에서도 하나님이시니라 그러므로 이제 청하노니 내가 너희를 선대하였은즉 너희도 내 아버지의 집을 선대하도록 여호와로 내게 맹세하고 내게 증표를 내라 그리고 나의 부모와 나의 남녀 형제와 그들에게 속한 모든 사람을 살려 주어 우리 목숨을 죽음에서 건져내라 그 사람들이 그에게 이르되 네가 우리의 이 일을 누설하지 아니하면 우리의 목숨으로 너희를 대신할 것이요 여호와께서 우리에게 이 땅을 주실 때에는 인자하고 진실하게 너를 대우하리라 수 2:8–14

'밤의 여인' 라합이 이스라엘의 하나님에 대해 참으로 놀라운 말을 한다. 그녀는 하나님을 "위로는 하늘과 아래로는 땅에서 하나님", 즉 만물의 하나님이시라고 말한다. 대단한 영적 분별력을 지닌 이방인 창녀다.

여호수아가 그 땅을 정탐한 두 사람에게 이르되 그 기생의 집에 들어가서 너희가 그 여인에게 맹세한 대로 그와 그에게 속한 모든 것을 이끌어 내라 하매 정탐한 젊은이들이 들어가서 라합과 그의 부모와 그의 형제와 그에게 속한 모든 것을 이끌어 내고 또 그의 친족도 다 이끌어 내어 그들을 이스라엘의 진영 밖에 두고 … 여호수아가 기생 라합과 그의 아버지의 가족과 그에게 속한 모든 것을 살렸으므로 그가 오늘까지 이스라엘 중에 거주하였으니 이는 여호수아가 여리고를 정탐하려고 보낸 사자들을 숨겼음이었더라 수 6:22-23, 25

또 '믿음 장'으로 알려진 히브리서 11장을 보자. 여기에는 하나님을 기쁘시게 했던 믿음의 인물들이 나열되어 있는데, 31절에 이렇게 기록되어 있다.

믿음으로 기생 라합은 정탐꾼을 평안히 영접하였으므로 순종하지 아니한 자와 함께 멸망하지 아니하였도다

믿음장에는 단 두 명의 여인이 등장하는데, 바로 사라와 라합이다. 이방인이자 기생인 라합은 아벨이나 에녹, 노아, 아브라함, 이삭, 야곱, 요셉, 모세, 기드온, 삼손, 다윗과 같이 자신의 이름을 길이 남겼다. 끝으로 찾아볼 성경은 예수님의 족보가 나오는 마태복음 1장 5-6절이다.

살몬은 라합에게서 보아스를 낳고 보아스는 룻에게서 오벳을 낳고 오벳은 이새를 낳고 이새는 다윗 왕을 낳으니라 다윗은 우리야의 아내에게서 솔로몬을 낳고

이 본문에 등장하는 보아스가 바로 룻기의 보아스이며, 그의 '악명 높은' 어머니, 한때 여리고의 매춘부였던 이가 바로 믿음의 여인 라합이다. 이런 배경을 볼 때, 타작마당에서 룻을 끔찍이도 보호하려 했던 보아스의 행동은 어쩌면 당연하다. 그는 어린 시절 어머니의 과거로 인해 많은 놀림을 받아 외톨이었을지도 모른다. 나오미가 보아스와 직접 연관되기를 원치 않았던 것도 어쩌면 이러한 이유 때문이었을지도 모른다. 나오미에 비해 보아스는 너무 평범한 사람이었다. 보아스를 조롱거리로 만든 사람 중 하나가 나오미였을 수도 있다. 보아스를 상징하는 예수님도 어릴 적 어머니 때문에 놀림을 받으신 일이 있었을까?

오래전의 일이다. 남편과 결혼을 하고 미시시피에서 멤피스로 이사 온 후 나는 목화 중개업을 하는 유대인 밑에서 일을 시작했다. 종종 사장과 함께 점심을 먹곤 했는데, 그럴 때마다 우리는 서로의 신앙에 대해 열띤 토론을 벌였다. 당시 20대였고 유대교에 대해서도 무지했던 터라 내가 어떤 주장들을 했는지는 기억이 나지 않는다.

하루는 사장이 사무실을 나서기 전 옷걸이에서 겉옷과 모자를 집다 말고 돌아서서 이렇게 말했다. "다이앤, 동정녀 수태라는 건 없어요. 마리아는 이리저리 놀던 여자였다니까." 그리곤 모자를 눌러쓰더니 겉옷을 들고 밖으로 나갔다. 순간 뱃속이 뒤틀릴 정도로 역겹고 한 방 맞은 듯 얼얼했다. 내가 하려는 이야기는 동정녀 마리아가 출산을 한 지 2천 년이 지난 지금도 이런 이야기를 하는데, 예수님이 살아 계시던 동안에는 얼마나 많은 소문과 비난, 정죄가 있었을까 하는 것이다. 이런 정황은 예수님과 바리새인 사이의 대화 장면에서도 나타난다.

우리가 음란한 데서 나지 아니하였고 요 8:41

이들은 예수님을 음란한 데서 난 자라며 멸시하고 있는 것이다. 예수님을 따라다니던 이런 식의 조롱을 보아스도 맛보았을 것이다. 이유야 어떻든, 보아스는 룻이 타작마당에 들어온 것을 다른 사람이 보지 못하도록 주의를 기울였다.

보아스가 이르되 네 겉옷을 가져다가 그것을 펴서 잡으라 하매 그것을 펴서 잡으니 보리를 여섯 번 되어 룻에게 지워 주고 성읍으로 들어가니라 룻 3:15

여인들이 머리에 쓰고 다녔던 겉옷 또는 너울의 용도는 다양했는데, 순종을 상징하는 물건이기도 했지만 무거운 짐을 싸서 운반할 때나 뜨거운 태양을 가릴 때도 사용했다. 보아스는 룻에게 겉옷을 들고 있으라고 하고 거기에 보리를 담았다. "보리를 여섯 번 되어"의 정확한 히브리어 번역은 '보리 여섯을 되었다'이다. 이 말은 NIV나 킹제임스성경의 번역처럼 '여섯 되를 되었다'의 의미가 아니다.

탈무드에 따르면, 이 구절의 문자적 해석은 '보리 여섯 알'을 의미한다. 만약 이것을 '여섯 되'로 해석한다면 '여섯 스아'가 되는데, 이는 여성이 들고 갈 수 있는 무게가 아니다.[48] '여섯 되'의 무게에 해당하는 1부셸은 약 27킬로그램인데, 머리에 덮었던 너울에 담기엔 너무 많은 양이며 여성이 들고 가기에도 너무 무겁다. 그날 밤 룻은 가장 좋은 옷을 입고 타작마당으로 내려갔다. 그날 쓰고 있던 너울은 짐을 옮기기보다는 장식용으로 적합했을 것이다. 게다가 모압 땅에서 공주 신분으로 살았던 여인에게 이것은 쉬운 일이 아니었다.

그렇다면 문자적으로 접근해 보자. 히브리어 성경에는 이 구절이 '보리 여섯을 되었다'로 되어 있다. 여기에서 '되다'라는 동사는 '측정하다, 계량하다, 심사를 위해 줄자를 늘여 재다'라는 뜻이다. 유대인은 숫자를 중요하게 여기는데, 완전수 7에서 하나 모자라는 숫자인 6은 인간을 상징한다(부록 '표 10 유대인의 수비학' 참조). 이런 점을 바탕으로 이 구절을 해석해 보면, 보아스가 무언가를 측정했더니 완전함에 미치지 못함을 발견했다는 의미가 된다. 그래서 보아스는 다소 특이한 선물을 룻에게 준 것이다.

'보리 여섯 알'의 의미가 무엇일까? 말로는 좋다고 했지만, 신부가 별로 마음에 들지 않았던 것일까? 보아스가 '당신을 재어 봤더니 무언가가 부족하군요'라는 의미의 선물을 룻에게 준 데는 이유가 있다(해답은 두 구절 뒤에 나온다). 어쨌거나 룻은 보리 여섯 알을 들고 집으로 향했다.

> 룻이 시어머니에게 가니 그가 이르되 내 딸아 어떻게 되었느냐 하니 룻이 그 사람이 자기에게 행한 것을 다 알리고 룻 3:16

동트기 전 타작마당을 떠난 룻은 동이 틀 즈음 집에 도착했다. 임무를 완벽하게 실행에 옮긴 룻은 보아스의 모든 표정과 말과 행동, 아무 말 없이 가만히 있던 모습까지 나오미에게 서둘러 전하고 싶었을 것이다. 소녀 특유의 들뜬 목소리였을까, 아니면 수심에 찬 목소리였을까?

나오미는 룻을 보내 놓고 밤새 노심초사하며 룻이 시키는 대로 잘 해낼지, 보아스가 자신의 작전을 어떻게 받아들일지 생각하느라 잠을 설쳤을 것이다. 그러다가 룻이 돌아와 계획대로 일이 잘 진행되었다는 소식을 듣고서야 한시름 놓았을 것이다. 어쩌면 간밤에 타작마당에서 있었던 일을 들으며 일말의 질투심이 일었을지도 모른다.

룻이 말했다. "어머니가 보셨어야 했어요. 어머니가 말씀하셨던 것처럼 정말 근사했어요. 오, 그분의 목소리가 아직도 제 귀에 들리는 것 같아요. 너무 아름다운 음성이었어요. 제가 그동안 들어 본 어떤 음성과도 달랐어요. 몸이 떨릴 정도로 두려웠거든요. 그런데 그분의 음성이 제 귀에 들리자 깊은 평안을 느꼈어요. 아, 가장 황홀했던 순간은 옷자락으로 저를 덮어 주실 때였어요. 마치 천국이 내려와 저에게 입 맞추는 듯한 느낌이었어요. 뭐라고 설명할 수가 없네요. 몸에 전율이 흐르는 걸 느꼈어요. 그런 느낌은 정말이지 생전 처음이었어요." 룻은 어떤 말로도 제대로 설명할 수 없었다. 이런 일은 직접 겪어 보지 않으면 모른다. 이와 같은 만남은 절대로 간접적으로 경험해 볼 수 없다.

> 이르되 그가 내게 이 보리를 여섯 번 되어 주며 이르기를 빈 손으로 네 시어머니에게 가지 말라 하더이다 하니라 룻 3:17

여기에서도 '보리를 여섯 번 되었다'는 말은 히브리어 원본 성경과는 다르다. 여기서 알 수 있듯이 보리 여섯 알은 룻이 아니라 나오미를 위한 것이었다. 보아스가 특별히 나오미를 위해 보낸 '선물'이었다. 그렇다면 '재어 보았더니 무언가가 부족하다'는 의미 역시 나오미에게 해당하는 말이 분명하다.

유대인들은 결혼을 준비할 때, 신랑의 아버지가 신부의 아버지를 찾아가 자녀들이 서로에게 맞는 짝인지 알아보고 치러야 할 예물의 값을 의논한 뒤에야 결혼이 성사된다. 이것은 다음 장면을 보면 잘 나타난다.

> 그의 아버지 하몰에게 청하여 이르되 이 소녀를 내 아내로 얻게 하여 주소서 하였더라 … 세겜의 아버지 하몰은 야곱에게 말하러 왔으며 … 세겜도 디나의 아버지와 그의 남자 형제들에게 이르되 나로 너희에게 은혜를 입게 하라 너희가 내게 말하는 것은 내가 다 주리니 이 소녀만 내게 주어 아내가 되게 하라 아무리 큰 혼수와 예물을 청할지라도 너희가 내게 말한 대로 주리라 창 34:4, 6, 11-12

전통적으로 사돈을 맺는 양가 사이에는 세 종류의 선물을 교환했다. 먼저는 신랑의 아버지(때로는 신랑 자신)가 신부의 아버지에게 주는 혼수로, 이 선물은 법으로 정한 의무였다.[49] 두 번째는 신부의 아버지가 딸에게 주는 선물로, 친정아버지는 딸에 대한 유산의 몫으로 선물을 주어야 했다.[50] 세 번째는 신랑이 신부에게 주는 선물인데, 이것은 선택사항이며 사랑의 표현이다.[51] 이렇게 선물을 교환함으로써 서로 결혼에 합의했음을 나타냈다.

보아스는 나오미에게 보리 여섯 알을 선물함으로써 룻과의 결혼에 대한 나오미의 제안을 수용한다. 이 혼인에 있어서 '부모' 역할자인 나오미는 법으로 규정한 선물을 받아야 했으며, 그렇게 '의미심장한' 여섯 알의 보리를 선물로 받았다.

그렇다면 나오미가 룻에게 주는 선물은 무엇일까? 1장에서 우리는 나오미가 풍족하게 나갔다가 비어 돌아왔다고 한탄하는 것을 들었다. 그래서 나오미가 선물을 줄 형편이 아닌 것 같지만, 사실은 그렇지 않다. 나오미는 룻에게 아주 귀한 선물을 주었다. 나오미는 엘리멜렉의 뒤를 이을 자격을 룻에게 양보했다. 룻이 나오미에게 큰 빚을 진 셈이다. 룻은 이 선물로 인해 보아스의 보호와 사회적 지위를 얻었고, 신분과 명예, 특권을 얻었다. 보아스는 엘리멜렉(왕의 이름을 지닌 자)을 대신했고, 룻은 나오미(왕의 부인)를 대신했다. 보아스가 왕의 자리에, 룻은 왕비의 자리에 앉았다.

마지막으로 신랑이 신부에게 주는 선물은 무엇일까? 보아스는 11절에서 룻에게 "내가 네 말대로 네게 다 행하리라"고 했다. 룻이 말한 대로 다 해주는 것, 그것이 보아스의 선물이었다. 이것은 그 어떤 선물보다 큰 값을 치러야 하는 가장 귀한 선물이었다.

다음의 빈칸 채우기를 통해 놀라운 사실을 발견할 수 있다. 지시에 따라 순서대로 빈칸을 채워 보기 바란다. 먼저 신부(룻)의 이름을 해당란에 적고 그 윗칸에 '부모'의 이름, 즉 이 결혼을 '주선한 자'의 이름(나오미)을 적으라. 그 다음 신랑(보아스)의 이름을 해당란에 적고 그 위에 신랑을 위해 결혼을 주선한 사람의 이름을 적으라.

신부측	신랑측
________________	________________
(신부의 부모)	(신랑의 부모)
________________	________________
(신부)	(신랑)

신랑측에서 '보아스'라는 이름은 두 빈 칸에 모두 들어간다. 이 결혼 계약에서 아버지와 아들은 한 사람이다.

이 구절을 마치기 전에 한 가지 더 살펴보고자 한다. 보아스는 룻에게 "네 시어머니에게 빈 손으로 가지 말라"고 말했다. 룻은 보아스와 헤어질 때마다 나오미에게 가져다줄 무언가를 받았다. 나오미가 이스라엘을, 룻이 이방 교회를 상징한다면, 교회는 유대인과 상호교류의 관계를 맺어야 한다. 보아스(예수님)가 우리에게 준 것을 우리도 나오미에게 나눠야 한다. 룻이 그랬듯 오늘날 우리도 그렇게 해야 한다. 받은 것이 이렇게 많은데, 어떻게 그러지 않을 수 있겠는가?

> 이에 시어머니가 이르되 내 딸아 이 사건이 어떻게 될지 알기까지 앉아 있으라 그 사람이 오늘 이 일을 성취하기 전에는 쉬지 아니하리라 하니라 룻 3:18

역시, 나오미는 교사답게 가만히 기다리며 일이 어떻게 진행되는지 보라고 지시한다. 룻을 안심시키는 이 말은 보아스가 일을 성취하기까지(오늘날까지도) 쉬지 않을 것이라는 의미다. 기다려야 하는 것은 룻뿐만 아니라 나오미도 마찬가지였다. 엘리멜렉의 기업을 회복하는 일에 사활이 걸렸다.

1995년, 룻에 대해 처음 말씀하신 이후부터 하나님께서는 미시시피 태생의 평범한 이방인인 나에게 다양한 유대인 공동체를 알게 해 주셨다. 그전에는 아는 유대인이 거의 없었다. 이와 관련하여 재미있는 이야기가 여럿 있지만, 그중 하나만 소개하겠다.

어느 토요일, 남편과 나는 브릿 하다샤의 안식일 예배에 참석했다. 자리에 앉자마자 입구에서 받은 주보를 읽기 시작했다. 그런데 소식란에 지역 유대인 커뮤니티 센터에서 일반인을 대상으로 히브리어 강좌 기초 과정을 시작한다는 광고가 적혀 있었다. 오랫동안 히브리어를 배우고 싶다는 열망을 가지고 있었던 나는 속으로 하나님께 강좌에 참석하고 싶다고 말씀드렸다. 그리고 그것이 하나님의 뜻이라면, 남편의 입을 통해 말씀해 달라고 기도드렸다. 기도를 채 마치기도 전에 남편이 나를 향해 몸을 기울이더니 소식란을 가리키며 말했다. "당신 항상 히브리어 배우고 싶어 했잖아. 해 보는 게 어때?" 정말 하나님은 좋으신 분이다. 나는 두말 할 것 없이 배우기로 했다.

첫 수업에 갔을 때는 룻기 연구를 시작한 지 두 해 정도 지났을 때였다. 나는 히브리어로 성경을 연구할 수 있게 되리란 생각에 신이 났다. 교실에 들어서자 분위기가 훈훈했다. 선생님은 학생들을 향해 인사하며 자신의 이름이 나오미이며, 이스라엘 본토 유대인이라고 했다. 순간 나는 매우 놀랐다. 그날부터 나는 나오미 선생님과 단짝 친구가 되었고, 나오미는 책을 쓰는 내내 많은 도움을 주었다.

그런데 아쉽게도 몇 년 후 나오미와 그의 남편이 다른 주로 전근을 가게 되었다. 언제든 허물없이 만나 배울 수 있었던 시간이 정말 그립다. 하지만 하나님은 거기서 멈추지 않으셨다. 센터에서 후임자를 모셔왔는데, 새로운 선생님 역시 이스라엘 본토 유대인이었으며 이름도 나오미였다! 역시 하나님이셨다. 나는 하나님께서 이 책을 쓰는 일과 히브리어 배우는 일을 기뻐하신다는 것을 알았다. 나는 유대인 친구들을 만날 때마다 선물이나 편지로 그들을 위로하고 음식으로 사랑을 전달하는 등 여러 방법을 동원해 빈손으로 가지 않았다. 이 모든 기회를 허락하신 하나님께 감사드리며, 교회도 나오미(이스라엘)에게 빈손으로 가지 않기를 바란다.

9장

기업 무를 우선권자를 만나다

_룻 4:1–8

엘리멜렉 ____________

나오미 ____________

말론 ____________

기룐 ____________

오르바 ____________

룻 ____________

보아스 ____________

타작마당 ____________

이젠 독자들도 등장인물들의 이중적 역할에 익숙해졌을 것이다. 앞 장에서 타작마당이 곧 겟세마네 동산이며, 자신의 의지를 포기하는 장소라고 했다. 룻기의 마지막 장을 시작하면서 기업 무를 우선권자의 정체를 밝혀 보기로 하자.

내가 읽은 몇몇 주석서에서는 그날 밤 보아스와 룻이 타작마당에서 친밀한 관계를 가짐으로써 맹세를 '확정'했다고 보고 있었다. 하지만 이런 의견은 불경에 가깝다고 생각한다. 보아스보다 우선적으로 기업 무를 의무를 가진 사람이 룻을 아내로 받아들일지도 모르는데, 보아스가 그렇게 선부른 행동을 할 사람이라고는 보기 어렵다. 만약 그랬다면, 그야말로 곤경에 빠질 수 있는 난처한 일이었다. 보아스의 인격에는 흠이 없었다. 오직 엘리멜렉의 끊어진 후대를 잇고 절망에 빠진 나오미와 룻을 구원하는 일에 관심을 가졌던 그는 참된 구원자였다. 그것은 욕망이나 쾌락이 아닌, 자기부인과 희생의 결혼이었다.

> 보아스가 성문으로 올라가서 거기 앉아 있더니 마침 보아스가 말하던 기업 무를 자가 지나가는지라 보아스가 그에게 이르되 아무개여 이리로 와서 앉으라 하니 그가 와서 앉으매 룻 4:1

앞에서 룻이 보아스에게 청혼을 한 뒤 집으로 돌아가 간밤에 있었던 모든 일을 나오미에게 이야기하고, 다음 일을 지켜보기로 하는 장면을 보았다. 보아스는 아마도 사환에게 몇 마디 지시를 내려 두고 '인생이 걸린' 만남을 위해 타작마당을 나섰을 것이다. 성읍에 당도한 그는 성문에 자리를 잡고 앉았다. 이것이 무슨 뜻일까?

당시 성문은 법적인 문제를 의논하고 집행하는 행정 및 사법 처리의 중심지 역할을 하였다.[52] 고대 도시에서 성문의 가장 중요한 쓰임새는 법정이었다. 재판관들은 돌로 만들어진 의자에 앉았다. 창세기 19장 1절에서 롯 역시 재판관으로서 소돔 성문에 앉아 있었다. 이처럼 성문은 오늘날의 재판정과 같았다. 모세의 율법에서 성문은 정의가 구현되는 장소였다. "네 하나님 여호와께서 네게 주시는 각 성에서 네 지파를 따라 재판장들과 지도자들을 둘 것이요 그들은 공의로 백성을 재판할 것이니라"(신 16:18).

고대 도시에서 가장 중요한 장소는 성문이었다.[53] 성문에서 토라를 가르치는가 하면 산헤드린 의회도 열렸고, 부동산에 관한 논쟁이나 가축 절도, 살인까지 각종 범죄에 대한 재판도 열렸다. 보아스가 성문에 가 앉았다는 말은 재판관으로서 앉았다는 말이다.

보아스가 성문에 자리를 잡자 기업 무를 우선권자가 모습을 드러냈다. 이미 말했듯이 더 '가까운' 기업 무를 자라는 말은 관계나 위치, 또는 특정한 시간적 요소로 인해 앞서 있다는 뜻이다. 우선권자가 다가오자 보아스는 그에게 앉으라고 청한다. 그가 자리에 앉음으로 보아스와 같은 위치에 서게 된다. 둘 다 재판관으로서 자리에 앉은 것이나. 참으로 특이한 광경이다. 법정에는 두 명의 재판관이 있는데, 누구를 재판하는 것일까? 재판을 받기 위해 나온 사람은 없고, 다만 서로를 마주볼 뿐이다. 두 재판관이 재판을 함과 동시에 서로 재판을 받는 독특한 상황이 연출되었다.

우선권자의 상징적 정체를 해독해 내는 것은 이 책을 쓰면서 어려웠던 점 중 하나였다. 보아스를 예수님과 분리하여 생각할 수 없었기 때문에 누군가가 보아스보다 앞선 인물이라면, 예수님보다 앞선 누군가가 있었다는 뜻이었다. 이것은 도저히 말이 되지 않았다. 그런데 예수님께서 '친구'라고 칭할 수 있었던(NIV에서는 그를 '친구'라 부른다) '한 가지'가 있었으며, 일정 기간 동안 그 존재가 예수님보다 앞서 있었다는 사실을 발견했다. 보아스보다 우선권을 가진 기업 무를 자는 바로 율법이다. 이야기를 계속해 나가다 보면, 이 인물의 역할이 얼마나 완벽하게 율법과 맞아떨어지는지 보게 될 것이다.

재판정 사건을 상징적 관점에서 보면, 두 개의 언약이 얼굴을 맞대고 있는 형국이다. 그리고 오직 하나의 언약만 승소하게 될 것이다. 먼저 우선권자, 즉 율법에 대해 살펴보자. 율법도 선한가? 물론이다. 필요한가? 당연하다. 그렇다면 왜 옛 언약(율법)과 새 언약(예수님) 사이의 대립이 불가피했을까? 이에 답하기 전에 율법이 주어진 배경부터 짚어 보자.

출애굽을 하기까지 이스라엘 자손은 애굽에서 430년을 살았다. 그 사이 이들은 거의 '애굽화' 되었다. 당연한 일이었다. 당신의 가족이 이슬람 국가로 이사를 가서 400년을 산다고 상상해 보면 이해하기 쉬울 것이다. 오랜 세월이 흐른 뒤 당신의 손자의 손자의 손자의 손자는 어떤 신을 모시고 있을까? 이주하기 전에 아무리 철저한 교육을 받았더라도 오랜 세월이 흐르고 나면 대부분 희석되고 말듯이 이스라엘 자손도 그랬다.

하나님께서는 이스라엘을 애굽에서 빼내 오셨지만, 그들에게서 애굽의 잔재도 빼내셔야 했다. 그리하여 하나님께서는 모세언약이라고도 하고 십계명이라고도 하는 율법을 모세에게 주셨다. 이는 하나님께서 선택하신 민족을 다시 정결하게 하고 하나님과의 올바른 관계 안으로 들어오게 하기 위한 것이었다. 몸에 밴 이교의 풍습을 버리고 하나님께서 아브라함과 이삭, 야곱과 맺으셨던 관계를 회복해야 했다.

율법은 애초부터 자유로 향하는 길이라기보다는 넘을 수 없는 장벽처럼 보였다. 모세가 하나님께 율법을 받는 40일 동안, 산 아래에 있던 이스라엘 자손은 애굽에서 하던 대로 자신들을 인도해 줄 금송아지를 만들었다. 모세가 오랫동안 돌아오지 않자 백성은 스스로 살 길을 찾기로 결정했다. 그들은 아론에게 우상을 만들자고 요청했다.

> 일어나라 우리를 위하여 우리를 인도할 신을 만들라 이 모세 곧 우리를 애굽 땅에서 인도하여 낸 사람은 어찌 되었는지 알지 못함이니라 출 32:1

이 일로 하나님은 크게 노하셨다. 하나님께서는 모세에게 백성들이 무슨 짓을 했는지 말씀하시며 그들을 진멸하겠다고 하셨다. 모세는 여호와께 뜻을 돌이키시도록 간구했고, 하나님은 모세의 기도를 들으셨다. 산에서 내려온 모세는 금송아지를 돌며 춤을 추는 백성을 보고 하나님의 분노로 분노했다. 그리고 하나님께서 친히 쓰신 돌판(출 31:18)을 던져 깨뜨려 버렸다. 모세가 자신의 형인 아론에게 어떻게 우상을 만드는 어리석은 일을 저질렀는지 다그쳐 묻자 아론은 다음과 같이 대답했다.

> 내 주여 노하지 마소서 이 백성의 악함을 당신이 아나이다 … 내가 그들에게 이르기를 금이 있는 자는 빼내라 한즉 그들이 그것을 내게로 가져왔기로 내가 불에 던졌더니 이 송아지가 나왔나이다 출 32:22, 24

모세는 분노하며 누구든지 여호와의 편에 있는 사람은 앞으로 나오라고 소리쳤다. 그러자 레위 자손이 모세에게 나아왔다. 모세는 그들에게 진을 다니며 그들의 형제와 친구, 이웃을 죽이라고 명령했다(출 32:26-27).

> 레위 자손이 모세의 말대로 행하매 이 날에 백성 중에 삼천 명 가량이 죽임을 당하니라 출 32:28

이것이 3천 명의 죽음을 통해 태어난 율법의 시초다. 하나님의 법은 거룩하며, 변명이나 조정을 허용치 않는다. 하나님께서는 율법에 대한 타협을 허용치 않으시며, 인간의 수준에 맞추기 위해 기준을 낮추지도 않으신다. 하지만 한없는 사랑과 자비로 길이 없는 곳에 새로운 길을 내신다.

이제 법정에 선 다른 한쪽, 새로운 언약을 보자. 그리고 어떻게 하나님께서 그분의 기준(율법)을 훼손하지 않으면서 길을 내시는지 살펴보자.

> 여호와의 말씀이니라 보라 날이 이르리니 내가 이스라엘 집과 유다 집에 새 언약을 맺으리라 이 언약은 내가 그들의 조상들의 손을 잡고 애굽 땅에서 인도하여 내던 날에 맺은 것과 같지 아니할 것은 내가 그들의 남편이 되었어도 그들이 내 언약을 깨뜨렸음이라 여호와의 말씀이니라 그러나 그 날 후에 내가 이스라엘 집과 맺을 언약은 이러하니 곧 내가 나의 법

을 그들의 속에 두며 그들의 마음에 기록하여 나는 그들의 하나님이 되고 그들은 내 백성이 될 것이라 여호와의 말씀이니라 렘 31:31-33

새 언약은 하나님께서 친히 기록하신 율법을 사람이 만질 수 없는 곳에 두셨다는 점에서 옛 언약보다 훨씬 더 우수하다. 예수님은 승천하시기 전에 제자들에게 예루살렘에서 아버지께서 약속하신 '선물'을 기다리라고 명령하셨다(행 1:4). 예수님께서 말씀하신 선물은 예레미야가 예언하였던 새 언약, 즉 마음에 기록한 율법을 가리키는 것이었다. 이 선물은 던져 깨뜨려지는 돌판이 아니라 만질 수 없는 사람의 마음판에 새겨졌다. 예수님의 제자들은 순종하여 기다렸고, 50일째 되던 날 하나님은 이 언약을 믿는 자들의 마음에 성령을 불어넣어 주셨다. 이로써 율법은 감독자이신 하나님의 성령과 함께 영원히 연약한 인간 속에 내재하게 되었다(이는 성막 안 지성소에도 동일하게 적용되는 원리이다. 십계명 돌판이 언약궤 안에 놓여 있다).

무궁무진한 지혜를 가지신 하나님께서 사람이 율법을 간직할 수 있는 방법을 만들어내셨다. 율법을 마음으로 받아들인 사람은 언제나 하나님과 올바른 관계 가운데 살아갈 수 있다. 새 언약으로 인해 하나님의 다림줄이 정확하게 세워질 수 있다.

옛 언약인 율법이 주어졌을 때, 3천 명의 사람이 모세와 레위 자손에 의해 죽임을 당했다. 새 언약이 주어졌을 때는 대조적으로 무슨 일이 있었는지 보자.

그 말을 받은 사람들은 세례를 받으매 이 날에 신도의 수가 삼천이나 더 하더라 행 2:41

율법이 태어난 날 3천 명이 죽은 것과 달리 새 언약이 주어진 오순절 날에는 3천 명이 구원을 받았다. 율법은 죽음을 수반하지만, 새 언약은 생명을 낳는다.

우리 동네에 사는 메시아닉 유대인 가정에서 가진 철야모임에서 룻기를 주제로 말씀을 전한 적이 있다. 학교 다닐 때 밤샘공부를 해 본 이후로 한 번도 그런 경험이 없었던 나는 아무리 전통이라 해도 어른들이 철야를 한다는 사실이 신기했다. 잠을 자든 안 자든, 유대인에 관한 것이라면, 또는 룻기에 관한 것이라면 나는 마다하지 않았다. 그 집에 도착하니 현관에 이런 글이 붙어 있었다. “토라와 성령님, 생일 축하합니다!” 나는 토라(구약성경의 첫 5권, 옛 언약, 율법)와 성령님(새 언약)이 ‘어쩌다’ 같은 날 생일을 맞게 된 것인지 매우 특이한 우연의 일치라고 생각했다(어서 확인해 봐야겠다는 생각밖에 없었다).

‘잠을 안 잔’ 그날 밤, 나는 성령이 오신 것을 기리는 오순절날이면 유대인들이 전통적으로 밤을 새워 토라와 룻기를 읽는다는 사실을 알게 되었다(그리고 신기했던 것은 왜 특별히 룻기를 읽는지 아무도 모른다는 사실이었다). 내가 아는 것을 전하러 갔는데, 그들로부터 배운 것이 더 많았다. 두 개의 언약이 태동에 있어 공통점(3천 명의 죽음과 3천 명의 구원)이 있을 뿐 아니라 율법과 성령이 유대력으로 같은 날 태어났다는 사실도 알게 되었다.[54) 율법을 주시고 1,500여 년이 흐른 뒤 정확히 같은 날에 새 언약을 주셨다는 사실이 놀랍지 않은가? 정말 완벽하신 하나님이다.

율법의 목적은 우리를 믿음으로 인도하여 새 언약에 이르게 하는 것이다. 바울은 이 부분에 대해 명쾌하게 이야기한다.

> 이같이 율법이 우리를 그리스도께로 인도하는 초등교사가 되어 우리로 하여금 믿음으로 말미암아 의롭다 함을 얻게 하려 함이라 갈 3:24

지금 성문 앞 법정에 얼굴을 맞대고 있는 두 언약은 같은 면도 있지만, 현격한 차이점도 있다. 옛 언약은 의무를, 새 언약은 믿음을 요구한다. 옛 언약은 외부적으로 작동하지만, 새 언약은 내재되어 작동한다. 나는 모세의 율법을 존중하는가? 물론 그렇다! 그러면 지킬 수 있는가? 절대로 못 지킨다! 이것과 관련하여 나는 바울의 말에 전적으로 공감한다.

> 곧 내가 원하는 것은 행하지 아니하고 도리어 미워하는 것을 행함이라 롬 7:15

우리는 율법을 행함으로 구원을 받지 못한다. 예수님께서 내 안에 율법을 두시기 위해 행하신 일을 믿고 하나님 아버지와 올바른 관계 가운데 살아감으로써 구원을 받는다.

> 보아스가 그 성읍 장로 열 명을 청하여 이르되 당신들은 여기 앉으라 하니 그들이 앉으매 룻 4:2

법정을 구성하기 위해서는 열 명의 정족수가 채워져야 한다.[55] 정족수를 뜻하는 히브리어 단어는 '미니안'으로, 재판이나 예배, 결혼식, 성인식 등의 의식이 성립하기 위한 최소한의 인원수 혹은 증인을 의미한다. 여기 나오는 장로 열 명은 백성을 대표하는 증인으로, 법정에서 일어난 일을 백성들에게 알릴 책임이 있었다. 정족수가 채워졌다는 것은 백성 모두가 참석했음을 의미했다. 이제 재판이 시작되었다.

> 보아스가 그 기업 무를 자에게 이르되 모압 지방에서 돌아온 나오미가 우리 형제 엘리멜렉의 소유지를 팔려 하므로 룻 4:3

보아스는 우선권자와 입회한 장로들에게 안건을 상정한다. 사안은 비교적 단순해 보였다. 과부가 된 나오미가 남편의 소유지를 팔고자 하며, 기업 무를 자 가운데 순위가 가까운 사람이 먼저 선택권을 가진다. 특이한 사항은 없어 보였다. 이런 류의 재판은 종종 있어 왔고, 이 경우 역시 기존의 재판과 다를 바 없었다.

> 내가 여기 앉은 이들과 내 백성의 장로들 앞에서 그것을 사라고 네게 말하여 알게 하려 하였노라 만일 네가 무르려면 무르려니와 만일 네가 무르지 아니하려거든 내게 고하여 알게 하라 네 다음은 나요 그 외에는 무를 자가 없느니라 하니 그가 이르되 내가 무르리라 하는지라 룻 4:4

보아스는 계속해서 상황을 설명한다(3절에 거명된 이름이 나오미와 엘리멜렉이라는 점에 주목하기 바란다). 그리고 우선권자에게 엘리멜렉의 소유지를 '무를' 의사가 있는지를 묻는다. 이 구절에서 '무르다'라는 말이 다섯 번 사용되었는데, 이 단어는 히브리어로 '고엘'이며, '땅을 다시 사들이다, 과부와 결혼하다, 몸값을 지불하다, 원한을 갚다'라는 뜻이다.[56)]

율법에 의해 기업 무를 자는 고인이 된 사람의 소유지를 사고, 아들을 낳아 후계자를 생산하기 위해 고인의 부인과 결혼해야 했다. 모압 땅에서 나오미가 며느리들에게 자신이 늙어 재혼을 하거나 아들을 낳아 그들의 남편으로 삼게 해 줄 수 없다고 했던 말을 기억하기 바란다(룻 1:11-13). 어쩌면 보아스의 이야기를 들은 우선권자는 이렇게 생각했을지도 모른다. '나오미는 너무 늙어 아이를 가질 수 없을 텐데. 그렇다면 내가 기꺼이 나오미와 결혼해 주지. 그러면 결국 엘리멜렉의 재산이 모두 내 손으로 들어오겠지. 이게 웬 횡재야.'

보아스는 장로들 앞에서 그의 결정을 말하라고 요청한다. 그러자 그는 선뜻 보아스의 제안을 받아들이겠다고 밝힌다. "내가 무르리라"(그는 잿기에 손을 얹었다).

> 보아스가 이르되 네가 나오미의 손에서 그 밭을 사는 날에 곧 죽은 자의 아내 모압 여인 룻에게서 사서 그 죽은 자의 기업을 그의 이름으로 세워야 할지니라 하니 룻 4:5

단순해 보였던 안건이 갑자기 골치 아픈 문제로 둔갑했다. 사안은 두 가지였다. 3절에서 모든 사람이 이해하기로, 죽은 자는 엘리멜렉이며 소유지를 파는 사람, 즉 재혼할 사람은 나오미였다. 하지만 나오미가 세부 내용을 살짝 바꿔 놓았다. 이 계약은 나오미가 지정한 대리인을 통해 실행되어야 했으며, 대리인은 모압에서 온 며느리였다.

독자들은 이렇게 생각할 수도 있을 것이다. "그게 뭐가 나쁘다는 거지. 50대 여인보다는 20대 젊은 여인이 훨씬 낫지. 그게 무슨 문제가 된다는 거지?" 이것은 분명 문제가 된다. 신명기 23장 3절은 다음과 같이 말한다.

> 암몬 사람과 모압 사람은 여호와의 총회에 들어오지 못하리니 그들에게 속한 자는 십 대뿐 아니라 영원히 여호와의 총회에 들어오지 못하리라

'우선권자'(상징적으로는 율법)는 하나님께서 모세에게 주신 이 율법 조문을 잘 알고 있었음이 분명하다. 쉽게 말해, 만약 그가 나오미의 제안대로 모압 여인 룻에게서 아들을 낳으면, 그 아들의 후손은 10대까지, 아니 영원히 여호와의 총회에 들어오지 못한다. 이런 반전이 있는 한, 기업을 무른다는 것은 있을 수 없는 일이다.

그런데 그것이 다가 아니다. 그가 역시 잘 알고 있을 만한 율법이 또 있다.

> 형제들이 함께 사는데 그 중 하나가 죽고 아들이 없거든 그 죽은 자의 아내는 나가서 타인에게 시집 가지 말 것이요 그의 남편의 형제가 그에게로 들어가서 그를 맞이하여 아내로 삼아 그의 남편의 형제 된 의무를 그에

> 게 다 행할 것이요 그 여인이 낳은 첫 아들이 그 죽은 형제의 이름을 잇게 하여 그 이름이 이스라엘 중에서 끊어지지 않게 할 것이니라 신 25:5-6

엘리멜렉의 후손이 없는 상황에서, 그도 하나님께서 이 명령을 얼마나 중요하게 생각하시는지 잘 알고 있었다. 그러니 딜레마가 아닐 수 없었다. 맡은 역할이 '율법'인 자가 모압 여인을 받아들여도 죄고, 받아들이지 않아도 죄다. 이것이 율법의 한계다. 거룩한 자도 지킬 수 없고, 속된 자도 지킬 수 없다. 율법이 이미 자기모순에 빠진 것이다. 둘로 나뉜 집은 올바로 설 수 없다.

> 그 기업 무를 자가 이르되 나는 내 기업에 손해가 있을까 하여 나를 위하여 무르지 못하노니 내가 무를 것을 네가 무르라 나는 무르지 못하겠노라 하는지라 룻 4:6

그는 자신의 한계를 알았다. 하나도 이득 될 것이 없었다. 오히려 자신의 결함만 증인들을 통해 온 나라에 널리 퍼질 것이다. 율법을 지킴으로써 의를 얻고자 하는 이들의 어리석음과 그릇됨이 여기서 여실히 드러난다. 율법으로는 불가능하다.

잠시 룻기를 벗어난 이야기를 하겠다. 하루는 유대인 친구들과 함께 생일파티 겸 저녁식사를 하러 갔다. 즉석에서 연주하는 음악을 들으며 식사하는 고급식당이었는데, 한 친구가 메뉴에서 쇠고기 안심을 골랐다. 음식이 나오자, 친구는 고기를 한 점 입에 넣고 말했다. "처음 먹어보는 맛인데." 그녀는 웨이터를 불렀다. "이거 무슨 요리인가요?" "시키신 대로 돼지고기 안심입니다." 친구는 당장 음식을 물리고 쇠고기 요리를 다시 주문했지만, 이미 때는 늦었다. 친구는 잘못한 게 없었다. 아무런 실수도 저지르지 않았지만, 의도치 않게 하나님의 율법을 어기고 말았다. 하나만 어겼어도 어긴 것은 어긴 것이다. 율법은 융통성이 없다.

이날 법정 이후로 기업 무를 우선권자(율법)는 자취를 감춘다. 그가 무를 수 없는 것이라면, 대체 누가 이렇게 어려운 일을 감당해 낸단 말인가?

나의 룻기 연구는 다시 장벽에 가로막혔다. 그러던 어느 날 밤, 나는 잠들지 못한 채 늦게까지 묵상하며 하나님께 지혜를 간구했다. 그러던 중 "바울"이라는 음성이 들리는 듯했다. 순간 바울 사도에게 해답이 있다는 사실을 깨달았다. 이방인(교회)이라는 이유로 기업 무를 우선권자(율법)가 포기한 여인을 보아스(예수님)는 어떻게 기꺼이 사랑으로 무를 수 있었는지, 그 비밀을 풀기 위해서는 바울의 기록을 살펴봐야 한다.

> 너희에게 성령을 주시고 너희 가운데서 능력을 행하시는 이의 일이 율법의 행위에서냐 혹은 듣고 믿음에서냐 아브라함이 하나님을 믿으매 그것을 그에게 의로 정하셨다 함과 같으니라 그런즉 믿음으로 말미암은 자들은 아브라함의 자손인 줄 알지어다 또 하나님이 이방을 믿음으로 말미암아 의로 정하실 것을 성경이 미리 알고 먼저 아브라함에게 복음을 전하되 모든 이방인이 너로 말미암아 복을 받으리라 하였느니라 갈 3:5–8

이 구절을 읽고 깜짝 놀랐다. 율법이 주어지기 전에 아브라함은 이미 복음을 듣고 믿었으며, 그로 인하여 그는 믿음의 사람, 의로운 자가 되었다. 바울은 모압 여인이나 독자들 그리고 나 같은 이방인도 아브라함의 자손이 될 수 있는 길을 하나님께서 만들어 두셨다고 말한다. "그런즉 믿음으로 말미암은 자들은 아브라함의 자손인 줄 알지어다."

앞에서 말했듯이 옛 언약(율법)은 외형에 있고, 새 언약(믿음)은 내면에 있다. 옛 언약은 땅에 떨어져 깨뜨려졌지만, 이제는 그것이 믿는 자들의 심령에 새겨져 영원히 내재하는 새 언약이 되었다. 룻은 머리부터 발끝까지 이방인이었지만(외형), 믿음으로 말미암아 온전한 아브라함의 딸이 되었다(내면).

우리가 알듯 아브라함은 약속의 땅을 찾아 갈대아 우르를 떠났다. 가족과 친척, 고향과 풍습, 익숙한 모든 것을 두고 떠났다. 룻도 마찬가지로 익숙했던 모든 것을 버리고 믿음으로 길을 떠났다. 이로써 믿음 안에서 아브라함이 룻의 아버지가 된 것이다! 하나님께서는 사람의 외형을 보지 않으시고, 오직 마음을 보신다.

> 내가 보는 것은 사람과 같지 아니하니 사람은 외모를 보거니와 나 여호와는 중심을 보느니라 삼상 16:7

우선권자가 본 것은 정결치 못하고 회개하지 않은, 율법이 허용치 않는 모압 여성이었다(외형). 반면 보아스가 본 것은 정결하고 순결하며 아름다운, 믿음으로 걸어가는 아브라함의 딸이었다(내면).

> 옛적 이스라엘 중에는 모든 것을 무르거나 교환하는 일을 확정하기 위하여 사람이 그의 신을 벗어 그의 이웃에게 주더니 이것이 이스라엘 중에 증명하는 전례가 된지라 룻 4:7

사안의 전모가 드러나고 판결도 났으니, 이제 남은 것은 결론을 공식화하는 일이다. 자갈 언덕이 많은 땅에 사는 이들에게 신발은 무척 중요한 소유물이었다. 신발이 없으면 큰일이었다. 보아스가 신을 벗어 우선권자에게 주었는지, 아니면 그 반대였는지는 확실치 않다.

이것에 대해 유대교 주석의 양대 산맥이라고 할 수 있는 《미드라쉬》Midrash와 《탈무드》Talmud도 상반된 견해를 보인다. 《미드라쉬》에는 이렇게 기록되어 있다. "유대교 관례법규인 할라차에 의하면 땅을 사는 자가 서약하는 것이므로, 보아스의 신발이었을 가능성이 크다. 하지만 탈무드에는 '내 신발을 줌으로써 기업 무를 권리를 너에게 양도한다'라는 뜻으로 우선권자가 주었을 것이라는 소수의견도 나온다."[57] 유대교 문헌으로 정평이 난 두 자료가 이견을 보인다면, 우리가 모르는 것이 당연하다.

한번은 친한 유대인 친구가 이스라엘에서 남편과 이혼하기로 합의를 보는 자리에서 남편이 테이블 너머로 신발을 던지듯 건넸다는 이야기를 해 주었다(아직까지 몇 천 년도 더 된 전통이 내려온다는 사실이 신기하다). 그렇다면 탈무드의 해석처럼 우선권자가 나오미에 대한 자신의 권리를 포기하면서 신발을 건넨 것이 맞는 것 같기도 하다.

타작마당에서 룻이 보아스의 신발을 벗겨 청혼했듯이 신발을 벗기는 행위는 자신의 수치스럽고 비참한 형편을 덮어 달라는 요청이었다. 하지만 어쩌면 이 행위는 나중에 법정에서 일어날 일에 대한 리허설이었을 수도 있다. 달라진 것이 있다면, 법정에서는 전날 밤과 달리 보아스가 스스로 벗었다는 점이다. 적어도 예수님께서는 그렇게 하셨다. 예수님께서 하실 일에 대해 말씀하시는 바를 들어 보자.

> 나는 양을 위하여 목숨을 버리노라 … 이를 내게서 빼앗는 자가 있는 것이 아니라 내가 스스로 버리노라 요 10:15, 18

누구도 보아스에게 강요하지 않았고, 예수님께도 강요하지 않았다. 둘 다 구원을 위한 희생의 대가를 스스로 지불하기로 선택했다.

오늘 법정에서의 우선권자처럼 기업 무를 책임을 거부하면 어떻게 되는지 보여 주는 흥미로운 성경구절이 있다.

> 그러나 그 사람이 만일 그 형제의 아내 맞이하기를 즐겨하지 아니하면 그 형제의 아내는 그 성문으로 장로들에게로 나아가서 말하기를 내 남편의 형제가 그의 형제의 이름을 이스라엘 중에 잇기를 싫어하여 남편의 형제 된 의무를 내게 행하지 아니하나이다 할 것이요 그 성읍 장로들은 그를 불러다가 말할 것이며 그가 이미 정한 뜻대로 말하기를 내가 그 여자를 맞이하기를 즐겨하지 아니하노라 하면 그의 형제의 아내가 장로들 앞

에서 그에게 나아가서 그의 발에서 신을 벗기고 그의 얼굴에 침을 뱉으며 이르기를 그의 형제의 집을 세우기를 즐겨 아니하는 자에게는 이같이 할 것이라 하고 신 25:7–10

신명기의 이 여인도 남편이 죽자 자손이 끊겼다. 그런데 남편의 형제가 기업 무르기를 거부했다. 그러자 여인은 법이 정한 대로 의무를 다하지 않은 사람에게 가서 그의 신발을 벗기고 얼굴에 침을 뱉었다. 그리고 그의 가문에도 대가 끊어지기를 저주한다.

이에 그 기업 무를 자가 보아스에게 이르되 네가 너를 위하여 사라 하고 그의 신을 벗는지라 룻 4:8

'재판하는 동시에 재판을 받는' 두 남성 사이에 공식적이고 불가역적인 법적 결론이 났다. 8절은 우선권자가 하는 마지막 말이고, 그의 임기는 끝이 났다. 하지만 그는 자신의 삶의 목적을 달성했다. 율법의 목적은 참된 구원자의 필요성을 인식하게 하고, 그에게로 향하는 길을 제시하는 것이다. 갈라디아서 3장 24절에서 바울은 명확하게 설명한다.

이같이 율법이 우리를 그리스도께로 인도하는 초등교사가 되어 우리로 하여금 믿음으로 말미암아 의롭다 함을 얻게 하려 함이라

율법이 스스로 인정하듯, 율법으로는 구원에 이를 수 없다는 사실

로 인해 진정한 승리의 발판이 마련되었다. 신발을 벗는 사소한 행위를 통해 (상징적 영역에서) 외형적 율법은 종료되고, 내면적 율법의 효력이 발생했다. 만민을 위한 은혜의 승리다.

룻기 4장 1절에서 보아스가 우선권자를 '나의 친구'NIV라고 지칭하는데, 상징적 영역에서 보면 율법은 참으로 예수님의 친구였다. 율법을 친구라 부르기 위해서는 율법의 모든 필요조건을 충분히, 완벽하게 만족시켜야 했다. 예수님만이 어떠한 계명도 어기지 않는 완벽한 율법의 수호자셨다. 과거, 현재, 미래를 통틀어 율법을 '친구'라 부를 수 있는 자는 예수님 외에 아무도 없다.

엘리멜렉의 기업을 사기로 했으니 이제 어떤 일이 일어날까? 6절에서 우선권자는 자신에게 손해가 올까 하여 무르지 못하겠다고 했다. 그것이 사실이다. 다른 사람의 약점을 받아들이면, 내게도 약점이 된다. 보아스는 나오미와 룻의 수치와 죄와 허물을 받아들이기로 했다. 이 상황을 상징적 영역에 대입해 보자. 예수님께서 우리의 수치와 죄와 허물을 지셨을 때, 그분은 가장 약해지셨다. 만일 예수님께서 우리의 죄를 내속하지 않으셨다면, 돌아가시지도 않았을 뿐더러 어쩌면 오늘까지도 살아계시지 않았을까? 바울은 로마서 6장 23절에 이렇게 기록했다.

죄의 삯은 사망이요

사망을 가져오는 것이 죄라면, 한 번도 죄를 짓지 않으신 예수님은 돌아가시지 않았을지도 모른다. 예수님께서 죽으신 것은 우리의 죄 때문이다. 우선권자에게 선택의 기회가 주어졌듯 예수님도 선택하실 수 있었다. 굳이 생명을 희생하지 않으셔도 되었다. 매일, 매년, 희생제물을 바쳐 죄 사함을 받던 제사 제도가 계속 유지될 수 있었다. 하지만 예수님께서는 죄를 영원히 제하지 못하는 불완전한 제도가 아니라 우리의 '벌거벗음'을 한 번에 완전히 해결해 주시기 위해 생명을 내 놓기로 결정하셨다. 값을 지불하기로 선택하시고 기꺼이 주님의 몸을 내 놓으셨다. 누가 강요한 것이 아니었다. 그것은 사람의 마음으로 이해할 수 없는 고귀한 사랑이었다.

> 내가 내 목숨을 버리는 것은 그것을 내가 다시 얻기 위함이니 … 이를 내게서 빼앗는 자가 있는 것이 아니라 내가 스스로 버리노라 요 10:17-18

하나님께서는 길이 없는 곳에 길을 만드셨다. 예수님께서 우리를 구원하시기 위해 자신을 희생하는 대가를 치르셨듯, 보아스도 룻(그리고 나오미)을 구원하기 위해 궁극의 대가를 치러야 했다.

10장

보아스가 룻을 사다

_룻 4:9-12

엘리멜렉 ____________

나오미 ____________

말론 ____________

기룐 ____________

오르바 ____________

룻 ____________

보아스 ____________

타작마당 ____________

기업 무를 우선권자 ____________

앞장에서 보아스와 기업 무를 우선권자가 결론을 맺는 장면을 보았다. 또한 룻을 구원하기에 역부족이었던 우선권자의 한계도 목격했다. 반전의 결론이 도출된 후 두 사람은 신을 벗음으로써 모든 합의를 유효

화했다. 우선권자가 맡은 상징적 배역이 율법이라는 사실도 밝혔다. 율법 또는 옛 언약은 외형적 행위로 드러나는 것이고, 새 언약은 내면적 믿음이다.

보아스는 이제 성문 앞에 모인 장로들과 사람들을 향해 결정된 사실을 공표한다.

> 보아스가 장로들과 모든 백성에게 이르되 내가 엘리멜렉과 기룐과 말론에게 있던 모든 것을 나오미의 손에서 산 일에 너희가 오늘 증인이 되었고 룻 4:9

보아스는 자신의 소유로 사는 목록을 나열하며, 그것들을 법적 소유주인 '나오미의 손'으로부터 산다고 명시한다. 제외되는 것 없이 모든 재산이 자신에게 양도되었음을 밝히고, 반론의 여지가 남지 않도록 계약조건을 증인들에게 일일이 설명한다. '모든 것'은 엘리멜렉의 모든 소유, 기룐의 모든 소유, 말론의 모든 소유를 의미하고, 거기에는 모든 부동산과 동산, 그리고 나오미와 오르바와 룻도 포함된다. 오르바는 모압에 남았지만, 세 여인이 헤어진 지 불과 7주밖에 되지 않았다. 그러므로 오르바도 여전히 과부였을 것이라고 추측할 수 있다. 만약 오르바가 원했다면, 보아스는 기꺼이 그녀도 받아들였을 것이다.

여기에서 잠시, 상징적 영역에서도 '포괄적 구매'가 있었는지 살펴보자. 예수님도 보아스처럼 모든 것에 대한 대가지불을 하셨을까? 세상의 모든 나오미(율법 아래 있는 자들)를 위해, 세상의 모든 오르바(세상에 사는 자들)와 룻(믿음으로 사는 자들)을 위해 대가를 지불하셨는가? 세 여인은 집합적 인류를 의미한다. 그리고 예수님께서는 정말로 모든 인류를 피값으로 사셨다.

> 그(예수님)는 우리 죄를 위한 화목 제물이니 우리만 위할 뿐 아니요 온 세상의 죄를 위하심이라 요일 2:2

예수님께서는 요한복음 3장 17절에서 직접 말씀하셨다.

> 하나님이 그 아들을 세상에 보내신 것은 세상을 심판하려 하심이 아니요 그로 말미암아 세상이 구원을 받게 하려 하심이라

예수님께서는 온 세상을 사기 위해 값을 치르셨다. 스스로 대속 제물이 되심으로써 완납하셨다. 그야말로 '포괄적 구매'였다.

> 또 말론의 아내 모압 여인 룻을 사서 나의 아내로 맞이하고 그 죽은 자의 기업을 그의 이름으로 세워 그의 이름이 그의 형제 중과 그 곳 성문에서 끊어지지 아니하게 함에 너희가 오늘 증인이 되었느니라 하니 룻 4:10

이것은 모압 여인 룻과 결혼하여 상속자를 낳아 주겠다는 공식적인 선언이다. '나오미의 손'으로부터 모든 것을 사지만, 엘리멜렉의 이름이 이스라엘에서 끊어지지 않도록 하는 것은 '룻을 통하여'라고 분명

히 한다.

룻기 1장 11-13절에 나타난 수혼법은 이스라엘의 모든 가문이 아들을 보지 못해 멸절되는 일이 없도록 하고, 사회로부터 축출될 위기에 처한 약자에게 남성의 보호막을 제공하는 법이다. 보통 한 사람의 과부에게 적용되는 것이 정상이지만, 앞에서 살펴보았듯이 나오미가 법(율법)을 바꿈으로써 결과적으로 보아스는 나오미로부터 재산을 구매하고 룻을 통해 가계를 존속시키는 일에 합의하게 되었다.

보아스는 이어 모인 장로들과 사람들에게 그날 법정에서 일어난 일의 증인이 되어 줄 것을 요구한다. 증인들이 소식을 이웃에게 잘 전달해 준다면, 모든 사람들(세상)이 진실을 알게 되고, 그들(세상 사람들)에게는 변명의 여지가 없게 된다. 하지만 증인들이 소식을 전하는 일에 소홀하면 세상 사람들은 진실을 모를 것이고, 그러면 증인들에게 변명의 여지가 없게 된다. 상징의 영역에서도 마찬가지다. 오늘날 개인적 구원을 목도한 우리에게도 복음을 모르는 이들에게 전파해야 할 책무가 있다. 우리가 복음을 전하면 그들에게 변명의 여지가 없고, 전하지 않으면 우리에게 변명의 여지가 없다.

기업 무를 자가 충족해야 하는 요건은 1) 죽은 자의 혈족이어야 한다. 2) 죽은 자의 모든 재산을 사들여야 한다. 3) 죽은 자의 뒤를 이을 자식을 낳아 주어야 한다. 4) 이러한 요구를 감당할 재력을 가지고 있어야 한다. 5) 죽은 자를 대신해 성문에 앉을 수 있어야 한다. 보아스는 이 모든 조건에 합당했다.

룻이 이토록 훌륭한 남편을 얻은 데 대해서는 더할 나위 없이 기쁘지만, 룻이 얻은 것을 나오미가 잃어야 했다는 점에서 매우 안타깝다. 룻은 자격에 비해 너무 높은 위치로 격상되었다. 그것은 이방 여인으로서 누릴 수 있는 자리가 아니었다. 룻은 이런 명예를 누릴 어떤 조건도 가지고 태어나지 않았다. 그녀에게 특권이 주어진 이유는 그녀의 시어머니가 자리를 '양보하여' 길을 내 주었기 때문이다. 이런 사실을 안다면, 이방인의 배경을 가진 우리가 어떻게 최상의 존경과 헌신과 겸손함이 아닌 다른 자세로 이스라엘을 대할 수 있단 말인가? 우리가 이런 귀한 자리에 설 수 있는 이유는 우리의 공로가 아니라 주님의 은혜다.

이 시나리오에 다른 결말을 가정해 보자. 만약 나오미가 합당한 권리의 소유자로서 기업 무를 자를 통해 직접 구원받기를 원했다고 생각해 보자. 나오미는 우선적으로 기업 무를 권리를 가졌던 친족(율법)과 결혼했을 것이다. 그런데 룻기 1장 12-13절에서 탄식했듯이 나이가 많아 아들을 낳지 못했다면, 룻도 이방인도 아무 의미가 없고, 보아스도 필요 없게 된다. 그러니 하나님의 사랑이 얼마나 놀라운가! 그분은 길이 없는 곳에 길을 만드시는 분이다.

룻기에서 가장 흥미로운 단어 중 하나가 이 구절에 사용되었다. 바로 '사서'라는 단어인데, 히브리어로 '콰나', 즉 '사다, 구매하다, 질투 나게 하다'라는 뜻을 가진 단어다.[58] 전체 문장의 의미를 보면, 아들을 낳아 주기 위해 룻을 아내로 샀을 뿐 아니라 이로써 누군가를 질투 나게 한다는 뜻이다. 대체 누구를 질투 나게 한다는 뜻일까? 어디선가 들어본 듯하지 않은가?

바울의 가르침 중에 도움이 되는 부분이 있다.

> 그러므로 내가 말하노니 그들(이스라엘)이 넘어지기까지 실족하였느냐 그럴 수 없느니라 그들이 넘어짐으로 구원이 이방인(룻)에게 이르러 이스라엘로 시기나게 함이니라 롬 11:11

바울은 이스라엘이 넘어짐으로 인해 구원이 이방인에게 돌아가고, 그로써 이스라엘을 시기나게 한다고 가르친다. 그래서 어떻게 된다는 말인지 계속해서 12절을 보자.

> 그들(이스라엘)의 넘어짐이 세상의 풍성함이 되며 그들의 실패가 이방인의 풍성함이 되거든 하물며 그들의 충만함이리요 롬 11:12

바울은 이스라엘이 넘어지고 실패하여 풍성함이 이방인의 것이 되었다고 말한다. 할렐루야! 하지만 그것이 끝이 아니기에 더욱 감사하다. 미래시점이긴 하지만, 이스라엘게도 '충만함'이 예언되어 있다. 바울은 이스라엘이 이방인을 위해 약화되었지만, 그들이 완전하게 회복될 때에는 얼마나 풍성하겠느냐며 기대한다.

이것은 완벽하고 완전한 순환고리이다. 시초는 하나님과 이스라엘이었다. 이스라엘이 이방인을 위해 자리를 비켜 준다. 그 결과 이방인이 이스라엘을 시기 나게 한다. 그리고 이스라엘이 영광스럽게 회복된다. 바울에 의하면 이스라엘의 넘어짐과 실패는 한시적이다.

다시 룻기로 돌아와서 생각해 보자. '비어' 돌아온 나오미(룻 1:21)는 다시 풍성해질 수 있을까? 넘어짐에서 곧 회복될 수 있을까? 그것이 시기심 때문일까? 누가, 어떻게 나오미의 질투심을 자극할 수 있을까?

질투심은 어떻게 생길까? 자신이 갖지 못한 것을 남이 가졌을 때 품게 되는 마음일까? 나는 최근 한 이방인이 유대인의 질투심을 자극하는 것을 본 적이 있는데, 우리가 생각하는 그런 태도와는 거리가 멀었다. 뒤편에 수록된 부록 '알고 있나요 9. 유대인의 장례식' 편에 한 이방인 남성이 정통 유대교식 장례식에 참석했던 일화가 자세히 소개되어 있다. 이 남성은 그날 멋진 옷을 말끔하게 차려 입고 있었다. 전날 쏟아진 폭우로 발목까지 진흙이 올라올 정도로 땅이 흠뻑 젖어 있었다. 하지만 그는 옷이 더럽혀지는 것은 아랑곳하지 않고 흙을 쓸어 넣는 유대인들을 도와 삽질을 시작했다. 나도 처음 가 본 유대교식 장례식이었지만, 그도 처음인 것처럼 보였다. 나는 장례식이 끝나고, 곧바로 고인을 매장한다는 사실도 모르고 있었다. 모르기는 그도 나와 마찬가지였던 것 같았다.

매장 절차가 끝나고 어쩌다 그와 함께 묘지를 나오게 되었다. 나는 그가 한 일이 큰 은혜가 되었다고 말을 건넸다. 나를 유대인으로 생각했던 그는 수줍은 듯, "진 유대인이 아닙니다"라고 말했다. 그 말에 나는 "저도 아니에요. 전 침례교인입니다"라고 말했다. 그러자 그가 "전 감리교인입니다"라고 말했다. 내가 말을 걸어 당황했던지 조금은 딱딱한 어조로 덧붙였다. "그냥 유대인을 사랑하기 때문에 한 일이에요." 바로 그것이다!

며칠 후, 쉬바 기간 중에 장례식을 치른 유대인 가정을 다시 방문했다(쉬바는 장례식을 치른 후 7일 동안 친구나 친척들이 방문하는 애도기간이다). 거실에 둥그렇게 모여 앉아 있었는데, 장례식에 참석했던 한 유대인 여성이 말했다. "묘지에서 있었던 일을 정말 잊지 못할 거예요." 눈가에 맺혔던 눈물이 그녀의 볼을 타고 흘러내렸다. "그 남자분(이방인이었던 흑인 남성)이 삽을 들어 줄 줄 정말 몰랐어요." 이어 거실 여기저기에서 비슷한 감탄이 흘러나왔다.

그 일의 전후를 알고 있던 나는 그들의 이야기를 들으며 가슴이 터질듯 했다. 이방인이 자신들을 위해 궂은일을 도와준 것에 대해 그들은 감격했다. 그 이방인은 사랑의 헌신으로 장례식에 참석한 모든 유대인을 질투 나게 했다. 그는 눈에 보이지 않지만 너무나 선명한 유대인과 이방인 사이의 경계선을 넘어 용기 있는 믿음의 행동을 보여 주었다. 그는 바울의 가르침을 행동으로 옮겨 성경을 성취하는 일을 하였다.

'시기 나게 함'과 관련된 일화가 하나 더 있다. 오래전, 정통파 랍비와 복음주의 그리스도인이 나누는 대화를 들을 기회가 있었다. 그리스도인은 랍비를 기독교로 개종시키는 것이 자신의 책임이라며 열변을 토했다. 마침내 인내하며 듣던 랍비가 대답할 차례가 되었다. "저도 신약성경을 읽어 보았어요. 이방인이 유대인을 시기 나게 한다고 바울이 말했더군요. 그런데 지난 2천 년 동안 당신네들 방식으로 해 봤지만, 별로 먹히지 않았잖소? 당신이 어떻게 하면 우리가 시기하게 될지 말해 주겠습니다. 그냥 우리를 사랑해 주시면 됩니다."

이 일로 뜻밖의 깨달음을 얻었는데, 하나님께로부터 온 것 같았다. 우리가 가진 성경적 지식이나 학식으로는 단 한 명의 유대인도 시기 나게 할 수 없다는 데 그리스도인의 99퍼센트가 동의할 것이다. 성경에 관한 한 우리는 그들의 상대가 되지 못한다. 하지만 모든 그리스도인이 무조건적으로 사랑하는 일에 동참할 수는 있다. 우리도 장례식에서의 그 남성처럼 각자 삽을 들고 유대인을 사랑하는 일에 힘을 합할 수 있다.

보아스는 '시기 나게 하기 위해 룻을 아내로 맞는다'고 말했다. 부록의 '표 2 엘리멜렉과 보아스'를 보자. 이 표를 '은혜의 도표'라 불러도 좋다. 룻(교회)이 보아스(예수님) 바로 아래에 설 수 있다는 것부터가 하나님의 크나큰 은혜다. 그 자리에 서기 위해 룻이 한 일이 하나도 없는 것처럼, 우리가 받은 은혜를 위해 교회가 한 일도 하나도 없다. 보아스가 나오미를 얻기 위해 룻을 산다고 말하는 것처럼, 하나님께서도 교회를 그렇게 사용하실 것이다.

9-10절을 마무리 짓기 전에 덧붙일 내용이 한 가지 있다. 9절을 보면 말론과 기룐의 순서가 바뀌어 있다. 이제까지는 형제들의 이름을 거론할 때, 항상 말론의 이름이 먼저였다. 한 유대교 학자의 의견에 따르면, 이것은 사망한 순서를 따른 것이라고 한다. 기룐이 먼저 죽고 말론이 나중에 죽은 것이다.[59)]

> 성문에 있는 모든 백성과 장로들이 이르되 우리가 증인이 되나니 여호와께서 네 집에 들어가는 여인으로 이스라엘의 집을 세운 라헬과 레아 두 사람과 같게 하시고 네가 에브랏에서 유력하고 베들레헴에서 유명하게 하시기를 원하며 룻 4:11

증인이 되어 달라는 보아스의 요청에 사람들이 대답한다. 성문에 있던 모든 백성과 장로들은 증인이 되어 주기로 수락하고, 이어 축사를 한다. 이들은 모두 세 가지의 축사를 하는데, 그중 첫 번째와 두 번째가 11절에 담겨 있다. 이 축복의 말들은 여느 결혼식에서 들을 수 있는 평범한 덕담이 아니라 심오한 예언이다.

먼저 "네 집에 들어가는 여인(룻)으로 이스라엘의 집을 세운 라헬과 레아 두 사람과 같게 하시고"의 의미를 살펴보자. 그러기 위해 야곱과 그의 두 아내 라헬과 레아 이야기를 잠시 살펴보자(부록 '표 3 야곱' 참조).

동생인 야곱에게 장자권을 빼앗긴 형 에서가 동생을 죽일지 모른다는 두려움에 어머니인 리브가는 야곱을 자신의 오빠 라반의 집으로 보내며 상황이 좋아질 때까지 숨어 있으라고 하였다. 이방 여인들을 아내로 맞이한 에서와 달리 야곱이 외삼촌 집에 머무는 동안 현숙한 아내를 만나길 바라는 마음도 있었을 것이다.

야곱은 외삼촌 라반의 둘째 딸, 라헬(자신의 사촌)을 보는 순간 사랑에 빠져 외삼촌에게 7년 동안 일을 하는 대신 라헬과 혼인하게 해 달라고 청한다. 라반은 이에 수락했고, 마침내 7년 후 결혼식을 올렸다. 하지만 결혼식 다음날 아침, 야곱은 외삼촌이 자신을 속이고 라헬이 아닌 그녀의 언니 레아를 신혼방에 들여보낸 사실을 알게 된다. 외삼촌과 논쟁을 벌인 끝에 야곱은 결국 라헬을 얻기 위해 7년을 더 일해 주기로 합의하고, 결국 두 자매를 아내로 맞게 된다.

레아와 라헬은 야곱에게서 열두 명의 아들을 낳는다(하나님께서 야곱의 이름을 이스라엘로 바꾸시므로 이 집안을 '이스라엘의 집'이라 부른다). 그리하여 라헬과 레아는 위대한 가문, 이스라엘의 집에 두 안주인이 된다. 두 여인으로부터 두 개의 가지가 나와 하나의 위대한 집이 된 것이다.

백성과 장로들이 "룻이 라헬과 레아 두 사람과 같게 하시고"라고 축사한 것은, 라헬과 레아가 두 줄기를 모아 하나의 위대한 집을 이루었듯 룻이 혼자 힘으로 두 줄기를 하나의 위대한 집으로 모으리라는 예언이었다고 생각한다. 그리고 분명 그들의 예언이 이루어지는 날이 올 것이다.

두 번째 축사는 보아스에 대한 것으로, 결혼으로 인해 에브랏에서 '유력하고' 베들레헴에서 '유명하게' 되라는 것이다. '유력하다'로 번역된 단어는 '힘, 군대, 강력함, 강함, 부유함, 용맹함, 존귀함'의 의미를 포함한다.[60] 에브랏은 유대의 한 부족지역이고, 베들레헴은 미가서 5장 2절에서 메시아의 출생지로 예언된 곳이다. 이 예언은 보아스에게 성취되었을까? 증손자가 나중에 왕 중의 왕, 다윗 왕이 되었다면, 보아스도 부귀와 존귀를 누렸다고 봐야 한다. 또 보아스가 베들레헴에서 유명해졌을까? 깜깜한 밤중에라도 몰락한 엘리멜렉 가문(메시아 가문)을 회복해 줄 수 있던 사람이라면, 명성을 얻을 만했다. 기업 무를 책임에 성실하게 순종한 까닭에 보아스는 베들레헴 전역에서 일약 스타가 되었다. 메시아의 길을 이었으니, 얼마나 대단한 능력인가? 이런 기업 무를 자는 없었다.

보아스의 이름은 작은 도시 베들레헴에만 머물지 않았다. 솔로몬의 성전 입구 좌우에는 두 개의 기둥이 있었는데, 오른쪽 기둥의 이름은 야긴이고 왼쪽 기둥의 이름은 보아스였다(왕상 7:21; 대하 3:17). 보아스의 명성은 성전을 드나드는 모든 이에게 퍼졌다.

여호와께서 이 젊은 여자로 말미암아 네게 상속자를 주사 네 집이 다말이

유다에게 낳아준 베레스의 집과 같게 하시기를 원하노라 하니라 룻 4:12

이것은 백성과 장로들의 세 번째 예언적 축복이다. 처음에는 룻, 두 번째는 보아스, 마지막은 그들이 낳을 미래의 상속자에 관한 것이다. 10절에서 보아스가 엘리멜렉의 뒤를 이을 상속자를 낳아 주겠다고 선언한 데 대해 사람들은 그 아들이 유다와 다말의 자식과 같으리라고 예언한다. 유다와 다말의 자식이 보아스와 룻의 자식과 어떤 예언적 연관성을 가지고 있을까? 여기서 잠시 다말과 시아버지 유다의 이야기를 살펴보자(부록 '표 4 유다[다말]' 참조).

책 초반부에 유다와 다말에 대해 잠시 이야기했지만, 이 구절과의 연관성을 파악하기 위해서는 좀 더 자세히 들여다보아야 한다(창세기 38장에 전체 이야기가 나온다).

야곱의 아들들이 동생 요셉을 노예로 팔아넘기고 얼마 지나지 않아 유다는 돈을 벌기 위해 고향을 떠나 가나안으로 갔다. 그곳에서 가나안 여인(이방인)을 만나 결혼을 하는데, 세 아들을 낳고 일찍 세상을 떠난다. 첫 아들 엘은 다말(이방인)과 결혼한다. 하지만 그가 악하므로 하나님께서 그를 죽이신다. 수혼법에 의거하여 유다는 며느리 다말을 둘째 아들 오난에게 주었다. 하지만 오난이 형의 자식 낳기를 거부하자 하나님께서 오난도 데려가신다. 유다는 다말에게 셋째 아들 셀라가 장성할 때까지 기다리면 그와 혼인시키겠다고 약속한다. 다말은 친정으로 돌아가 상복을 입고 시아버지의 약속을 기다렸다.

세월이 흘러 다말은 시아버지에게 셋째 아들과 혼인시키겠다는 약속을 지킬 의사가 없음을 깨닫게 된다. 마침 유다가 양털을 깎기 위해 마을에 머물고 있다는 사실을 알게 된 다말은 직접 손을 쓰기로 결심한다. 유다의 혈통을 이을 아들을 얻을 수만 있다면 못할 게 없다는 듯 다말은 여성이라는 신분을 이용해 책략을 꾸민다.

다말은 상복을 벗고 창녀의 옷으로 갈아입은 후 유다가 일하는 곳 길가로 갔다. 다말을 창녀로 생각한 유다는 성적인 관계를 요구한다. 다말이 대가로 무엇을 주겠느냐고 묻자 유다는 염소 새끼를 보내 주겠다고 답한다. 용의주도한 다말이 염소를 받을 때까지 담보물을 맡기라고 요구하자 유다는 가지고 있던 도장과 그 끈과 지팡이를 내놓는다. 두 사람은 관계를 맺고, 다말은 집으로 돌아왔다. 나중에 약속대로 유다가 사람을 시켜 염소를 보내고 맡겼던 담보물을 찾아오려고 하지만, 그곳에는 창녀가 없었다는 소식만 듣게 된다. 어리둥절한 일이었지만, 유다는 대수롭지 않게 여긴다.

석 달이 흐르고 유다의 귀에 며느리가 임신했다는 소식이 들려온다. "그런 더러운 짓을 하다니!" 유다는 분노한다. 그리고 사람들에게 다말을 끌어내 태워 죽이라고 지시한다. 다말은 보관 중이던 담보물을 유다에게 인편으로 보내며 "이 물건들의 주인이 누구인지 알아보겠냐"고 물어보라고 한다. 물건을 본 유다는 "그는 나보다 옳도다 내가 그를 내 아들 셀라에게 주지 아니하였음이로다"라며 탄식한다. 성경은 유다가 다시는 다말과 관계를 맺지 않았다고 덧붙인다.

보아스와 룻에게서 태어날 아이에 대한 축복과 유다와 다말의 이야기와의 연관성을 보기 위해 두 이야기의 공통점을 찾아보자. 먼저 다말과 룻 둘 다 이방인이었다. 그리고 나오미와 마찬가지로 다말의 꾀가 결과적으로 메시아의 계보를 이어 나갔다. 엘리멜렉과 보아스, 메시아 셋 다 유다의 자손이다. 또 유다의 두 악한 아들이 죽음으로써 족보에 공백이 생겼다. 유다가 며느리를 셋째 아들과 혼인시켜야 하는 율법을 준수하지 않음으로 후대가 끊길 위험에 처했는데, 엘리멜렉에게도 상속자가 없었다. '허약하고 병든' 두 아들이 죽고, 유다가 다말과의 약속을 지키는 일에 협력하지 않았듯이 나오미도 스스로 협력하기를 거부했다. 대신, 다말이 매춘의 장소로 나갔듯이 룻을 타작마당, 즉 매춘의 장소로 보내는 꼼수를 썼다.

성경에서는 유다와 다말이 단 한 번의 성적 관계를 맺은 것으로 나온다. 다말에게는 시간적 여유가 많지 않았다. 보아스와 룻에게 이것도 공통점으로 적용될까? 유다와 다말이 단 한 번의 관계로 메시아의 끊어진 계보를 이었듯 보아스와 룻도 그렇게 될지는 나중에 살펴보자. 또한 '표 4 유다(다말)'를 보면 이방 여인 다말이 악한 유대인의 아들 세대를 건너뛰고 유다의 바로 밑에 선 것을 볼 수 있다. 이방 여인 룻도 말론과 기룐 세대를 건너뛰어 보아스 바로 아래에 섰는데, 이것은 매우 흥미로운 공통점이다.

또 다른 공통점도 있다. '표 4 유다(다말)'를 보면 상속자를 생산하기 위해 다말이 창녀로 가장하는 음모가 등장한다. 그런데 '표 3 야곱'에서도 라헬을 주기로 약속하고 레아를 주는 라반의 음모가 개입한다. '표 2 엘리멜렉과 보아스'에서도 나오미가 직접 가는 대신 룻을 보내 보아스를 당황케 하는 속임수가 사용되었다.

보아스와 룻에게서 태어날 아들에 관한 예언은 또 다른 각도로도 볼 수 있다. 사람들은 이 아들이 유다와 다말의 자식과 같기를 바란다고 축복했다. 그런데 다말은 쌍둥이를 낳았고, 매우 특이한 해산을 경험했다. 쌍둥이 중 하나가 태에서 나오기 전에 손을 밖으로 내밀었다. 산파는 표시를 하기 위해 태아의 손목에 붉은 실을 매달았다(이 아들이 세라이다). 그러자 손이 다시 태로 들어가고, 다른 태아가 먼저 나와 장자가 되었다(이 아들이 베레스이다).

예전에 룻기를 강의할 때, 마침 수강생 중에 산부인과 의사가 있었다. 나는 태아가 어머니의 산도를 통과할 때 어느 정도의 스트레스를 느끼는지, 특히 심장이나 뇌, 산소공급 등의 상태에 어떤 변화가 일어나는지 그에게 설명을 부탁했다. 또 전문가로서 쌍둥이 태아의 손이 나왔다가 들어가고 다른 태아가 자리를 바꿔 먼저 나오는 일을 본 적이 있는지 물었다. 그는 전체 임신기간 중 분만과정이 태아에게 가장 위험하며, 태아의 모든 신체기관이 위험에 노출된다고 하였다. 태아로서는 지내던 환경을 떠나 다른 세상으로 나오는 것이기 때문에 모든 위험요소를 상대로 촌각을 다투는 과정이라고 했다. 그리고 신체 일부가 나왔다가 순서를 바꿔 나중에 태어나는 쌍생아는 한 번도 본 적이 없다고 했다(이후에도 기회가 될 때마다 관련 전문가들에게 물어 보았지만, 그런 경우를 본 사람은 아무도 없었다).

이처럼 희귀한 현상이 의미하는 것은 장자권을 두고 어머니의 자궁에서부터 다툼이 일어났다는 사실이다. 베레스라는 이름은 '위반하다, 밀고 나오다, 세상에 퍼뜨리다, 배가시키다'[61]라는 뜻인데, 베레스는 쌍둥이 형제와의 싸움에 이김으로써 유다의 뒤를 이을, 궁극적으로는 메시아의 계보를 이을 장자권을 쟁취했다.

그렇다면 이 이야기가 보아스와 룻에게서 태어날 자식과 어떤 연관이 있을까? 이런 예언을 한 이유가 무엇일까? 우리가 이미 알기로 보아스와 룻에게는 아들이 하나밖에 없는데, 쌍둥이 형제와 무슨 상관이 있을까? 혹시 룻에게도 출산과 관련해서 예상치 못했던 반전의 해프닝이 있었던 것일까? 누군가 받기로 했던 상이 다른 사람에게 양도되는 일이 룻에게도 일어났다는 뜻일까? 겉으로 보이는 것이 다가 아닐 수도 있을까?

다음 장에서 이 아들을 만나게 될 것이다. 그가 태어날 때 어떤 놀라운 사건이 일어나는지, 또 베레스의 이름과 같은 일을 하게 되는지 살펴보자.

11장

룻이 아들을 나오미에게 주다

_룻 4:13–14

엘리멜렉 ____________

나오미 ____________

말론 ____________

기룐 ____________

오르바 ____________

룻 ____________

보아스 ____________

타작마당 ____________

기업 무를 우선권자 ____________

앞에서 보아스와 룻의 결혼에 대한 세 가지 예언적 축사를 들었다. 라헬과 레아는 둘이 함께 이스라엘의 집을 지었지만 룻은 혼자 힘으로 위대한 집을 짓고, 보아스는 에브랏과 베들레헴에서 유력하고 유명해지며, 그들의 자식은 유다와 다말의 자식과 같게 될 것이라는 축복이었다.

> 이에 보아스가 룻을 맞이하여 아내로 삼고 그에게 들어갔더니 여호와께서 그에게 임신하게 하시므로 그가 아들을 낳은지라 룻 4:13

13절에는 네 가지 중요한 사건 즉, 결혼을 하고 부부관계를 맺고 임신을 하고 출산하는 일이 일어난다. 이 사건들이 오랜 시간에 걸쳐 일어났을까, 아니면 초고속으로 연달아 일어났을까? 물론 임신으로부터 출산까지는 시간이 걸린다 해도, 첫 세 사건은 어땠을까? 성문 앞에서 보아스가 룻을 '산' 시점부터 임신하기까지 얼마나 걸렸을까? 룻이 타작마당에서 돌아왔을 때, 나오미는 이렇게 말했다. "그 사람(보아스)이 오늘 이 일을 성취하기 전에는 쉬지 아니하리라"(룻 3:18).

남편과 함께 가까운 유대인 친구의 아들 결혼식에 참석한 적이 있는데, 수백 년간 내려온 유대인의 전통을 따른 결혼식이었다. 예식이 열리는 회당에 들어서니 히브리어로 된 순서지를 나눠 주었다. 모든 순서가 낯설었다. 그때는 히브리어를 읽을 줄 모를 때였기 때문에 다른 유대인 친구가 옆에 앉아 각 순서의 내용과 의미를 설명해 주었다.

마침내 예식이 끝나고 하객들은 회당 입구에 서서 피로연장으로 들어가는 문이 열리길 기다리고 있었다. 많은 사람들이 있기엔 입구가 너무 좁았고, 피로연장으로 들어가는 문은 좀처럼 열리지 않았다. 예식과 피로연 사이에 이렇게 불필요한 시간을 둔다는 사실에 당황스러웠다. '식당에 들어가서 기다리게 하면 될 텐데, 이렇게 오래 서서 기다리게 하다니.' 나는 주최측의 실수가 분명하다고 생각했다. 그런데 이상하게도 다른 사람들은 아무렇지 않은 듯 보였다.

내 심기가 불편해 보였던지 예식이 열리는 동안 곁에서 설명을 해 주던 유대인 친구가 순서지에 있는 '기다림' 순서를 가리키며 물었다. "지금 뭐하는 시간인지 아세요?" 나는 모른다고 했다. 친구는 신랑과 신부가 결혼식 후 합법적으로 부부관계를 맺는 비밀의 방에 가 있기 때문에 그들을 기다리는 것이라고 설명해 주었다. 나는 깜짝 놀랐다. 친구는 대부분 실제로 관계를 가지지는 않지만, 그것이 오랜 전통이기 때문에 순서에 포함되어 있는 것이라고 덧붙였다.

성경을 이해하려면 그들의 풍습 안에서 내용을 파악하는 것이 무엇보다 중요하다. 유대인의 이야기를 오늘날 우리의 관점으로 이해하려고 해서는 진정한 의미를 알 수 없다. 대부분의 의미가 희석되거나 소실되어 남는 것이 없을 것이다.

룻이 보아스의 밭에 들어간 첫날부터 결혼까지 7주가 넘지 않았다. 왜냐하면 보리 수확이 시작될 무렵 룻이 이삭을 줍기 시작했고, 밀 타작이 끝날 무렵 청혼했기 때문이다. 보리와 밀 모두 '오멜 세기' 기간에 거둬들인다('표 5 유월절' 참조). 보리 수확은 유월절 직후 초실절에 시작하고, 보리 수확이 끝나면 밀을 수확하기 시작해서 두 번째로 성전순례를 떠나야 하는 오순절 안에 모든 곡식 타작이 끝난다('표 6 오순절' 참조).

룻기 2장 1절부터 4장 12절까지는 '오멜 세기' 7주 동안 일어난 사건들이다. 하지만 지금 살펴보고 있는 13절에서는 약 40주, 음력으로 10개월(10이라는 숫자가 또 등장한다)이 소요된다. 임신기간에 대해서도 우리의 표준을 적용해선 안 된다. 우리는 일반적으로 임신기간을 9개월로 보지만, 유대인들은 10개월로 본다. 유대인이 사용하는 태음력에서 한 달은 초승달이 뜰 때를 기점으로 하여 주로 28일 주기이다.[62] 임신기간은 280일, 40주이므로 태음력으로는 10개월에 해당한다. 13절에서 간단명료하게 기술한 대로, 보아스와 룻은 결혼하고 관계를 맺어 임신을 하고, 10개월 후에 아들을 낳았다.

보아스와 룻의 결혼에 대해서는 유대인 역사학자들로부터 풍성한 자료를 얻을 수 있다. 이들 자료는 룻기를 역사적으로 이해하는 데도 도움이 되지만, 룻기의 상징성을 푸는 데는 경이로울 정도로 유용하다. 예를 들어 한 역사학자의 글을 보자.

> 모압 여인에 대한 욕망과는 무관했다. 보아스는 의롭고 순결한 '비둘기'(룻)와 함께 생애의 마지막 날까지, 노구의 마지막 힘을 다해 메시아의 근원을 준비하는 거룩한 일에 헌신했다.[63]

이런 글도 있다.

> 운명의 밤, 보아스 생애의 마지막 밤, 룻의 젊음과 유다의 지혜가 룻과 보아스의 결혼으로 인해 하나가 되었다. 그날 밤, 다윗의 할아버지, 오벳이 잉태되었다.[64]

또 누군가는 이렇게 말한다.

의인 보아스는 룻과 결혼하여 오직 하룻밤을 살았다. 그는 다음날 죽었다.[65)]

그리고 어떤 학자는 다윗 왕이 죽으면서 두 가지 보물을 남겼는데, 하나는 찬양의 노래와 기도이고, 다른 하나는 다음에 소개하는 이것이라고 기록했다.

모압과 유다와 다말, 보아스와 룻을 통해 천년을 이어온 거룩한 메시아의 씨를 남겼다. 그 씨는 일곱 날의 창조의 불꽃으로 폭발할 때를 기다리고 있다. 또 모든 재주와 축복을 가졌으나 아무것도 자신의 공으로 돌리지 않고 모든 것을 하나님께 돌리는 한 가난한 남자가 나귀를 타고 오실 날을 기다리고 있다. 그는 하쉠께서 온 우주의 왕이 되실 때 온 세상을 거룩한 임재의 보호의 날개로 인도하실 것이며, 마침내 그날 하쉠과 그의 이름은 하나가 될 것이다.[66)]

앞에서 질문지를 가지고 우리 동네에 사는 랍비를 찾아갔다고 이야기했는데, 그때 랍비는 자신의 책장에 꽂혀 있던 책을 한 권 꺼내 그 책의 사용법을 설명해 주었다(오른쪽에서 왼쪽으로 읽는 책이었다). 그때 마침 펼쳐진 부분에 나온 단어가 '하쉠'HaShem이었다. 랍비는 내게 그 단어를 아느냐고 물었고, 나는 모른다고 대답했다. "히브리어로 '그 이름'을 뜻하는 말입니다. 우리는 하나님의 이름을 이렇게 부릅니다." 그들은 하나님이나 여호와, 주님 등과 같은 단어를 사용하지 않았다. 거룩한 이름을 감히 입에 올릴 자격이 없다고 여겼기 때문이다. 그들은 여호와 하나님을 ‘그 이름’이라고 불렀다.

학자들의 말에 따르면, 보아스가 룻과의 약속을 지키기 위해 치른 대가는 그의 목숨이었다. 룻이 타작마당에서 요청한 것을 들어 주기 위해 보아스는 자신의 모든 것을 바쳐야 했다. 룻은 보아스에게 기업 무를 자로서 엘리멜렉의 뒤를 이을 상속자를 낳아줌으로 가문의 종말로부터 구원해 달라고 요청했다. 보아스도 예수님과 같이 (이 유대인 학자들에 의하면) 구원을 위해 자신의 전부를 내어 놓았다.

창세기 38장에서는 “(유다가) 다시는 그(다말)를 가까이 하지 아니하였더라”고 했다. 만약 학자들의 말이 맞다면, 유다와 다말처럼 보아스와 룻도 약속의 상속자를 가질 수 있는 기회를 단 한 번 가졌을 것이다. 학자들은 결혼을 하고 얼마 지나지 않아 보아스에게 ‘치명적인’ 사건이 일어났다고 기록한다. 유대인들의 전통에 따라 그들이 결혼 서약을 마치고 곧바로 부부관계를 맺었다면, 만약 약속을 지키는 대가가 그의 목숨을 내어 놓는 것이었다면, 룻은 결혼식 날 다시 과부가 된 것이다.

우리가 보아스와 룻의 결혼식에 초대되어 피로연장으로 들어가기 전에 ‘기다림’이 끝나기를 기다리고 있다고 가정해 보자. 사람 좋기로 소문난 신랑과 젊고 아름다운 신부가 결혼한 날이라 모두들 기분 좋게 들떠 있다. 보아스가 메시아가 오실 유다 지파의 자손인지라 이스라엘 전역에 잔치 소문이 났다. 그런데 별안간 식장에 침울한 목소리가 메아리쳐 울리고 군중은 말을 잃는다. 신랑이 숨을 거두었으므로 피로연이 취소되었다는 것이다. 기쁨은 애도의 눈물로 바뀐다. 유대인의 장례식은 사후 24시간 내에 치러져야 하기에 피로연을 기다리던 하객들은 침통한 발걸음으로 묘지로 향한다.

잠시 이야기를 멈추고 신약성경에 나온 한 죽음과 장례식의 예를 찾아보자. 사도행전 5장 1-10절에 나오는 아나니아와 삽비라의 이야기다. 이들은 땅을 판 가격을 숨기기로 공모하여 거짓말을 한다. 베드로가 사실을 묻자 거짓말로 둘러댄 아나니아는 그대로 쓰러져 죽는다. 그러자 젊은이들이 천으로 시신을 싸 메고 나가 장사지낸다. 3시간 후, 아나니아의 아내 삽비라가 나타났다. 베드로가 같은 질문을 하자 그녀도 거짓말을 한다. 그러자 베드로가 말한다. "보라 네 남편을 장사하고 오는 사람들의 발이 문 앞에 이르렀으니 또 너를 메어 내가리라."

사건의 시간 구성에 주목하자. 아나니아는 아내가 장례식에 불려올 겨를도 없이 매장되었다. 삽비라는 아예 남편이 죽은 줄도 모르고 있었다. 죽자마자 장례식이 치러진 것이다. 이것을 참고로 하면 결혼식을 올리고, 임신을 하고, 남편 보아스를 땅에 묻는 사건이 현실적으로 하루 안에 일어날 수 있음을 알 수 있다. 나오미의 말을 다시 들어 보자. "그 사람이 오늘 이 일을 성취하기 전에는 쉬지 아니하리라."

잉태된 아기의 상징적 역할은 무엇일까? 아기는 보아스가 룻(과 나오미)에게 "내가 네 말대로 네게 다 행하리라"(룻 3:11)고 약속했던 선물이다. 이 언약의 아기는 보아스와 룻의 일부이자 엘리멜렉 계보의 재건을 위해 잉태되었으므로 엘리멜렉('왕권이 내게 있다')의 일부이기도 했다. 아기를 임신함으로써 룻은 엘리멜렉과 보아스와 아기, 세 명의 왕족과 세 겹의 관계를 맺게 되었으며, 모두와 연관된 위치에 서게 되었다.

상징적 영역에서 봤을 때, 교회가 예수님, 하나님과 영원히 결속되어 영구적으로 존속할 수 있도록 예수님께서 교회에게 주신 선물은 무엇일까? 그것은 교회에게 자격과 위상, 희망과 미래를 제공해 준 완벽한 선물이며, 오늘날 교회를 덮고 있는 보호막이기도 하다(나오미와 룻은 남성의 보호막을 필요로 했다). 룻이 잉태한 아기는 바로 성령님을 상징한다. 룻의 태에 잉태된 아기는 그리스도인들의 심령에 불어넣어진 성령님의 투영이다.

결혼 전 룻은 절대적 절망 속에 있었다. 적국에서 건너온 과부인 룻에게는 아무런 법률적 자격이 없었다. 고향과 일가친척을 등진 후 모압과의 유대관계도 모두 끊어졌고, 남성의 보호막을 갖지 못한 이방 여성으로서 이스라엘에 아무런 연고도 없었다. 룻처럼 '보잘것없는' 부적격자를 택하여 '왕족'의 기업을 가진 엘리멜렉과 그의 기업을 무를 보아스, 그리고 그의(두 사람 모두의) 아들과 영원한 가족이 되게 하신 하나님이 말로 다할 수 없을 정도로 놀라울 따름이다. 그런데 이것이 교회의 입장이 아니고 무엇이랴?

우리도 '결혼'과 '잉태' 전에는 비참한 절망 상태에 빠져 있었다. 아무런 희망도 없는 무자격자였다. 하지만 예수님이라는 멋진 분이 우리같이 미약한 존재의 처량함과 희망 없음을 보시고 구원하시고 회복시키시고자 기꺼이 자신의 목숨을 내놓으셨다. 예수님께서 치르신 대가와 그분이 우리에게 주신 선물로 인해 우리도 성부, 성자, 성령 삼위 하나님과 세 겹으로 하나 되었다. 우리가 받은 자리는 영원히 안전하다!

한때 절망 속에 살았지만 믿는 자가 된 후 우리가 어떻게 변화되었는지 아름답게 묘사하는 구절이 있다. 바울은 교회의 신분을 다음과 같이 설명한다.

> 그러므로 생각하라 너희는 그 때에 육체로는 이방인이요 손으로 육체에 행한 할례를 받은 무리라 칭하는 자들로부터 할례를 받지 않은 무리라 칭함을 받는 자들이라 그 때에 너희는 그리스도 밖에 있었고 이스라엘 나라 밖의 사람이라 약속의 언약들에 대하여는 외인이요 세상에서 소망이 없고 하나님도 없는 자이더니 엡 2:11-12

그리고 에베소서 2장 19-22절에서 계속된다.

> 그러므로 이제부터 너희는 외인도 아니요 나그네도 아니요 오직 성도들과 동일한 시민이요 하나님의 권속이라 너희는 사도들과 선지자들의 터 위에 세우심을 입은 자라 그리스도 예수께서 친히 모퉁잇돌이 되셨느니라 그의 안에서 건물마다 서로 연결하여 주 안에서 성전이 되어 가고 너희도 성령 안에서 하나님이 거하실 처소가 되기 위하여 그리스도 예수 안에서 함께 지어져 가느니라

바울에 의하면 이방인들은 한때 외부인이었지만, 이제 성령님이라는 선물이 우리 안에 거하시므로 하나님 나라의 시민이자 성령님의 처소가 되었다. 더 이상 이방인, 나그네가 아니며 오히려 하나님의 가족이 되었다. 우리(교회)는 하나님의 가족이 되었을 뿐 아니라 하나님의 성령께서 거하시는 성전이 되었다!

이것은 참으로 대단한 가르침이다. 현실적으로나 상징적으로나 룻과 교회는 모두 과거에는 일말의 희망과 미래가 없는 나그네이자 이방인, 절대적으로 외인에 불과했다. 하지만 은혜로, 그것도 당치 않는 은혜로 룻이 보아스와 엘리멜렉의 본질이라 할 수 있는 태아를 잉태하였듯 교회는 성부 하나님과 성자 예수님의 정수를 부여받았다. 보아스가 룻에게 준 선물은 예수님께서 교회에게 주신 선물과 정확하게 평행을 이룬다. 룻의 신분이 얼마나 확고하게 되었는지, 우리의 신분이 하나님 안에서 얼마나 안전한지 이해가 되는가?

성령께서 우리를 처소로 삼으셨다. 하나님께서 우리(교회)에게 그처럼 귀한 선물을 허락하셨다는 사실이 놀라울 정도다. 하지만 이것은 새로운 이야기가 아니다. 이스라엘 자손이 광야를 헤맬 때, 하나님께서 성막을 지으라고 하셨던 것을 기억할 것이다. 성막 안에는 언약궤를 둔 지성소라 불리는 방이 있었다. 언약궤 안에는 하나님께서 손수 율법을 새겨 넣으신 돌판이 들어 있었고, 그 위에는 하나님의 영광스런 임재가 머물러 있었다. 하나님께서는 그분의 백성 한가운데, 성막의 가장 내밀한 장소에 머물고 싶어 하셨다.

이제는 하나님께서 율법을 우리의 마음판에 새기시고, 우리의 심령을 성령님의 처소로 삼으신다. 하나님의 성전이 된 우리는 그분의 영광스러운 임재로 가득 차 있다. 하나님께서 이스라엘 백성 가운데 거하길 원하셨듯 우리 가운데 거하길 기뻐하신다.

하나님은 그분께 합당한 자리, 즉 백성들의 관심의 중심에 계시길 원하셨다. 이스라엘 자손이 이동식 장막에 살던 40년 동안 하나님도 임시장막에 사셨다는 생각을 해 본 적이 있는가? 백성이 옮겨 다니며 살았다면, 하나님도 그러셨다. 그들이 죄로 인해 40년을 방황해야 했다면, 하나님도 그들 곁에서 함께 방황하셨다. 이 사실은 오늘날 그리스도인들에게도 똑같이 적용된다. 우리가 어디를 가든 하나님은 우리의 중심에 계신다. 이것이 지금 우리가 가고 있는 여정이다. 혈육을 가진 몸은 우리의 '임시장막'이며, 하나님이 이스라엘 백성 안에 계셨듯 지금 우리 안에 계신다.

> 우리가 이 보배(성령)를 질그릇(육체)에 가졌으니 이는 심히 큰 능력은 하나님께 있고 우리에게 있지 아니함을 알게 하려 함이라 고후 4:7

지성소에는 결함이 하나 있었는데, 사람이 들어가 율법이 적힌 판을 훼손할 수 있었다. 블레셋 사람들이 언약궤를 탈취했을 때를 보라(삼상 4:10-11). 하지만 우리 안에 있는 오늘날의 지성소에는 누구도 침범하거나 내재한 율법을 빼앗아갈 수 없다. 우리는 영원히 안전하다. 오래전 예레미아 선지자는 이렇게 예언했다.

> 여호와의 말씀이니라 보라 날이 이르리니 내가 이스라엘 집과 유다 집에 새 언약을 맺으리라 이 언약은 내가 그들의 조상들의 손을 잡고 애굽 땅에서 인도하여 내던 날에 맺은 것과 같지 아니할 것은 내가 그들의 남편이 되었어도 그들이 내 언약을 깨뜨렸음이라 여호와의 말씀이니라 그러나 그 날 후에 내가 이스라엘 집과 맺을 언약은 이러하니 곧 내가 나의 법

을 그들의 속에 두며 그들의 마음에 기록하여 나는 그들의 하나님이 되고 그들은 내 백성이 될 것이라 여호와의 말씀이니라 렘 31:31-33

하나님께서 우리에게 둘도 없이 귀한 보물을 투자하셨기에 우리는 매일 든든한 '보호막'과 함께 살아간다. 막대한 값을 지불하신 만큼 하나님은 투자물을 포기하지 않으신다. 룻도 아주 귀하고 개인적인 선물을 받았다. 안전한 보호 아래 있으므로 다시는 두려워할 필요가 없다.

아기가 태어나기까지 40주간의 '여정'에 대해 성경은 아무 말도 하지 않는다. 룻은 1장 16-17절에서 어떤 경우에라도 나오미를 떠나지 않겠다고 단언했다. 나오미가 가는 곳에 가고, 나오미가 사는 곳에 살며, 나오미가 섬기는 신을 섬기고, 나오미가 죽는 곳에 함께 죽어 묻히겠다고 했다. 그리고 약속을 어길 경우 하나님께서 엄하게 다스리시길 원한다는 맹세까지 덧붙였다.

룻이 과연 서약한 대로 끝까지 약속을 지켰을까? 아니면 점차 마음이 높아져 처음에 가졌던 순수한 마음이 퇴색했을까? 나오미는 퇴위당하고 자신이 '여왕' 자리에 올랐다는 교만한 마음이 틈타기 시작했을까? 시어머니의 끊임없는 잔소리와 지시에 진력이 났을까? 지위가 달라지고 보니 나오미가 저렇게 된 것이 해야 할 일을 하지 않음으로 인한 인과응보의 결과라고 생각했을까? 정말 이건 당치 않은 생각이다. 우리가 아는 순결한 룻이 겸손함을 잃었을 리가 없다. 그런데 만약 룻이 교회를 상징하는 것이 맞다면(여기까지는 완벽하게 들어맞았다), 그 다음부터 룻(교회)이 어떻게 되었는지 우리는 너무나 잘 알고 있다.

이스라엘이 자리를 '양보'하고 우리가 접붙여진 다음 어떠했는지 교회의 역사를 확인해 보라.[67] 교회가 성령이라는 놀라운 선물을 잉태한 후 '시어머니'에 대한 태도가 어땠는지, 어떻게 이스라엘을 취급했는지 보라. 사도 바울이 새로운 위치를 갖게 된 초대교회에게 어떤 경고를 들려 주었는지 보자.

> 또한 가지(이스라엘) 얼마가 꺾이었는데 돌감람나무인 네(교회)가 그들 중에 접붙임이 되어 참감람나무 뿌리의 진액을 함께 받는 자가 되었은즉 그 가지들을 향하여 자랑하지 말라 자랑할지라도 네가 뿌리를 보전하는 것이 아니요 뿌리가 너를 보전하는 것이니라 그러면 네 말이 가지들이 꺾인 것은 나로 접붙임을 받게 하려 함이라 하리니 옳도다 그들은 믿지 아니하므로 꺾이고 너는 믿으므로 섰느니라 높은 마음을 품지 말고 도리어 두려워하라 하나님이 원 가지들도 아끼지 아니하셨은즉 너도 아끼지 아니하시리라 그러므로 하나님의 인자하심과 준엄하심을 보라 넘어지는 자들에게는 준엄하심이 있으니 너희가 만일 하나님의 인자하심에 머물러 있으면 그 인자가 너희에게 있으리라 그렇지 않으면 너도 찍히는 바 되리라 그들(이스라엘)도 믿지 아니하는 데 머무르지 아니하면 접붙임을 받으리니 이는 그들을 접붙이실 능력이 하나님께 있음이라 네가 원 돌감람나무에서 찍힘을 받고 본성을 거슬러 좋은 감람나무에 접붙임을 받았으니 원 가지인 이 사람들이야 얼마나 더 자기 감람나무에 접붙이심을 받으랴 형제들아 너희가 스스로 지혜 있다 하면서 이 신비를 너희가 모르기를 내가 원하지 아니하노니 이 신비는 이방인의 충만한 수가 들어오기까지 이

스라엘의 더러는 우둔하게 된 것이라 롬 11:17–25

바울은 자랑하지 말고(18절), 높은 마음을 품지 말며(20절), 무지해서는 안 된다고 말한다(25절). 안타깝게도 교회는 대체적으로 이 모든 항목에 대해 떳떳하지 못하다. 이렇게 교만하고 거만하며 무지한 태도로 어떻게 이스라엘을 시기 나게 할 수 있겠는가? 시기 나게 하는 것은 우월감이 아니라 마음에서 우러난 사랑, 겸손, 섬기는 마음이다. 물론 성경은 말하지 않았지만, 룻은 아기를 출산할 때까지 순결하고 온유하며 겸손한 태도를 유지했음이 분명하다.

이미 밝혔듯이 우리는 룻기를 세 가지 관점, 즉 역사적 이야기 그대로, 상징적 의미를 가진 우화로, 그리고 유대인의 3대 절기라는 시간적 기준을 토대로 보려 한다. 유대인 남성이라면 누구나 예루살렘 성전에 올라가 제사를 드려야 했던 세 번의 절기에 이야기를 대입하면, 룻기가 내포한 의미는 무한대로 도약한다. 다시 한 번 사건들을 절기와 나란히 놓아 보자.

나오미와 룻이 모압에 살다가 베들레헴 고향으로 돌아온 것은 유월절 즈음이었다(표 5). 룻은 보아스의 밭에서 7주, 혹은 50일 동안 이삭을 주웠다. 그리고 이삭줍기가 끝날 무렵 보아스를 만나기 위해 타작마당으로 갔다. 다음 날이 아마도 오순절이었을 가능성이 큰데, 근거는 수확이 모두 끝난 시점이기도 하고 모든 등장인물이 '때마침' 성안에 있었기 때문이다(표 6, 모든 일을 계획한 사람은 나오미였다. 나오미는 지혜로웠기 때문에 완벽하게 때를 맞췄다. 유대인의 관습을 잘 알았고 적절하게 활용할 줄도 알았다). 이렇게 추정하는 것이 맞다면, 보아스는 성문 앞에서 재판을 끝낸 후 새로 거둔 보리로 만든 떡 두 덩이를 들고 성전으로 올라가 소제를 드렸을 것이다(메시아닉 유대인들은 두 덩이의 떡이 이스라엘[나오미]과 교회[룻]를 상징한다고 가르친다).

제사의 의무를 다한 후 보아스는 신부를 데리고 가서 결혼식의 일부로 합법적 부부관계를 맺었다. 그는 자신의 모든 것, 최선의 선물을 줌으로써 룻(과 나오미)과의 약속을 지켰다. 모든 사건이 완벽하게 들어맞는다.

이제 3대 절기 중 두 번째인 오순절에 대해 자세히 들여다볼 텐데(표 6), 네 시대, 즉 출애굽기와 룻기, 예수님 시대와 오늘날의 유대교로 나누어 살펴보자. 유대인 남성이라면 유월절과 오순절, 초막절에는 모두 예루살렘 성전에서 제사를 드려야 하며, 이 절기들은 서로서로 연결되어 있다고 이미 이야기했다(부록의 표 5, 6, 7에 소개되어 있다. 유월절에 대해서는 본문 4장에서 다뤘다).

오순절을 히브리어로 '샤부오트'라 하는데, 이 단어는 7일을 묶어 말하는 '주'(週)를 의미한다. 또 오순절을 지칭하는 헬라어 '펜티코스트'Pentecost는 숫자 50을 의미한다. 이것은 유월절이 끝나고 꽉 찬 7주, 혹은 50일의 '오멜 세기'가 끝나는 날에 지키기 때문에 붙여진 이름으로 칠칠절이라고도 부른다.

1) 출애굽 시대[68] – 하나님께서 율법을 선물로 주셨다. 유월절과 마찬가지로 제물을 흔들어 드리는 제사인 요제(搖祭)를 드렸다. 성경에 나

오는 첫 오순절 날, 아주 특별한 요제가 드려졌다. 모세가 시내산에서 내려와 여호와 앞에서 두 개의 율법판을 흔들었다. 이 사건 후 이스라엘 백성은 세 번째 절기인 초막절 제사를 드리기까지 어떤 사건을 통과해야 했다. 그것은 바로 40년의 '여정'이었다. 그들이 가나안 땅을 염탐하고 나서 여호와께 불평하였기 때문에 약속의 땅에 들어갈 수 없었다. 당시 20세 이상이던 성인이 모두 죽고 나서야 광야에서의 여정이 끝나고, 그들은 약속의 땅에 들어가 세 번째 절기인 초막절을 지켰다.

2) **룻기 시대** – 보아스는 성전에서 두 덩이의 떡으로 요제를 드렸을 것이다. 보아스는 또 룻을 아내로 맞이하고 엘리멜렉의 후손이 될 아들을 낳아 주겠다는 약속을 이행했다. 출애굽 시대의 선물이 율법이었다면, 룻의 시대에 주어진 선물은 '약속의 아들'이다. 유대학자들은 보아스가 이 선물을 주기 위해 목숨을 잃었다고 가르친다. 룻의 여정이 끝나기까지 40주가 걸렸다. 선물에 대한 약속은 받았지만, '약속의 땅'으로 들어가기 위해서는(약속의 산물을 받기 위해서는) 생명이 태어나야 했다.

3) **예수님 시대**(교회 시대) – 역시 귀한 선물이 있었다. 사도행전 2장에 보면, 그날 예수님을 따르는 사람들이 예루살렘에 모여 있을 때 하늘로부터 급하고 강한 바람 같은 소리와 함께 성령이 충만하게 임한 사건이 나온다. 성령은 사람의 영과 혼에 새겨진 두 개의 율법판과 같다. 하나님의 율법을 내면으로 받아들인 새 피조물들이 하나님 앞에 드려진 요제 제물이며, 교회는 그 이후 계속해서 여정 가운데 있다. 언제 이 여정

이 끝이 날까? 성경은 "그날과 때는 아무도 모르나니"(마 24:36)라고 한다. 하지만 실마리는 있다. 출애굽 했던 이스라엘 자손은 40년을 떠돌았다. 그들 역시 광야생활이 끝날 때를 정확히 알지는 못했지만, 짐작은 할 수 있었다. 바로 20세 이상이던 성인이 모두 죽는 날을 계산해 보는 것이다. 마지막 한 사람이 남았을 때, 그들은 때가 가까웠음을 알았다. 물론 죽음의 때는 하나님 외엔 아무도 모른다. 룻 역시 정확한 날짜는 몰라도 대략 40주 이후라는 것을 알았다. 출애굽 한 이스라엘 백성은 죽음을 기다렸지만, 룻은 출생을 기다렸다. 출생의 시간 역시 하나님 외엔 아무도 모른다. 오늘날 교회의 여정에 관해서도 정확한 날과 시간은 모르지만, 징조가 무엇인지는 알고 있다. 어떤 예언자들은 이 시간을 출산의 고통에 비유하기도 한다. 일부 유대학자들은 메시아가 오시기까지의 여정이 40번의 희년일 것이라고 말한다.69) 그러나 휴거의 시와 때는 오직 하나님만 아신다.

4) 현대의 유대교 – 밤을 새워 토라와 룻기를 읽곤 한다. 왜 룻기를 읽는지는 분명하지 않다. 랍비의 말에 따르면, 룻이 모압의 유산을 버리고 토라를 받아들였기 때문일 가능성이 크다. 회당에서는 율법(토라)을 주신 것에 감사하는 특별예배를 드린다. 성전이 없기 때문에 요제는 드리지 않는다. 오순절로부터 초막절까지의 시간, 즉 여정의 기간에 대해서는 유대인들도 그리스도인과 마찬가지로 메시아의 오실 날을 기다리고 있다.

> 여인들이 나오미에게 이르되 찬송할지로다 여호와께서 오늘 네게 기업 무를 자가 없게 하지 아니하셨도다 이 아이의 이름이 이스라엘 중에 유명하게 되기를 원하노라 룻 4:14

여기에서부터 더이상 룻의 이름이 나오지 않는다. 15절에서 시어머니에 대한 사랑과 아들을 낳아 준 것에 대해 룻을 칭송하기는 하지만, 주요 인물로는 등장하지 않는다. 아예 무대에서 사라졌다고 보는 편이 옳다. 그와 반대로, 나오미가 다시 이야기의 전면에 등장한 이유는 무엇일까? 그리고 나오미에게 기업을 무를 아들이 생겼다고 말하는 이유는 무엇일까? 룻은 어디 갔을까? 상속자를 얻기 위해 불명예의 위험과 생명의 위협을 감수해 놓고 아무런 말 없이 사라졌다는 것이 이상하다. 자신의 모든 것을 바쳐 새 생명을 주고 간 남편에게 분명 감사함을 가지고 있었을 것이다.

그런데 갑자기 룻이 퇴장하고 나오미가 등장한 이유가 무엇일까? 상황을 갑작스럽게 전환시킨 배경이 무엇일까? 아기가 태어날 때 무슨 특별한 일이 있었을까? '누군가에게 주어질 상'이 다른 사람에게 돌아가는 사건이 일어났을까? 룻과 나오미의 갑작스러운 역할 전환이 태어날 아들이 유다와 다말의 자식과 같으리라고 했던 예언의 성취는 아니었을까?

14절에서 나오미에게 말하고 있는 여인들은 누구일까? 친척이나 이웃, 산파, 혹은 40주 전에 성문 앞에서 증인이 되었던 장로들의 부인일 수도 있다. "이 이름이 이스라엘에 유명하게 되기를 원한다"고 하는 말은 성문 앞에서 선포되었던 예언적 축복과 유사해 보인다. 신분은 모르지만, 하여튼 그들은 '오늘' 나오미에게 기업 무를 자를 주심으로써 나오미에 대한 신실한 사랑을 보여 주신 하나님을 찬송한다.

'오늘'이 언제이며, 왜 이날이 중요할까? 오늘은 아마도 아들이 태어난 날일 것이다. 나는 보아스가 아들을 잉태시키기 위해 목숨을 다했듯 룻도 아들을 낳는 중에 목숨을 잃었을 것이라고 생각한다. 룻이 산고 끝에 숨을 거둠으로 인해 급작스러운 반전이 일어난 것이다. 유다와 다말의 쌍둥이 중에 손목에 홍색 실을 맨 아들이 장자권이라는 선물을 받도록 표시된 아들이었듯이, 상을 받을 사람은 당연히 룻이었다. "룻이 죽었다는 건 너무 잔인해요. 우리가 알 수 없는 일이잖아요." 이렇게 말하는 이들도 많을 것이다. 4장으로 구성된 룻기를 성경에 나온 내용만으로 파악하려면, 풀지 못할 의문이 많이 남는다. 하지만 관점을 넓히고 영역을 확장해서 이해하면, 룻의 '죽음'은 잔인한 것이 아니라 오히려 승리이자 필수불가결한 것이다.

예수님께서 선물(성령)을 주실 때 하신 말씀을 보자.

> 내가 너희에게 실상을 말하노니 내가 떠나가는 것이 너희에게 유익이라 내가 떠나가지 아니하면 보혜사가 너희에게로 오시지 아니할 것이요 가면 내가 그를 너희에게로 보내리니 요 16:7

예수님께서 육체로 살아 계시는 한 교회는 성령이라는 선물을 받을 수 없었다. 예수님께서 비켜 주셔야 했다. 예수님께서 계속 함께 계셨더라면, 우리가 성령님께 전적인 충성과 순종을 드릴 수 없었을 것이다. 계속 남아 계셨더라면, 눈에 보이는 예수님을 좇느라 영의 눈을 사용하는 법을 배우지 못했을 것이다. 만약 룻이 계속 남아 있었다면 룻은 아들에게, 아들은 엄마인 룻에게 밀착되었을 것이다. 그런데 이것은 하나님의 계획이 아니었다. 룻의 퇴장은 절대적으로 필요했다. 이제 중요한 것은 나오미였다.

상징적 의미의 영역에서, 교회가 열렬히 기다리는 시간이 있다. 표 6에 보면 오순절 다음 여정이 시작되는데, 이것은 오직 유대인의 달력에만 정해져 있는 시간이다. 출애굽 시대에 그들의 여정은 40년이 걸렸다. 룻기에서는 40주였다. 오늘날 교회의 여정은 '만기'를 채우고 휴거하는 날까지이다. 광야를 방황하던 이스라엘 백성에게 '만기'는 마지막 사람의 죽음이었다. 룻에게 '만기'는 새 생명이 태어나는 순간이었다. 이제 바울이 설명하는 교회의 '만기'가 무엇인지 보자.

> 형제들아 너희가 스스로 지혜 있다 하면서 이 신비를 너희가 모르기를 내가 원하지 아니하노니 이 신비는 이방인의 충만한 수가 들어오기까지 이스라엘의 더러는 우둔하게 된 것이라 롬 11:25

교회도 여정을 마치기 위해서는 '만기'에 달해야 한다. 교회가 기한을 다 채우고 떠난다는 것이 정말로 슬픈 일일까? 육신이라는 성전에 주님의 성령과 율법을 당당하게 모신 자들에게는 그렇지 않다. 이것은 정작 기다릴 수 없을 정도로 기대되는 일이다!

여기서 잠깐 소개하고 싶은 이야기가 있다. 책의 초반부에 남편과 함께 메시아닉 교회가 주최하는 유월절 축제에 참석한 적이 있다고 한 것을 기억할 것이다. 그곳에 참석하기 위해서는 표를 미리 받아야 했다. 당시 나는 메시아닉 유대인들의 신학이 성경적으로 옳은지 잘 몰라서 걱정을 많이 하고 있었다. 회당에 들어서자 앤이라고 하는 유대인 여성이 반갑게 맞아주었다. 앤은 우리가 행사에 참석한다는 사실에 기뻐하며 적극적으로 도와주었다.

우리는 창문이 딸린 작은 사무실에 있었는데, 문득 영들이 하나님께 속하였는지(요일 4:1) 분별해 봐야겠다는 생각이 들었다. 그래서 앤에게 물었다. "주님이 곧 오실까요?" 그러자 앤은 아무 주저함 없이 등을 돌려 창문 앞에 서더니 커튼을 들어올렸다. 앤의 얼굴에 담긴 그리움 가득한 표정을 나는 한 번도 본 적이 없었다. 앤은 하늘을 내다보며 대답했다. "전 아침마다 그분을 기다린답니다." 의심은 단숨에 날아갔다. 예수님께서 오시는 그날은 얼마나 기쁜 날일까?

룻의 부재는 슬픈 일이 아니다. 온전히 영광스러운 일이다. 룻을 위해서도, 나오미를 위해서도 그것이 최선이다. 하나님께서는 항상 우리를 위한 최선을 원하신다. 교회가 떠난 후 어떤 일이 일어나는지 로마서 11장 25-26절을 다시 보자.

> 형제들아 너희가 스스로 지혜 있다 하면서 이 신비를 너희가 모르기를 내가 원하지 아니하노니 이 신비는 이방인의 충만한 수가 들어오기까지 이스라엘의 더러는 우둔하게 된 것이라 그리하여 온 이스라엘이 구원을 받으리라

교회의 만기(룻의 퇴장)는 이스라엘(나오미)의 완전한 회복을 가져온다.

잠시 상상력을 발동하여 보아스와 룻이 혼인서약을 실행에 옮기는 순간으로 가 보자. 두 사람이 함께 '피로연'이나 '신혼여행'을 즐길 수 없었다는 사실은 참으로 안타깝다. 룻(교회)은 결혼식의 기쁨을 누리고 사랑하는 사람과 친밀한 시간을 가질 기회를 갖지 못했다. 하지만 교회는 여정이 모두 끝나고 잔치를 즐길 수 있을 것이다. 요한은 이렇듯 아름다운 미래의 광경을 다음과 같이 그린다.

> 우리가 즐거워하고 크게 기뻐하며 그에게 영광을 돌리세 어린 양의 혼인 기약이 이르렀고 그의 아내가 자신을 준비하였으므로 그에게 빛나고 깨끗한 세마포 옷을 입도록 허락하셨으니 이 세마포 옷은 성도들의 옳은 행실이로다 하더라 천사가 내게 말하기를 기록하라 어린 양의 혼인 잔치에 청함을 받은 자들은 복이 있도다 하고 또 내게 말하되 이것은 하나님의 참되신 말씀이라 하기로 계 19:7-9

룻이 떠난 것을 슬퍼하기보다 룻과 나오미 두 사람 모두로 인해 즐거워해야 한다. 룻이 사랑하는 사람과 즐거운 시간을 보낼 때, 나오미는 드디어 자신의 기업 무를 자를 품에 안았다.

룻기 4장 14절에서 사람들은 이 아들의 이름이 이스라엘에서 유명해지기를 원한다고 축복한다. 그리고 이 아들은 정말로 유명해졌다. 이 땅에서 배출된 왕 중에서 가장 위대한 왕(다윗)의 할아버지(오벳)인데 어찌 유명하지 않았을까? 할아버지가 갖는 축복 중 하나가 손자의 할례식에서 손자를 안는 것이다(부록 '알고 있나요 11 할례' 참조). 하나님께서 "그의 마음에 맞는 사람"(삼상 13:14)이라고 하신 이의 할아버지가 된다는 것은 참으로 특별한 일이다. 어느 할아버지라도 자랑스러웠을 것이다. 나오미의 품에는 메시아의 조상이자 그 '유명한' 다윗 왕의 할아버지가 될 아들이 안겨 있다.

이 아들이 유명해지리라는 것은 실제 이야기 안에서도 놀라운 예언이지만, 상징적 영역에서는 훨씬 더 의미 깊은 예언이다. 성령이 이스라엘에서 유명해진다는 의미이기 때문이다. '온' 이스라엘이 구원을 받는 날(롬 11:26)에는 얼마나 더 유명해질까?

이 장을 끝맺기 전에 지금까지 나눈 내용을 바탕으로 그날 성문 앞에서 선포된 세 가지 예언을 마지막으로 한 번 더 살펴보고, 그 예언적 축복들이 상징적 영역에서 어떻게 성취되었는지 알아보자. 룻기 4장 11-12절에서는 1) 룻이 이스라엘의 집을 세운 라헬과 레아처럼 될 것이고, 2) 보아스가 에브랏에서 유력하고 베들레헴에서 유명하게 되며, 3) 상속자 이들이 유다와 다말의 아들인 베레스와 같게 되기를 선포했다.

1) 과연 룻이 이스라엘의 집과 견줄만한 위대한 집을 세웠으며, 그 집에도 두 '부분'이 존재하는가?

룻의 태에 잉태된 아기는 보아스가 주는 보호막이자 보증과도 같았다. 보아스는 룻이 요구하는 모든 것을 이루어 주겠노라고 약속했다. 그리고 성문 앞에서 장로들과 증인들을 향해 자신이 룻을 '사서' 엘리멜렉의 가문을 회복시키겠다고 선언했다. 이미 타작마당에서 룻에게 언약의

확답을 주었고, 법정에서 의지를 선포한 것이다.

임신기간 중에 룻을 조롱하며 비웃는 사람도 있었을 것이다. “뱃속의 아이가 딸이면 어쩌나” 하며 놀리기도 했을 것이다. ‘늙은 신랑’을 결혼과 동시에 땅에 묻었다며 수근대는 이웃도 부지기수였을 것이다. 사탄은 악랄한 거짓말과 살을 에는 참소로 룻을 넘어뜨리려 했다. 그 증거는 우리 삶 속에서도 충분히 찾을 수 있다. 마귀는 자주 우리의 믿음이 헛된 것이라고 속삭인다. “잘 믿는 건 너무 힘들어. 이렇게 사는 게 정말 가치가 있을까?” 누구나 한 번쯤은 포기하고 싶은 유혹을 받는다.

룻의 태에 맺힌 열매는 그녀의 여정을 위한 완벽한 보호막이다. 여정이 끝나는 날, 그 열매는 나오미를 위한 완벽한 보호막이 된다. 하나의 태에 들어 있는 열매가 두 여인(나오미와 룻)을 하나의 위대한 집, 엘리멜렉(전능하신 하나님)의 집으로 인도한다!

성경에서 둘이 하나가 되는 것에 대해 어떻게 이야기하는지 찾아보자.

> 이제는 전에 멀리 있던 너희(이방인)가 그리스도 예수 안에서 그리스도의 피로 가까워졌느니라 그는 우리의 화평이신지라 둘(유대인과 이방인)로 하나를 만드사 원수 된 것 곧 중간에 막힌 담을 자기 육체로 허시고 법조문으로 된 계명의 율법을 폐하셨으니 이는 이 둘로 자기 안에서 한 새 사람을 지어 화평하게 하시고 엡 2:13–15

바울은 예수님께서 희생의 값을 치르심으로 유대인과 이방인을 분리하는 담을 허무시고 둘이 하나 되게 하셨다고 말한다. 라헬과 레아가 낳은 열매들이 이스라엘의 집을 만드는(둘이 하나가 되었다) '도구'로 사용되었듯이, 룻(교회)의 아들(성령)도 나오미(온 이스라엘)가 시기 나서 다시 돌아와 가로막힌 담이 무너지고 둘이 마침내 하나 되게 하는 도구인 것이다. 바울이 예언한 대로 둘이 하나가 되어 '한 새 사람'이 되었는가? 아직은 그렇지 못하다. 하지만 하나님의 말씀은 한 치도 틀림이 없으니 분명 그날이 올 것이다.

2) 보아스(예수님)가 에브랏에서 유력하고 베들레헴에서 유명해졌을까?

보아스가 죽었는데, 어떻게 유명해질 수 있을까? 이에 대해 앞에서 기본적으로는 살펴보았지만, 상징적 의미에서 보아스를 이해하도록 도와주는 중요한 구절이 있다.

> 베들레헴 에브라다야 너는 유다 족속 중에 작을지라도 이스라엘을 다스릴 자가 네게서 내게로 나올 것이라 그의 근본은 상고에, 영원에 있느니라 미 5:2

이 구절은 예수님 시대보다 7세기 전에 쓰여졌는데, 베들레헴으로부터 한 사람이 태어날 것인데 그는 아주 먼 옛날, 태초부터 있던 사람이라는 뜻이다. 작은 마을 베들레헴에서 영원한 과거의 근원을 지닌 사람이 어떤 식으로 온다는 말일까? 정답은 '구유에 누워서'였다. 하나님의 계획을 이해할 자 누구인가? 창세부터 이미 인간의 옷을 입고 베들레헴의 구유에 태어나시며 이스라엘의 왕이 되실 것을 계획하셨다. 여기에서 말하는 이는 다름 아닌 예수님이시다.

예수님(보아스)이 이스라엘에서 유명하고 유력(힘, 군대, 강력함, 강함, 부유함, 용맹함, 존귀함)하게 된다는 예언이 성취되었을까? 슬프게도 대답은 '아니오'이다. 대부분의 유대인들은 예수님의 이름을 입에 담기도 싫어한다. 하지만 예언이 성취되는 날은 반드시 올 것이다. 이 사실을 가장 잘 보여 주는 구절이 미가서 5장 3-4절이다.

> 그러므로 여인(교회/룻)이 해산하기까지 그들을(이스라엘/나오미) 붙여 두시겠고 그 후에는 그의 형제 가운데에 남은 자가 이스라엘 자손에게로 돌아오리니 그가 여호와의 능력과 그의 하나님 여호와의 이름의 위엄을 의지하고 서서 목축하니 그들이 거주할 것이라 이제 그(메시아)가 창대하여 땅 끝까지 미치리라

미가는 '그러므로'라고 말함으로써 결론이 다음 문장에 오는 것을 강조한다. 즉, 베들레헴으로부터 영원 전부터 계시던 메시아가 나시기 때문에 다른 생명이 태어날 때까지 이스라엘 사람들을 '내버려 두신다'는 말이다. 해산을 하고 나면 유대인의 남은 자들이 이스라엘로 돌아올 것이며, 그때 주님께서 일어나 먹이시고 메시아의 이름이 땅 끝까지 위대해진다는 말이다.

미가가 말하는 이스라엘의 전체 그림을 바꿔 놓게 될 이 두 번째 해

산은 무엇을 가리킬까? 교회가 산고 끝에 출산을 한다는 의미일까? 예수님께서 떠나셔야 우리에게 보내 주실 수 있다고 하시며 '보혜사'를 선물로 주셨던 것처럼, 우리 그리스도인들도 이스라엘에게 똑같은 '아기'(성령)를 선물로 주어야 한다는 뜻이다. 예언이 아직 성취되진 않았지만, 오늘을 사는 많은 이들이 그것이 이루어지는 날을 보게 되리라 생각한다.

바울도 두 번째 해산에 대해 기록했다.

> 우리는 모든 피조물이 이제까지 신음하고 해산의 고통을 겪고 있다는 것을 압니다. 피조물만 아니라 성령의 첫 열매를 받은 우리들 자신도 속으로 신음하며 우리가 하나님의 자녀가 되는 것과 우리 몸이 구속될 것을 간절히 기다리고 있습니다. 롬 8:22-23, 쉬운성경

룻이 아들의 해산을 통해 자신의 믿음을 입증하기를 간절히 기다렸듯 교회도 그와 같은 간절함으로 기다린다.

3) 베레스는 출생 이후 어떻게 되었을까?

누군가 받아야 마땅할 상이 상황의 반전으로 인해 다른 사람에게 돌아가는 특이한 베레스의 출생과정에 대해서는 이야기했지만, 태어난 후의 삶에 대해서는 이야기하지 않았다. 베레스는 나중에 유다 지파 베레스 가문의 시조가 되었다. 보아스와 룻의 아들이 유다 지파의 머리가 된 베레스와 같게 되라고 한 축복은 매우 의미심장한 예언이었다. 그의 가문을 통해 유다 지파는 물론 이스라엘의 집 전체를 다스릴 지도자가

나오리라는 사실을 그들은 알지 못했기 때문이다. 이 아들은 엘리멜렉('내게서 왕이 나리라')의 단절된 계보를 잇고 다윗 왕의 할아버지가 되었다.

소년 다윗은 오벳 할아버지에게 달려가곤 했을 것이다. 거인 골리앗을 죽인 후에는 분명 한달음에 달려가 기쁜 소식을 전했을 것이다. 사울 왕에게 쫓기던 중에도 할아버지를 찾아가 조언을 구했을지도 모른다. 할아버지의 품은 어린 다윗에게 위로와 격려가 되었을 것이다. 유다의 왕이 되고, 이스라엘의 왕이 되고, 마침내 하나님께서 선조들에게 약속하셨던 모든 땅의 왕이 되었을 때에도 다윗은 할아버지를 찾아갔을 것이다. 밧세바를 탐하고 그의 남편 우리야를 전쟁터에서 죽게 했을 때에도 할아버지 앞에 가서 자신의 죄를 고백했을까? 하나님께서 아들 압살롬을 데려가셨을 때에도 할아버지 앞에 무릎 꿇고 울었을까?

세 가지 예언은 역사적 현실과 상징적 영역에서 놀랍게 성취되었다. 그날 성문 앞에 모인 장로와 백성들은 어떻게 이처럼 원대한 예언적 축복을 상상해 낼 수 있었을까? 사실 그것은 그들이 한 것이 아니었다. 하나님의 말씀을 성실하게 전달했을 뿐, 그들의 예언을 성취하신 분은 하나님이었다.

12장

아들이 나오미를 회복시키다

_룻 4:15-22

엘리멜렉 ____________

나오미 ____________

말론 ____________

기룐 ____________

오르바 ____________

룻 ____________

보아스 ____________

타작마당 ____________

기업 무를 우선권자 ____________

오벳 ____________

이야기가 결말로 들어서면서 배역이 하나 더 늘었다. 성령을 상징하는 오벳이 다른 배역과 나란히 자리를 잡았다. 믿는 자에게 성령은 신실한 동반자이자 보호자이며, 우리를 천국으로 안전하게 인도하는 구원자이기도 하다. 성령에 대해 예수님은 이렇게 말씀하신다.

> 내가 진실로 너희에게 이르노니 사람의 모든 죄와 모든 모독하는 일은 사하심을 얻되 누구든지 성령을 모독하는 자는 영원히 사하심을 얻지 못하고 영원한 죄가 되느니라 막 3:28-29

그러므로 우리의 마지막 등장인물은 누구보다 중요하며 존경받아 마땅하다.

룻기의 주요 배역들은 역사적 현실에서도 그렇지만, 상징적인 의미에서도 쟁쟁한 존재들이다. 하나님, 이스라엘, 사사기, 열왕기, 믿지 않는 자, 교회, 예수님, 겟세마네 동산, 율법, 성령님을 예표하는 열 가지는 과거, 현재, 미래를 통틀어 유대교와 기독교의 기본요소가 다 나온 셈이다.

룻기는 역사적 현실이자 상징성을 가진 이야기로, 유대인의 3대 절기와 병행하여 읽으면, 거대한 보물창고와 같아진다. 룻기는 보아스가 기업 무를 의무를 실행하면서부터 40주간 이어지는 이야기다. 출애굽 시대 이스라엘 자손들은 광야에서 40년을 보냈다. 그리고 오늘날 우리가 이어가고 있는 교회의 여정은 약 2천 년이 되어 간다.

각 여정마다 하나님은 특별하게 인도하셨다. 40년 동안 신발과 의복이 닳지 않도록 하시기까지 하나님께서는 이스라엘 백성을 일일이 살피셨다. 나오미와 룻에게는 약속의 아들을 통해 새로운 지위와 보호막을 주셨다. 그와 같이 하나님께서는 우리에게도 신실하시다.

모든 여정에는 고난과 시련이 있고, 그에 따르는 결과와 보상도 있다. 광야생활이 끝나고, 나오미와 룻의 여정에도 끝이 왔듯 우리의 여정도 마찬가지다. 가나안 잔치(초막절)가 광야생활을 마친 이스라엘 백성을 기다리고 약속의 아들이 나오미와 룻을 기다리고 있었듯, 참된 그리스도인을 위한 축제가 우리를 기다리고 있다. 하지만 여정을 떠난 모든 이가 축제의 장에 들어가는 것은 아니다. 예수님의 말씀을 들어 보자.

나더러 주여 주여 하는 자마다 다 천국에 들어갈 것이 아니요 마 7:21

그날, 우리는 모두 하나님 앞에 서게 된다. 우리가 하나님께 "주여, 주여" 할지라도 우리와 하나님의 관계를 증명하는 것은 입으로부터 나오는 것이 아니라 우리의 가장 깊은 곳에 쓰여진 것이다. "사람은 외모를 보거니와 나 여호와는 중심을 보느니라"(삼상 16:7). 예수님께서 피로 사신 약속이 우리의 마음판에 새겨져 있지 않으면, 다음과 같은 말을 듣게 될 것이다.

내가 너희를 도무지 알지 못하니 불법을 행하는 자들아 내게서 떠나가라 마 7:23

이제 룻기 4장의 마지막 구절들을 통해 과연 나오미가 '약속의 땅'에 들어가는지 살펴보자. 앞장에서 아기가 안전하게 태어났지만, 룻은 더 이상 등장하지 않는다는 사실을 확인했다. 이제 남은 사람은 나오미(이스라엘)와 아들(성령)이다.

> 이(아들)는 네(나오미) 생명의 회복자이며 네 노년의 봉양자라 곧 너를 사랑하며 일곱 아들보다 귀한 네 며느리가 낳은 자로다 하니라 룻 4:15

여인들의 예언은 계속된다. 그들은 나오미에게 "이 아들이 네 생명을 회복할 것이다"라고 한다. 히브리어에서 '회복하다'라는 말은 '시간을 돌리다'의 개념을 포함하고 있는데, 굳이 출발선까지는 아니더라도 궤도를 이탈한 시점으로의 회귀를 의미한다. 어떤 일이 일어나기 전 상태로 돌아가 재도전, 새로운 시작의 기회를 가질 수 있다면 얼마나 좋을까? 나오미가 받은 예언이 바로 그것이며, 이 아들이 그 일을 이루어 줄 것이다.

또 여인들은 이 아들이 "노년의 나오미를 봉양한다"고 한다. 시간이 앞으로 돌려졌다 하더라도 나오미는 여전히 노년의 삶을 살고 있고, 누군가의 봉양이 필요하다. '봉양하다'의 히브리어는 '보호하다, 지키다, 먹이다, 공급하다, 생명을 지탱하게 하다'라는 뜻이다.[70] 막 태어난 아기가 나오미를 지키고 먹이고 공급하고 지탱한다는 것은 웃기는 일이다. 하지만 이것은 놀라운 예언이다. 나오미(이스라엘)에게 왜 보호와 공급이 필요했을까? 이유는 상징적 영역에서 그들에게 7년의 시간밖에 남지 않았기 때문이다. 그때에 대해 예수님께서 하신 말씀을 보자.

> 이는 그 때에 큰 환난이 있겠음이라 창세로부터 지금까지 이런 환난이 없

었고 후에도 없으리라 마 24:21

보아스(예수님)가 준 선물인 이 아들(성령)은 나오미(이스라엘)를 보호하고 지키며, 예수님께서 예언하신 환난의 때를 지날 때까지 그녀를 먹이고 공급하며 생명을 지탱하게 할 존재이다.

그리고 여인들은 룻에 대해 언급한다. 그들은 모압 며느리가 나오미에게 베푼 사랑이 완전한 사랑이며, 그가 일곱 아들보다 낫다고 한다.

그런데 "곧 너를 사랑하며 일곱 아들보다 귀한"이라는 구절에 사용된 동사의 시제가 모두 현재형이라는 사실에 나는 몇 년을 고민했다. 룻기가 정말로 상징적 예언서가 맞다면, 룻은 이미 무대에서 사라졌는데 여전히 존재하는 것처럼 현재시제가 사용되었기 때문이다. 아무리 읽고 고민하고 기도해도 풀리지 않았다.

그러던 어느 날, 룻기를 히브리어로 다시 읽는 중에 새로운 사실이 눈에 들어왔다. 번역은 현재형이었지만, 실제 히브리어 성경에는 과거시제로 쓰여 있었다. 나의 실력이 믿을만하진 않았기 때문에 히브리어 선생님에게 전화를 걸어 이 구절에 사용된 동사의 시제에 대해 물었다. 자신의 성경을 찾아본 선생님이 대답했다. "과거시제입니다."

하나님께서는 확실하게 매듭을 지을 수 있도록 다른 경로를 통해 한 번 더 확인해 주셨다. 우리 교회에 외부 설교자가 초빙되어 왔는데, 테네시 주 멤피스에 있는 침례신학교에서 20년간 히브리학 교수를 지낸 데이빗 스키너 박사였다. 물어 보고 싶은 질문이 있었던 나는 신이 났다. 예배 후, 스키너 박사에게 질문이 있으니 이메일을 보내도 되겠냐고 물었더니 친절하게 이메일 주소를 알려 주었다.

다음날 스키너 박사에게 룻기 4장 15절에 사용된 동사의 시제에 대한 질문을 보냈다. 2007년 4월 26일에 받은 답장은 이러했다. "귀하가 지적하신 내용이 옳습니다. '너를 사랑하며'에 사용된 동사는 완료형으로 주로 과거시제로 번역합니다. '아들보다 귀한'도 앞에 나온 동사와 동일하게 번역되었다고 보면 되겠습니다. 귀하의 히브리어 실력이 전문가 수준임에 놀랐습니다." 원어 성경에 나온 대로 동사의 시제를 과거형으로 이해하면, 내용의 앞뒤가 상징적·예언적으로 일치한다.

여기에서 한 가지 더 짚고 넘어가야 할 내용이 있다. 유대인들은 장례를 치르고 나서 7일 동안 애도기간을 가지는데, 히브리어로 7일을 의미하는 단어를 사용하여 이를 '쉬바'라고 부른다. 나오미는 지금 룻의 죽음을 애도하는 쉬바를 지키고 있다. 또한 갓 출생한 아들에게 율법에 따라 할례의식을 치르고 이름을 지어주기 위해서도 7일을 기다려야 한다. 지금 나오미가 동시에 지키고 있는 두 가지 '7일'에 대해 알아보자.

유대인들에게 쉬바는 두문불출하며 고인의 죽음을 슬퍼하는 시간이다. 이 기간은 전통적으로 장례가 끝나면 곧바로 시작된다. 요셉이 아버지 야곱을 위해 쉬바를 지키는 장면이 창세기 50장 10절에 나온다.

> 그들이 요단 강 건너편 아닷 타작 마당에 이르러 거기서 크게 울고 애통하며 요셉이 아버지를 위하여 칠 일 동안 애곡하였더니

고인의 가족은 웃옷을 찢고(주로 깃이나 주머니를 찢는다) 신발을 벗고 몸

을 낮추어 이른 아침부터 해질 때까지 바닥에 앉아 있는다(겸비함의 표현이다). 외모에 신경을 쓸 때가 아니므로 머리를 빗거나 화장, 면도를 해서는 안 된다. 7일 동안 꼼짝도 못 하는 것은 아니고 집안에서는 비교적 자유롭게 다닐 수 있다. 하지만 울거나 슬퍼하며 고인을 애도하고 고인에 대한 기억을 나누거나 서로 위로하는 등 정적인 상태를 유지한다.

애도기간 중에는 일을 하거나 직장, 학교에 가지 않고 텔레비전을 보는 등의 유희활동을 하지 않는다. 음식을 만들거나 설거지도 하지 않는다. 모든 종류의 쾌락을 추구할 수 없다. 이들은 토라(성경)를 읽는 것을 일생의 가장 큰 즐거움으로 여기기 때문에 성경을 읽어서도 안 된다. 쉬바를 지키는 목적은 슬픔, 위안, 죄책감, 분노, 안타까움, 자기연민, 회한 등의 감정을 남김없이 경험하기 위함이다.[71] 삶을 일시정지 상태에 놓고 감정의 치유가 일어나도록 하는 것이다.

룻을 애도하는 쉬바가 시작됨과 동시에 또 다른 7일간의 기다림이 시작되었다. 아기가 태어나고 7일이 지난 여덟째 날에 할례의식이 행해지고 아기에게 이름을 지어줌으로써 출생이 공식화된다. 나오미가 아들을 자신의 품에 안았더라도 7일이 지나기 전까지는 모든 것이 끝나지 않았다.

나오미는 어떻게 아들을 얻은 기쁨과 룻을 잃은 슬픔을 동시에 감당했을까? 양극단의 감정을 어떻게 소화할 수 있었을까? 나오미는 쉬바를 지키며 아기를 돌봐야 했다. 애도객을 맞이하는 동시에 새로 얻은 기업 무를 자를 자랑했다. 과거에 대한 슬픔과 죄책감, 애통함과 회한으로 눈시울을 적시다가도 자신의 보호자가 되어 줄 아들의 눈망울을 들여다

보았다. 괴로움과 기쁨이 공존하는 시간, 극심한 고난의 시간이기도 했지만, 한편으론 신명나게 즐거운 시간이었다.

바로 이 지점에서 상징적 영역으로 가 보자. 7년 대환난의 때가 오자 룻(교회)은 떠나가고 홀로 남겨진 나오미(이스라엘)는 후회하고 슬퍼하며, 수치와 죄책감 가운데 회복을 꿈꾼다. 누가 이스라엘과 함께 쉬바를 지킬까? 누가 이스라엘에게 음식을 가져다줄까?(쉬바 기간에는 요리를 하지 못한다) 배고픔과 죽음, 고립과 '쓴 물', 그리고 오랜 기만의 시간으로 인해 애통해하는 이스라엘을 누가 와서 위로해 줄까? 이스라엘이 마침내 구원자의 신실하심을 선포할 때, 누가 함께 기뻐해 줄까? 이스라엘과 함께 열광해 줄 이가 누구일까? 해답은 바로 모든 것에 충분하신 성령님께 있다. 하나님의 전능하신 영께서 이스라엘을 먹이시고 위로하시고 그들과 함께 기뻐하시며, 이스라엘의 고백을 친히 들어 주실 것이다. 이스라엘은 강한 방패이자 요새, 안전한 구원자 되신 분을 품에 안게 될 것이다. 이스라엘은 혼자가 아니다.

그때는 얼마나 힘든 시간일까? 나오미도 쉽지 않았을 것이다. 소유할 자격이 없다며, 아니면 '아직' 소유할 때가 아니라며 나오미에게서 아들을 빼앗아가려는 사람이 있었을지도 모른다. 8일째가 되기 전에는 아직 모든 일이 확정되지 않았다는 것을 기억해야 한다. 이 아들은 엘리멜렉과 보아스의 기업을 모두 물려받았다. 엘리멜렉과 보아스와 오벳, 세 사람은 하나 될 때 놀라운 능력을 발휘한다. 아들이 죽는다면 무슨 소용이 있겠는가? 나오미의 처지를 생각해 보라. 아들이 없다면, 회복에 대한 희망은 사라진다. 이 아들이 없다면, 나오미는 보아스와 결혼하기 전의 룻과 다를 바 없는 이방인이다. 이 아들이 죽기라도 한다면, 엘리멜렉의 계보는 영영 끊어지고 역사에서 이름이 사라진다. 모든 일이 수포로 돌아가고, 원수가 이긴다. 나오미는 그야말로 목숨을 걸고 싸워야 한다.

무고한 어린 아들을 누군가 죽이고 싶어 한다는 것이 망상일까? 바로는 모세가 태어나기 전 이스라엘의 모든 사내아기를 죽이려 했다. 결국 이스라엘 자손을 구원하기 위해 하나님께서 예비하셨던 아들은 바로의 궁궐에서 교육을 받고 성장하게 되었다. 바로는 자신이 멸망시키려 했던 자의 손에 망하고 말았다.

예수라는 이름의 또 다른 구원자도 마찬가지다. 헤롯 왕은 가서 경배를 드리고 싶다는 거짓말과 함께 동방박사를 시켜 '그 아들'을 찾아내게 했다. 그 아들이 자신을 망하게 할 것을 알고 그를 죽이고자 했다. 이것이 사탄의 마지막 항전이다. 교회가 공중으로 들려져 주님을 영접하는 날이 얼마 남지 않은 것을 아는 사탄은 8일째, 마지막 승리의 날이 오기 전에 '아들'(성령)과 나오미(이스라엘)의 관계를 끊어 놓기 위해 주저하지 않고 극악무도한 무기를 사용할 것이다. 사탄은 이것만이 최후의 기회라는 것을 안다. 이번에도 진다면(명명백백 그러겠지만), 그는 불못, 무저갱으로 던져지고 만다. 대환난의 맹렬함은 아무리 강조해도 지나치지 않다.

여인들은 또한 룻의 사랑이 일곱 아들의 사랑보다 낫다고 칭송한다. 유대인들의 수비학에서 7은 완전함을 의미하는 숫자다. 죽어서도 나오미와 함께하겠다던 룻의 맹세(룻 1:16-17)가 얼마나 중요한지 우리는 잘 알고 있다. 하지만 시점을 현대 교회사로 옮겨, 교회가 이스라엘과 함께 서는 일이 얼마나 중요한지, 만약 교회가 갑자기 사라지면 둘의 관계가 어떻게 될지에 대해서는 잘 인식하지 못하고 있다.

최근 '60분'이라는 텔레비전 프로그램에서 유대인과 그리스도인의 관계에 대한 보고서를 방송했는데, 현재 복음주의 교회 가운데 유대인에 대한 관심이 증가 추세에 있으며 약 7천만 명의 그리스도인이 이스라엘을 후원하는 일에 동참하고 있다고 한다.[72] 이 사람들이 한꺼번에 없어진다면, 어떤 일이 생길까? 어떤 나라가, 어떤 단체가 이스라엘 곁에 남을까? 이스라엘은 어떻게 될까? 광야에서처럼 외톨이가 될까? 만약 교회가 갑자기 사라진다면, 이스라엘을 위한 유일한 도움은 하나님뿐이다. 하나님께서는 이스라엘을 위한 신실한 남편이자 보호자, 위로자, 공급자가 되기를 염원하신다. 교회가 떠나면서 성령님이라는 선물을 이스라엘에게 넘겨주면, 이스라엘은 최후의 시간을 위한 모든 준비를 마친다.

'일곱 아들보다 귀한'이라는 표현은 나오미에 대한 룻의 사랑과 헌신이 어떠했는지, 그러므로 룻의 부재가 나오미에게 어떤 의미인지 암시해 준다. 룻이 품었던 사랑의 깊이와 룻이 떠났을 때 나오미가 느낄 슬픔의 깊이, 두 극단을 동시에 내포한 표현이다. 룻이 일곱(또는 더 많은) 아들에 견줄만했다면, 룻의 종말이 나오미에게 어느 정도의 슬픔이었을지 짐작할 수 있다.

아들 하나를 떠나보내는 슬픔도 상상할 수 없는데, 일곱이라면 오죽할까? 어릴 적에 '설리반 형제의 전투'라는 흑백영화를 본 적이 있는데,

2차 세계대전에서 목숨을 잃은 다섯 형제의 실화가 배경이다. 그것은 상상의 한계를 초월한 슬픔이다. '일곱 아들보다 귀한'이라는 표현은 룻(교회)의 사랑의 깊이뿐 아니라 그 부재로 인한 표현할 길 없는 공허감을 시사한다. 7년 대환난 기간에 이스라엘이 견뎌야 할 아픔은 역사상 전례가 없을 것이라고들 한다. 과연 비교할 대상이 전무하다.

룻은 소임을 다하고 자신의 경주를 마친 후, 자신을 돌보지 않는 사랑과 신뢰, 헌신, 겸손과 순종으로 인해 승리자가 되었다. 위기의 순간에 룻이 들어가고 나오미가 비켜섰다. 40주를 신실하게 태아를 품음으로써 엘리멜렉과 보아스와 나오미를 잇는 '생명줄'을 안전하게 지켰고, 마침내 때가 되어 오래 기다리던 보물을 순산했다.

나오미가 아기를 받아 품에 품고 그의 양육자가 되니 룻 4:16

참으로 온화한 느낌을 주는 구절이다. 이제까지 스스로 행동에 나서는 일이 한 번도 없던 나오미가 드디어 아들을 받아 안는 장면이라 더욱 반갑다. 이야기의 시작부터 나오미의 삶은 텅 비어 있었다. 보아스와 며느리 룻의 목숨을 주고 얻은 귀한 선물이자 남편 엘리멜렉의 후계자가 될 아들을 품에 안았으니 얼마나 좋았을까? 참으로 비싼 값을 치른 선물이다.

우리가 알다시피 나오미(이스라엘)도 양육을 해 본 적이 있다. 정확히 말하면, 말론(사사기)을 낳았을 때와 기룐(열왕기)을 낳았을 때 두 번이다. 과거의 나오미는 어떤 '어머니'였을까? 중요한 순간을 챙기지 못했던 어머니였을까? 고지식하고 이기적인 성격에 항상 자기 방식만 고집했을까? 위신이나 체통을 중시하는 모습을 두 아들에게 물려 주었던 것은 아닐까? 통제 가능하거나 눈에 보이는 것에만 익숙하여 믿음으로 사는 (먼저 순종하고, 이해는 나중에 하는) 삶이 그녀에게는 너무 어려운 것이었는지도 모른다.

나오미는 자신과 엘리멜렉을 다시 연결해 주는 아들을 안고, 두 번째로 얻은 기회를 품에 안고, 다시는 잃어버리지 않겠노라고, 예전과 같은 실수를 저지르지 않겠노라고, 그리고 모든 사람 중에 자신을 선택해 주신 그분과 다시는 떨어지는 일이 없을 것이라고 다짐했을지도 모른다.

> 너는 네 하나님 여호와의 성민이라 여호와께서 지상 만민 중에서 너를 택하여 자기 기업의 백성으로 삼으셨느니라 신 14:2

하나님께서는 나오미(이스라엘)와 룻(교회)을 위해 놀랍도록 원대한 계획을 가지고 계신다. 우리는 섣불리 그것을 추측하려 해서는 안 된다. 나오미는 보아스의 아내가 될 수 있는 자리를 보잘것없는 이방인 룻에게 양보하여 가장 위대한 가문의 일원으로 들어오게 했다. 반대로 룻은 아들의 합법적인 어머니로서의 자리를 양보하여 보잘것없는 낙오자 나오미를 가장 위대한 가문의 일원으로 회복시켰다. 우리는 자주 실수하지만, 하나님께서는 절대 실수하지 않으신다. 이것은 하나님의 디자인이며, 하나님께서 직접 행하신다. 그러므로 감히 우리가 우쭐거리는 표정을 짓거나 교만한 태도를 보여서는 안 된다. 오직 창조주의 섭리 안에서 모든 것이 진행될 뿐이다.

나오미는 믿음으로 아기(성령)를 받아 품에 안는다. 이 행동은 아들을 감싸 자신의 중심에 놓은 다음 꼭 껴안는 것이다. 그렇다면 이런 행동이 상징하는 것은 무엇일까? 룻(교회)이 나오미(이스라엘)에게 아들을 건네주는 것은 교회가 예수님으로부터 성령을 처음 받았을 때와 같다.

사도행전 2장 1-4절에 보면 처음으로 선물을 받던 오순절 사건의 정황이 나온다.

> 오순절 날이 이미 이르매 그들이 다같이 한 곳에 모였더니 홀연히 하늘로부터 급하고 강한 바람 같은 소리가 있어 그들이 앉은 온 집에 가득하며 마치 불의 혀처럼 갈라지는 것들이 그들에게 보여 각 사람 위에 하나씩 임하여 있더니 그들이 다 성령의 충만함을 받고 성령이 말하게 하심을 따라 다른 언어들로 말하기를 시작하니라

예수님께서 예루살렘의 한 다락방에서 자신의 신부에게 신비롭고 귀한 선물을 주셨다. 신부는 마술처럼 성령에 감동되었다. 성령은 신랑과 다시 만나는 날까지 신부들을 지탱해 줄 선물이었다. 바울은 빌립보서 1장 6절에서 이렇게 말한다.

> 너희 안에서 착한 일을 시작하신 이가 그리스도 예수의 날까지 이루실 줄을 우리는 확신하노라

이 선물은 때가 이르기까지 교회를 지켜주는 보호자이자 담보, 보증서와 같다. 처음 선물(성령)을 받았을 때 이러했다면, 이 선물이 룻(교회)으로부터 나오미(이스라엘)에게 전달될 때는 어떤 모습일까? 처음 받았을 때와 같이 하늘에서 급하고 강한 바람소리가 날까?(이것이 휴거가 아닐까?) 다락방 안에 가득했듯 모든 이스라엘의 집에 가득할까? 처음 받을 때 이처럼 황홀했다면, 두 번째는 얼마나 더 멋있을까? 이스라엘의 회복에 대해 바울이 하는 말을 들어 보자.

> 형제들아 너희가 스스로 지혜 있다 하면서 이 신비를 너희가 모르기를 내가 원하지 아니하노니 이 신비는 이방인의 충만한 수가 들어오기까지 이스라엘의 더러는 우둔하게 된 것이라 그리하여 온 이스라엘이 구원을 받으리라 롬 11:25-26

예루살렘의 다락방에 성령이 임한 날, 집안 모든 사람이 구원받았다. 그렇게 교회가 시작되었다! 그런데 바울이 로마서에서 말하는 내용은 이스라엘에 새 날이 오며, 그날 모든 이스라엘의 '집'이 구원을 받는다는 것이다. 교회의 시간이 다 차면(충만한 수에 이르면), 선물이 교회에서 이스라엘로 전달되고, 모든 이스라엘은 구원을 받는다!

그때에 어떤 일이 있는지 바울의 기록을 계속 읽어 보자.

> 기록된 바 구원자가 시온에서 오사 야곱에게서 경건하지 않은 것을 돌이키시겠고 내가 그들의 죄를 없이 할 때에 그들(이스라엘)에게 이루어질 내

언약이 이것이라 함과 같으니라 복음으로 하면 그들(이스라엘)이 너희(교회)로 말미암아 원수 된 자요 택하심으로 하면 조상들로 말미암아 사랑을 입은 자라 하나님의 은사와 부르심에는 후회하심이 없느니라 너희(교회)가 전에는 하나님께 순종하지 아니하더니 이스라엘이 순종하지 아니함으로 이제 긍휼을 입었는지라 이와 같이 이 사람들(이스라엘)이 순종하지 아니하니 이는 너희에게 베푸시는 긍휼로 이제 그들도 긍휼을 얻게 하려 하심이라 하나님이 모든 사람(이스라엘과 교회)을 순종하지 아니하는 가운데 가두어 두심은 모든 사람(이스라엘과 교회)에게 긍휼을 베풀려 하심이로다 롬 11:26-32

바울의 말에 따르면, 하나님께서는 우리 모두에게 긍휼을 베푸시기 위해 우리 모두를 불순종 가운데 두신 것이다. 한때 이스라엘이 옆으로 자리를 비킴으로써 교회가 긍휼을 입었다. 그러나 때가 되면 '교회의 긍휼'로 인해 이스라엘이 다시 회복될 것이다. 이것이 하나님의 신비다. 이스라엘이 교회에게 자리를 내어 주었고, 다시 교회가 이스라엘에게 그것을 돌려준다. 룻기는 이 신비가 비밀스럽게 풀어져 있는 이야기다. 나오미가 자신을 숨겨 '무명'의 사람이 됨으로써 룻이 '유명'하게 되었다. 그리고 룻의 헌신으로 나오미는 다시 한 번 자신의 '유명'을 되찾는다.

16절은 나오미가 '그의 양육자'가 되었다고 한다. '양육하다'는 의미로 사용된 히브리어는 '바른 길로 가다, 신뢰하다, 믿다, 변함없게 되다, 확신하다'라는 뜻이다.[73] 할렐루야! 룻이 축복을 받을 수 있었던 이유(믿음)가 이제 나오미의 특질이 되었다. 나오미는 믿음으로 아들을 자신의 품 가장 깊은 곳에 안고 그의 양육자가 되었다. 나오미는 이제 믿는 자다!

> 그의 이웃 여인들이 그에게 이름을 지어 주되 나오미에게 아들이 태어났다 하여 그의 이름을 오벳이라 하였는데 그는 다윗의 아버지인 이새의 아버지였더라 룻 4:17

아기의 이름을 지어 준 것으로 미루어 보아 생후 8일째에 접어들었다. '7일'을 견디고 나오미는 '공식적으로' 아들을 얻었다.

잠시 내용에서 벗어나, 이 부분까지 원고를 읽은 한 유대인 친구가 해 준 이야기를 소개하겠다. 보아스가 결혼 직후 죽었을 것이라고 추정한 부분에 대해 친구는 회의적이었다. 나의 주장을 받아들일 근거가 없다고 생각했던 것이다. 하지만 17절을 읽고 생각이 달라졌다. 유대권에서 아기의 이름은 항상 아버지가 짓는다. 친구는 보아스가 살아 있었다면 이웃 여인들이 이름을 지어 주는 일은 없었을 것이라고 말했다(하나님께서는 이런 방식으로 확인시켜 주시곤 한다).

여인들은 나오미의 슬픔이 마침내 끝나고 공식적으로 아들을 갖게 된 축제의 날, 승리의 날에 "나오미에게 아들이 태어났다"고 선포한다. 히브리어 성경의 표현대로라면 "그는 나오미에게서 태어난 아들이다"라는 뜻이다. 이렇게 말한 데는 이유가 있다.

생모가 바뀌는 반전의 상황을 이해하는 데 친구의 이야기가 도움이 되리라 생각한다. 유대인인 이 친구는 결혼 후 아이를 하나 낳았다. 그런데 곧 이혼을 하고 다른 남자를 만나 재혼하여 전 남편에게서 낳은 아이를 데려와 키웠는데, 재혼한 남편은 아이를 친자식처럼 대했다. 그러다가 이들은 이스라엘에서 미국으로 이주했다. 아이가 열여섯 살이 되어 운전면허증을 따야 할 때가 왔다. 그런데 법적으로 입양수속을 밟지 않았기 때문에 서류에 생부의 성을 써야 한다는 사실을 뒤늦게 알게 되었다. 하지만 그들은 그동안 전혀 사용하지 않았던 생부의 성을 사용하는 것을 원치 않았다. 그래서 그들은 아이의 입양절차를 밟기 위해 국적지인 이스라엘로 갔다.

다시 미국으로 돌아온 친구는 서류를 제출하러 가는 길에 우리 집에 들렀다. "보여 줄 게 있어요." 친구는 테이블에 놓인 서류를 바라보며 말했다. 온통 히브리어로 쓰여진 문서였다. "이스라엘에서는 입양이 참 독특해요. 입양을 하면 아이의 출생신고서가 새로 발부되는데, 거기에는 입양자가 출생 시점부터 부모였던 것으로 기록되어 있어요. 법적으로 아이의 출생부터 부모였다고 말하는 거지요. 뿐만 아니라 모든 관련서류에 입양 전 부모에 대한 기록이 모두 사라지기 때문에 생물하적 부모에 대한 내용은 찾아볼 수 없게 돼요." 너무 놀란 나는 친구의 말을 제대로 이해했는지 재차 확인해야 했다. 참고로 친구는 이스라엘에서 변호사였다. 법을 잘 아는 친구였다.

나는 친구의 설명을 듣는 내내 마음속으로 환호성을 질렀다. 성경에서는 우리가 아담의 후손으로 원죄를 가지고 태어났다고 하지만, 우리는 믿음을 통해 살아 계신 하나님의 자녀가 되었다. 이때 우리에게 새 출생신고서가 나오는데, 거기에는 하늘에 계신 아버지가 처음부터 우리

아버지였다고 쓰여 있다! 할렐루야! 이런 일을 하실 수 있는 분은 오직 하나님뿐이다.

다시 17절로 돌아가자. 여인들은 아이가 마치 룻과는 아무 상관이 없다는 듯 '나오미에게서 태어난' 아들이라고 말한다. 여기에는 할례의 식과 이름 짓기 외에도 법적 입양절차가 모두 끝났다는 의미가 담겨 있다.[74] 15절에서는 이 아들을 나오미의 '생명의 회복자'라고 한다. 만약 이 아들이 나오미를 회복시키는 사람이라면, 둘 중에 누가 서열이 더 높은 사람일까? 어머니가 아들을 세워 주는 것이 아니라 아들이 어머니를 세워 주는 위치에 있다.

엘리멜렉의 족보에서 나오미의 위상이 회복되는 것은 '자신에게서 태어난 아들', 즉 엘리멜렉의 아들을 입양했기 때문이다. 이것은 참으로 심오한 이치다. 나오미가 한 번도 옆으로 비켜서지 않았던 것처럼, 처음부터 거기 있었던 것처럼 나오미의 위상을 회복시켜 주는 존재가 바로 아들이다. 아들은 보아스가 준 유일무이한 최상의 선물이다. 진정 하나님은 길이 없는 곳에 길을 만드시는 분이다.

아들에게 주어진 이름은 오벳이다. 이것은 '섬기는 자'라는 뜻이지만, 전체적인 의미로는 '여호와를 섬기는 자'에 가깝다.[75] 오벳은 룻과 나오미를 '섬겨' 그들이 스스로 할 수 없는 일을 할 수 있도록 도와준다. 오벳으로 인해 룻은 왕가의 일원이 되었고, 나오미는 엘리멜렉 가의 여왕으로서 다시 권좌에 앉았다. 오벳은 훗날 이새의 아버지가 되었고, 이새는 다윗 왕의 아버지가 되었다. 적통 왕가이다. 오벳은 메시아 계보의 존속을 가능케 한 아들이었다. 엘리멜렉의 이름은 '내게서 왕이 나리라'는 뜻이다. 다윗 왕은 현존했던 왕 중에서도 가장 위대한 왕으로 불린다. 오벳으로 인해 엘리멜렉의 이름이 성취되었다.

하지만 오벳의 영향력은 훨씬 더 멀리 미친다. 하나님께서는 다윗에게 다음과 같이 약속하셨다.

> 네 집과 네 나라가 내 앞에서 영원히 보전되고 네 왕위가 영원히 견고하리라 하셨다 삼하 7:16

이것은 다윗으로부터 나온 이가 영원히 왕위를 보전할 것이라는 예언으로, 다윗의 씨로부터 메시아가 오신다는 약속이었다. '여호와를 섬기는 자' 오벳은 이 예언이 성취되는 데 지대한 역할을 했다. 그는 이름의 의미대로 엘리멜렉과 보아스, 나오미와 룻, 그리고 모든 이스라엘의 집을 섬겼다. 이렇게 제대로 이름값을 하기도 어렵다.

상징적 영역에서, 오늘날 우리의 '오벳', 성령님은 어떠실까? 성령님도 '섬기는 자'이실까? 성령님은 예수님께서 믿는 자들에게 주신 선물이다.

> 그러나 진리의 성령이 오시면 그가 너희를 모든 진리 가운데로 인도하시리니 그가 스스로 말하지 않고 오직 들은 것을 말하며 장래 일을 너희에게 알리시리라 그가 내 영광을 나타내리니 내 것을 가지고 너희에게 알리시겠음이라 무릇 아버지께 있는 것은 다 내 것이라 그러므로 내가 말하기를 그가 내 것을 가지고 너희에게 알리시리라 하였노라 요 16:13-15

이것이 성령님이 믿음의 집에 거하는 이들을 섬기시는 방법이다. 그분은 우리를 진리 가운데로 인도하시고, (하늘에 속한 영이시기에) 들은 것을 말하시며, 우리로 미래의 일도 알게 하신다. 성령님은 예수님으로부터 받아(하나님께 있는 것이 모두 예수님의 것이기에) 우리에게 보여 주신다. 거룩하신 성령님은 완전한 '중간자'이시다. 그분은 언제나 천국에 계시며, 언제나 믿는 자들과 이 땅에 함께하신다. 그리고 하나님과 우리 사이를 조화롭게 하신다. 이런 섬김이 어디 있을까?

유대학자들은 '오벳'의 의미가 '창조주를 순전한 마음으로 섬기는 사람'이라고 가르친다.[76] 오벳(성령)이 창조주를 전심으로 섬긴다면, 그래서 지난 2천 년간 교회를 안전하고 온전하게 지켜 왔다면, 마지막 때에 이스라엘을 위해서도 그렇게 하실 것이 확실하다.

나오미는 아들을 얻고 그의 양육자가 됨으로써 원점으로 돌아왔다. 원래 왕 같은 엘리멜렉의 아내로서 미덥지 못한 두 아들을 두었지만, 남편과 아들을 모두 잃었다. 그녀는 자신의 권리를 양보하여 이방 땅에서 데려온 며느리 룻을 기업 무를 자와 결혼시켰다. 엘리멜렉의 기업 무를 자는 모두의 기대치를 넘어 이방 땅에서 온 여인뿐만 아니라 제 자리를 내어 준 여인을 위해서도 구원의 길을 열어 주었다. 마침내 룻은 여덟 째 날, 대축제의 날까지 견뎠다. 룻(교회)은 신실한 남편 보아스(예수님)와 재회하고, 또 믿기로는 나오미(이스라엘)도 엘리멜렉(하나님)과 재회하여 축제 중의 축제, 영원한 축제를 즐길 것이다. 지친 방랑자가 갈망하던 약속의 땅에 이르러 비로소 초막절의 축제를 열고 함께 즐길 것이다.

이제 예루살렘으로 순례를 떠나야 하는 세 번째 절기를 공부할 차례가 되었다. 룻기 1장 22절(이 책의 4장)에서 유월절(무교절, 초실절)을 다뤘고, 이후 50일간 모든 곡식의 수확이 끝났다. 그리고 룻기 4장 13절(이 책의 11장)에서 오순절과 그날 받은 선물에 대해 살펴보았다. 이제 세 번째이자 마지막으로 성전에서의 제사가 요구되었던 절기, 초막절이다.[77]

하나님께서는 이스라엘 백성에게 모든 작물을 추수하여 저장하면 초막절을 지키라고 명령하셨다(그래서 수장절이라고도 한다). 하지만 애굽을 떠난 백성들은 가나안에 들어가기까지 초막절을 지킬 수 없었다. 당시 20세 이상이던 성인이 모두 죽어야 가나안에 들어갈 수 있었기 때문이다. 그래서 이들은 40년 광야생활 중 초막이나 장막을 치고 살았던 때를 기억하는 절기로 지키게 되었다. 초막절은 자신들의 단점을 아시면서도 여전히 신실하게 인도하셨던 하나님을 기억하는 절기이다. 앞서 두 절기를 공부할 때와 마찬가지로 출애굽 시대, 룻기 시대, 예수님 시대, 그리고 오늘날의 유대교에 나타나는 초막절에 대해 알아보자.

1) **출애굽 시대** – 하나님께서는 가나안 땅에 들어가시 곡식을 거둔 후 매년 이 절기를 지킬 것을 명령하셨다. 이스라엘 백성은 약속의 땅[78]에 이른 후에야 광야에서의 40년을 기억하며 당시 살았던 장막 또는 초막(히브리어로 이를 수콧이라고 한다)을 짓고 절기를 지켰다. 그들은 광야에서의 여정과 하나님의 인도하심을 기념하는 시간을 갖기 위해 일상으로부터 떠나 7일간 장막에서 지내고 8일째 성회를 열었다. 이들은 약속의 선물, 즉 가나안 땅을 받고 나서야 이 명절을 지킬 수 있었다.

2) **룻기 시대** – 나오미와 룻이 자신들의 믿음을 보이고, 여러 과정을 거쳐 비로소 약속의 아들을 얻었을 때였다. 나오미는 아들이 태어난 후 7일간 일상의 삶을 중단하고 모든 것이 공식화(할례와 명명)되기를 기다렸으며, 8일째에야 원래의 위상으로 회복되었다. 이 기간은 룻을 위한 애도기간이기도 했다. 쉬바를 지키는 목적도 일상을 멈추고 우리의 실패와 실수에도 불구하고 은혜를 거두지 않으시는 하나님을 묵상하는 것이다(나오미가 동시에 경험한 두 가지 의미의 '7일'은 7년 대환난과 평행을 이룬다).

3) **예수님 시대**(교회 시대) – '이방인의 충만한 수'가 들어오는 때가 초막절이며, 그때 우리는 여기에 없다! 그때에 예수를 믿는 자들은 약속대로 아버지의 집에서 신랑과 잔치를 즐길 것이다. 그러기 위해서는 믿음의 시험을 통과하고 여정의 끝에 서야 한다. 7년간의 환난이 지나면 모든 '열매'를 거둬들이는 성회가 열린다. 우리는 유대인 형제자매들과 해후하며 전능하신 하나님의 깊고 깊은 은혜를 눈으로 보고 깨달아 알게 된다.

4) **현대의 유대교** – 매년 가을 돌아오는 7일간의 명절이다. 유대인들은 '수카'(수콧의 단수형으로 천막으로 지은 임시 처소)에서 식사를 하거나 잠을 자기도 한다. 이는 조상이 광야에서 초막 생활을 했던 것을 기념하는 관습이다. 수카는 주로 단순한 구조물의 형태로 짓는데, 특히 어린 자녀들이 있는 가정은 향기로운 잎과 과일로 화사하게 장식하기도 한다. 가족들은 함께 누워 하늘을 보며 광야생활과 가나안에 이르기까지의 여정에 대해 이야기하며 즐거운 시간을 보낸다. 초막절은 8일째 성회를 위해

회당에 모이는 날 절정에 이른다. '심카트 토라', 즉 '토라가 주는 기쁨'이라는 뜻의 축제가 열리는 이날, 회당에서는 토라의 마지막 장인 신명기 33-34장을 읽은 다음 다시 처음으로 돌아가 창세기 1장 1절-2장 3절을 읽는다. 이는 자신들이 아직 최종 목적지에 이르지 않았으므로 처음부터 다시 시작한다는 의미의 상징적 의식이다. 하지만 영광의 그날, 영원한 약속의 땅에 이르는 날이 오면 진정한 승리의 초막절 축제가 열릴 것이다. 그리고 그것은 메시아닉 유대인과 교회가 하나 되는 거룩한 성회가 될 것이다.

이스라엘 백성이 광야를 통과해야 했듯 우리에게도 여정이 있다. 그들은 매일 육체적·영적으로 걸어야 했고, 우리도 그래야 한다. 길을 떠날 때 그들은 얼마나 걸릴지 몰랐고, 우리도 모른다. 그들이 원하고 계획했던 길로 갈 수 없었듯이 우리도 마찬가지다. 그들의 여정은 '어떤 사건'(20세 이상이던 성인의 마지막 죽음)이 일어난 40년 후에야 끝이 났다. 우리도 '어떤 사건', 휴거를 기다린다. 그날, 우리도 '요단강'을 건너 그 약속의 땅에서 우리의 기업 무를 자와 초막절 잔치를 벌일 것이다. 하나님께서는 모든 믿는 자에게 천국에서의 삶을 약속하시고, 심판대에 설 때까지 우리를 인도하고 지탱해 줄 성령의 선물을 주신다.

> 베레스의 계보는 이러하니라 베레스는 헤스론을 낳고 헤스론은 람을 낳았고 람은 암미나답을 낳았고 암미나답은 나손을 낳았고 나손은 살몬을 낳았고 살몬은 보아스를 낳았고 보아스는 오벳을 낳았고 오벳은 이새를 낳고 이새는 다윗을 낳았더라 룻 4:18-22

룻기의 마지막 구절이다. 이 족보에는 세 명의 이방 여인, 즉 다말(베레스의 어머니), 라합(보아스의 어머니), 룻(오벳의 어머니)이 포함되어 있다. 예수님이 의문스러운 배경을 가진 어머니와 이방인 신부(교회)를 두신 것처럼 보아스도 출신이 의문스러운 어머니와 이방인 신부를 두었다.

앞의 구절들에는 열 명의 가장의 이름이 등장한다. 룻기에서 처음 10이라는 숫자가 등장한 것은 1장 4절, 나오미가 모압에서 지낸 세월이었다. 그때 10의 의미는 인간의 책임, 증인의 정족수, 특별한 시험이라고 했다. 이야기를 시작했으니 이제는 끝내는 것이 적절하겠다.

룻기는 한 가족의 여정이지만, 실제로는 인류의 발자취다. 우리 모두 나름의 여정을 가지고 있다. (그것을 수용하든, 안 하든) 각자 맡은 인간적 책임이 있고, (좋은 것이든, 나쁜 것이든) 증언해야 할 이야기가 있으며, (이기든, 지든) 특별한 시련도 겪는다. 하나님께서는 룻기를 통해 우리에게 인류의 과거와 현재, 미래를 엿볼 수 있게 해 주셨다. 인생의 모든 것이 룻기에 들어 있다.

타작마당이 룻에게만 주어진 것은 아니다. 우리에게도 각자 '타작마당'을 방문할 기회가 있다. 그곳에 가서, 그의 발치에 몸을 누이고, 할 말을 해야 할 책임이 우리에게 있다. 대신할 수 있는 사람도 없고, 억지로 시키는 사람도 없다. 각자의 선택이다. 주님은 우리에게 기꺼이 성령의 선물을 나눠 주신다. 부디 룻과 같이 우리의 경주를 잘 달려 하나님 앞에 서는 날 "잘하였도다 착하고 충성된 종아"(마 25:23)라고 하시는 주님의 음성을 듣게 되기를 기도한다.

룻이 특별히 귀하게 칭송받고 크나큰 복을 받을 수 있었던 이유가 나오미(이스라엘)에 대한 태도 때문이었다는 사실을 절대 잊어서는 안 된다. 룻은 여정을 떠나기 전, 이스라엘의 하나님께 죽음 외에는 아무것도 자신을 시어머니와 갈라놓지 못한다고 맹세했다. 또한 그 맹세를 다하지 못하면 하나님께서 엄하게 다스리실 것이라며 스스로 모든 책임을 졌다. 모든 사람과 구별되며 하나님의 칭찬과 측량치 못할 축복을 원한다면, 우리의 자세도 룻과 같아야 한다. 하나님께서는 교회가 이스라엘과 나란히 서서 함께 나아가기를 열망하신다. 어떤 난관과 희생과 조롱이 따를지라도 이스라엘과 굳건하게 하나 되기를 원하신다.

룻기는 우리에게 두 가지 선택을 요구한다. 첫째는 타작마당으로 가서 우리의 기업 무를 자에게 전적인 순종을 고백하는 것이고, 둘째는 이스라엘을 어떻게 대할 것인가이다. 주권자 하나님께서는 우리에게 자유의지를 주셨다. 따라서 우리가 원하는 대로 선택할 자유가 있다. 오르바처럼 합리적이며 쉽고 편한 길을 택할 수 있고, 룻처럼 불확실하고 어려우며 비합리적인 믿음의 길을 선택할 수 있다.

바울의 보석 같은 가르침으로 이 글을 마친다.

> 깊도다 하나님의 지혜와 지식의 풍성함이여 그의 판단은 헤아리지 못할 것이며 그의 길은 찾지 못할 것이로다 누가 주의 마음을 알았느냐 누가 그의 모사가 되었느냐 누가 주께 먼저 드려서 갚으심을 받겠느냐 이는 만물이 주에게서 나오고 주로 말미암고 주에게로 돌아감이라 그에게 영광이 세세에 있을지어다 아멘 롬 11:33-36

후기

룻기는 그동안 사랑 이야기로 알려져 왔고, 실제로 그렇기도 하다. 하지만 사랑 이야기이기만 할까? 그렇게만 읽는다면, 사사기와 사무엘서 사이에 끼워진 짧고 가벼운 사랑 이야기에 불과할 것이다.

모든 성경은 하나님의 감동으로 된 것으로 교훈과 책망과 바르게 함과 의로 교육하기에 유익하다(딤후 3:16). 사람은 여호와의 입에서 나오는 모든 말씀으로 산다(신 8:3). 여기서 모든 성경은 모든 성경을 뜻하며, 모든 말씀은 모든 말씀을 뜻한다.

이제 룻의 비밀이 믿는 이방인들에게도 알려졌다. 하나님의 감동으로 쓰여진 책에 그동안 이불이 덮여 있었고, 룻은 그것을 조심스럽게 들어 올려 룻기의 발을 드러냈다. 드러난 발은 이제 우리에게 새로운 빛을 따라 걷도록 도전한다. 룻기의 마지막 구절을 읽은 후 책을 덮고, 아무렇지 않은 듯 살아갈 것인가? 의로운 삶을 살기 원한다면 그럴 수 없다.

룻기는 참으로 사랑 이야기이다. 하지만 진정한 연인은 누구인가? 거기에 룻기의 비밀이 있고, 이제 모든 것이 드러났다. 오랜 세월, 변치 않는 사랑 이야기가 우리를 기다리고 있었다.

왜 이제서야 비밀이 열리고 풀어졌을까? 지금이 하나님의 때이기 때문이다. 룻의 시간이 얼마 남지 않았다. 이제 막바지에 이르렀다.

진작 '룻'으로 인해 시기하게 해야 했다(롬 11:14). 우리가 어떤 뿌리에 접붙임 되었는지(롬 11:17) 이해하고, 찍힌 가지가 감람나무에 다시 접붙임 받는 일에 동참하자(롬 11:24).

나오미가 기다린다.

각주

1) 로버트 피트만 박사의 설교 '성경에서 가장 추한 부분', 멤피스 커비 우즈 침례교회, 2002년 2월 10일.

2) 창 12:10–16; 26:1–14; 출 12:35–36.

3) 출 13:16; 신 6:8; 11:18.

4) 성구함에 들어가는 네 성경 단락은 출 13:1–10; 13:11–16; 신 6:4–9; 11:13–21이다.

5) 《The Book of Ruth》 p.63, Rabbi Meir Zlotowitz, Mesorah Publications Ltd. 1976.

6) 《NIV Study Bible》 Zondervan Bible Publishers, 1985. '사사와 왕을 합하여 40명'이라는 말은 섭정자와 단기 통치자를 제외한 27명의 연대표상의 왕과 12명의 사사, 그리고 이스라엘을 3년간 다스린 기드온의 아들 아비멜렉(삿 9:22)을 포함한 숫자이다.

7) 《The New Strong's Exhaustive Concordance of the Bible》 p.63, James Strong, Thomas Nelson Publishers, 1990.

8) 《The Book of Ruth》 p.67, Rabbi Meir Zlotowitz, Mesorah Publications Ltd., 1976.

9) 《Vine's Complete Expository Dictionary》 p.622, Thomas Nelson Publishers, 1996.

10) 《The International Standard Bible Encyclopedia》 p.560, Wm.B.Eerdman's publishing Co., 1986.

11) 《The Jerusalem Post International Division》 p.19, 이스라엘, 1997년 6월 7일자.

12) https://hubpages.com/religion-philosophy/twosisterstwonationstwoenemies

13) 《The Book of Ruth》 pp.xlviii–xlix, Rabbi Meir Zlotowitz, Mesorah Publications Ltd.,

1976.

14) 《The Interlinear NIV Hebrew-English Old Testament》 룻1:9-19, p.147, John R. Kohlenberger III, Zondervan Publishing House, 1987.

15) 《Israel, the Church and the Last Days》 pp.121, 127, 151-152, 152-153, Dan Juster & keith Intrater, Destiny Image publishers, 1990.

16) 《Our Father Abraham》 pp.12-13, 15, 40, Marvin R. Wilson, William B. Eerdmans Publishing Company, 1989.

17) 신 16:16.

18) 신 16:3-4.

19) 레 23:9-11.

20) 출 12:1-14; 레 23:5; 민 9:1-14; 28:16; 신 16:1-7.

21) 레 23:11.

22) 신 16:5.

23) 신 16:5-6에서 하나님은 유월절 제사를 아무 곳에서나 드리지 말고, 예를 들어 예루살렘처럼 당신의 이름을 두시려고 택한 장소에서 드리라고 하셨다. 룻기 시대에는 예루살렘 성전이 지어지지 않았으며, 당시 회막이 예루살렘 북쪽 실로에 있었다(수 18:1).

24) 《Great People of the Bible and how They Lived》 p.129, The Readers Digest Association, 1974.

25) 《Holman Bible Dictionary》 p.303, Holman Bible Publishers, 1991.

26) 《The New Strong's Exhaustive Concordance of the Bible》 p.238, James Strong, Thomas Nelson Publishers, 1990.

27) Ibid, p.1113.

28) 《The New Strong's Exhaustive Concordance of the Bible》 p.142, James Strong, Thomas Nelson Publishers, 1990.

29) Ibid, p.1121.

30) https://en.wikipedia.org/wiki/Timeline_of_antisemitism

31) 《The New Strong's Exhaustive Concordance of the Bible》 p.871, James Strong, Thomas Nelson Publishers, 1990.

32) 《The Wings of Refuge, The Message of Ruth》 p.100, InterVarsity Press, 1983.

33) 《The New Strong's Exhaustive Concordance of the Bible》 p.296, James Strong, Thomas Nelson Publishers, 1990.

34) 《Judaism and Christianity》 pp.3, 8, 9, 10, 28, 29, B'nai B'rith Youth Organization, 1960.

35) 《The New Strong's Exhaustive Concordance of the Bible》 p.873, James Strong, Thomas Nelson Publishers, 1990.

36) 《NIV Study Bible》 p.366, 룻 1:22, Zondervan Bible Publishers, 1985.

37) 《Holman Bible Dictionary》 p.1412, Holman Bible Publishers, 1991.

38) 《NIV Study Bible》 p.368, 룻 3:3, Zondervan Bible Publishers, 1985.

39) 《The Book of Ruth》 p.109, Rabbi Meir Zlotowitz, Mesorah Publications Ltd., 1976.

40) Ibid, p.110.

41) 《NIV Study Bible》 p.368, 룻 3:2, Zondervan Bible Publishers, 1985.

42) 《The New Strong's Exhaustive Concordance of the Bible》 p.1130, James Strong, Thomas Nelson Publishers, 1990.

43) Ibid, p.17.

44) Ibid, p.451.

45) 《NIV Study Bible》 p.368, 룻 3:9, Zondervan Bible Publishers, 1985.

46) 《The New Strong's Exhaustive Concordance of the Bible》 p.972, James Strong, Thomas Nelson Publishers, 1990.

47) 《My Utmost For His highest》 p.37, Oswald Chambers, Mead & Company Inc., 1935.

48) 《The Book of Ruth》 p.118, Rabbi Meir Zlotowitz, Mesorah Publications Ltd., 1976.

49) 《Holman Bible Dictionary》 p.378, Holman Bible Publishers, 1991.

50) http://www.jewishencyclopedia.com/articles/5297-dowry

51) 《Holman Bible Dictionary》 p.378, Holman Bible Publishers, 1991.

52) 《NIV Study Bible》 p.33, 창 19:1, Zondervan Bible Publishers, 1985.

53) 《Sacred Geography and Antiquities》 p.499, E. P. Barrows,

54) "The Counting of the Omer-Journey to Mount Sinai", http://www.jewishroots.net/holidays/shavuot-pentecost/shavuot-pentecost-holiday-page.html, http://www.hope-of-israel.org/sinailaw.html

55) 《The Book of Ruth》 p.121-122, Rabbi Meir Zlotowitz, Mesorah Publications Ltd., 1976. 《Under the Wings》 p.103, Samson Gitau, Odyssey Books, 2004. 《The Wycliffe Bible Commentary》 p.271, The Southwestern Company, 1962.

56) 《The New Strong's Exhaustive Concordance of the Bible》 p.864, James Strong, Thomas Nelson Publishers, 1990.

57) 《The Book of Ruth》 p.128, Rabbi Meir Zlotowitz, Mesorah Publications Ltd., 1976.

58) 《The New Strong's Exhaustive Concordance of the Bible》 p.105, James Strong, Thomas Nelson Publishers, 1990.

59) 《The Book of Ruth》 p.128, Rabbi Meir Zlotowitz, Mesorah Publications Ltd., 1976.

60) 《The New Strong's Exhaustive Concordance of the Bible》 p.1237, James Strong, Thomas Nelson Publishers, 1990.

61) Ibid, p.819.

62) 유대인의 달력은 모든 달을 더한다. 이것은 달의 움직임을 기준으로 하기 때문인데, 태양력의 1년은 365일이지만, 태음력으로는 1년이 354일이다. 태양력에 비해 매년 11일이 짧기 때문에 이를 보충하기 위해 매 19년마다 7번의 윤년을 두어 13번째 달을 추가로 넣어준다. The Hebrew Watchman, 2000년 3월 16일자. Hannah Tiferet Siegel.

63) 《The Book of Ruth》 pp. xxvii, Rabbi Meir Zlotowitz, Mesorah Publications Ltd., 1976.

64) Ibid, p. xliii.

65) Ibid, p. xlvi.

66) Ibid, p.lvii.

67) https://en.wikipedia.org/wiki/Timeline_of_antisemitism

68) 출 23:16; 34:22; 레 23:15-21; 민 28:26-31; 신 16:9-12 참조.

69) http://www.countdowntothemessiah.com/The_Jubilee_Code.html

70) 《The New Strong's Exhaustive Concordance of the Bible》 p.755, James Strong, Thomas Nelson Publishers, 1990.

71) Jewis Heritage Online Magazine, 2003년 7월호. www.jhom.com/topics/seven/shiva.html

72) WREG-TV "60 Minutes", 2003년 6월 8일.

73) 《The New Strong's Exhaustive Concordance of the Bible》 p.760, James Strong, Thomas Nelson Publishers, 1990.

74) 《The Wycliffe Bible Commentary》 p.272, The Southwestern Company, 1962.

75) 《NIV Study Bible》 p.370, 룻 4:17, Zondervan Bible Publishers, 1985.

76) 《The Book of Ruth》 p.135, Rabbi Meir Zlotowitz, Mesorah Publications Ltd., 1976.

77) 출 23:16; 34:22; 레 23:33-36, 39-43; 민 29:12-34; 신 16:13-15; 느 8:13-18; 슥 14:16-19.

78) 레 23:10.

부록 1

RUTH

표 1

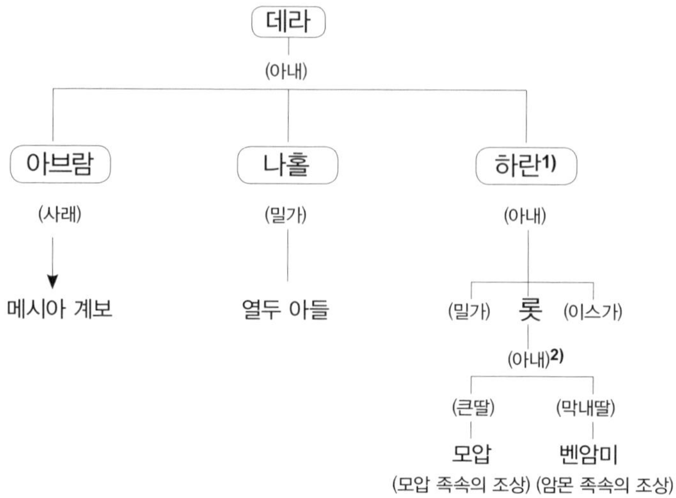

창세기 11장 26절 – 12장 4절

1) 하란은 갈대아 우르에서 죽는다. 하란이 죽은 후, 데라와 아브람, 사래와 롯은 우르를 떠나 하란 지역에 정착하는데, 거기서 데라가 죽는다. 그러자 아브람과 사래와 롯은 가나안으로 떠난다.

2) 롯의 아내는 소금기둥으로 변한다(창 19:17, 26). 오늘날까지 사해 남단에는 기괴한 형태의 소금형상이 남아 있다.

아브람은 두 번이나 사래를 자신의 여동생이라고 소개했다(창 12:13; 20:2). 대부분의 주석서에는 사래가 아브람의 이복동생이라고 나와 있다. 또 나홀은 조카 밀가와 결혼하고, 롯은 자신의 두 딸과 관계를 맺는다. 하지만 이 모든 과정 중에도 전능하신 하나님께서 다스리셨다.

표2

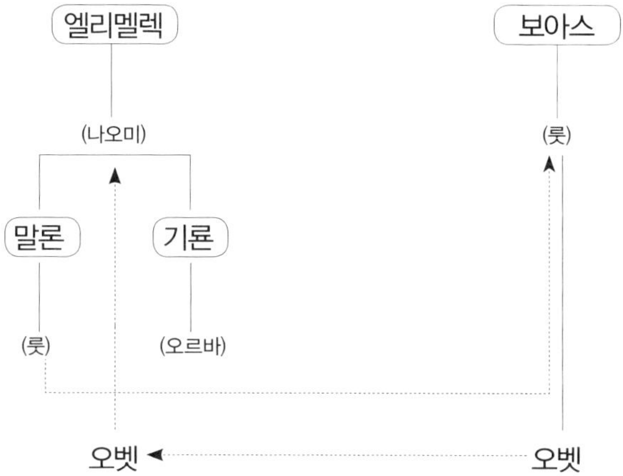

보아스의 아들이 나오미와 룻의 지위를 회복시키고 엘리멜렉의 뒤를 잇는다.

표3

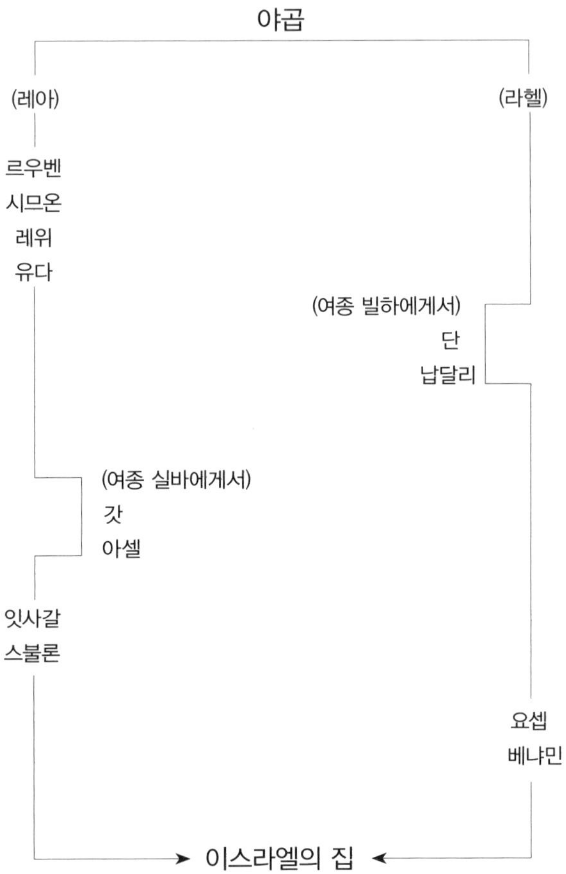

창세기 35장 23-26절(룻 4:11)

표4

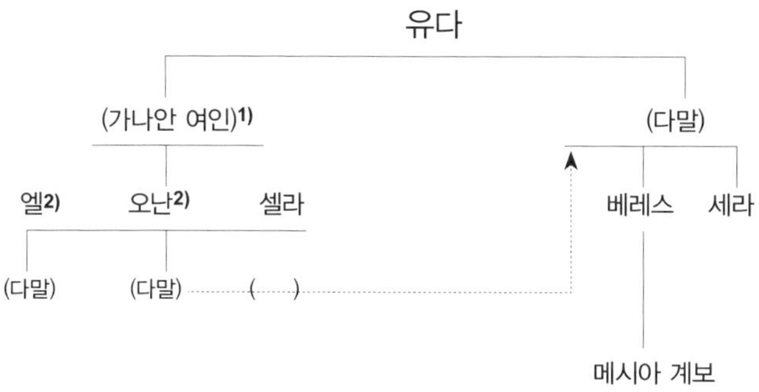

창세기 38장 1–30절

1) 유다의 아내였던 가나안 여인은 세 아들을 낳고 죽는다.

2) 성경에 의하면 엘과 오난이 악하므로 하나님께서 그들을 죽이셨다.

표5

유월절(무교절, 초실절)

첫 번째 예루살렘 성전 방문(룻 1:22 참조)

시대	첫 열매(요제)[1]	오멜 세기(7주/50일)[2]
출애굽 시대 애굽에서 첫 유월절을 맞이함	유월절 다음 일요일, 홍해를 건넘(첫 요제가 됨)	하나님과의 언약관계를 준비하는 기간
룻기 시대 성막에서 지킴	유월절 다음 일요일, 곡식단을 흔듦[3]	룻이 밭에서 언약관계를 준비하는 기간
예수님 시대 예루살렘 성전에서 지킴	유월절 다음 일요일, 부활하심, 궁극적 요제[4]	교회가 언약관계를 준비하는 기간
현대의 유대교 각 유대인 가정에서 유월절 만찬을 즐김. "내년엔 예루살렘에서"라고 외치며 예루살렘 성전의 재건을 기약함	성전이 없으므로 요제를 드리지 못함	유대인 달력으로 날짜를 헤아림

1) 요제로 드리는 제사는 항상 유월절이 지나고 안식일 이튿날 드렸다(레 23:11).

2) 오멜 세기는 과거를 정리하고 새 삶을 시작하거나 새 지도자를 맞이한다는 의미에서 방향전환의 시간이며, 언약관계를 위한 준비기간이다(레 23:15; 신 16:9).

3) 이날 보릿단을 제물로 사용하기 위해서는 70일 전에 파종해야 한다. 요제를 드리기 전에는 새로 수확한 곡식을 먹을 수 없다(레 23:14).

4) 고전 15:20.

표6

오순절(칠칠절, 맥추절)

두 번째 예루살렘 성전 방문(룻 4:13 참조)

시대	요제	여정
출애굽 시대 율법이 주어짐[1] – 언약관계	율법판을 흔듦	40년
룻기 시대 룻과의 혼인 – 언약관계	두 덩이의 떡을 흔듦[2]	40주
예수님 시대 성령이 주어짐 – 언약관계	믿는 자의 심령에 새겨진 율법판	40번째 희년(?)[3]
현대의 유대교 밤을 새워 토라와 룻기를 읽음	요제는 성전이 없으므로 드리지 못함	40번째 희년(?)[3]

오순절은 유월절로부터 7주 혹은 50일 후로, 모든 수확이 마쳤을 때이다. 유대인들에게 이날은 결혼식처럼 즐거운 날이다.

1) 확실하지는 않다. 하지만 대부분의 유대인은 율법을 받은 날이 오순절이었다고 생각한다. 유대인들은 하나님께서 율법을 주시는 날 세상에 종말이 온 것으로 생각했다(출 19:1, 11). 율법을 받은 날, 그들은 순종을 약속했으며 하나님과의 언약관계 안에 '봉인' 되었다.

2) 새로 수확한 곡식으로 만든 두 덩이의 떡을 제단 앞에서 흔들었다. 메시아닉 유대인들은 두 덩이의 떡이 유대인과 이방인을 상징한다고 믿는다.

3) 유대인은 아직 메시아를 기다리고 있다(교회는 예수님의 재림을 기다리고 있다). 일부 유대학자들은 메시아가 40번째 희년이 지나면 올 것이라고 믿는다.

표 7

초막절(장막절, 수장절)

세 번째 예루살렘 성전 방문(룻 4:17 참조)

출애굽 시대

- 광야생활을 기념하는 절기이다. 이스라엘 백성이 '약속의 땅'에 도착하기까지 지킬 수 없었다.
- 하나님께서 7일간 명절로 지키라고 명령하셨다. 광야생활 가운데 하나님께서 보여 주신 신실하심을 기억하는 시간이다.

룻기 시대

- 룻이 '약속의 아들'을 나오미에게 낳아 주었다.
- 8일째에야 모든 것이 공식화되었다(7일간의 기다림). 나오미는 룻을 위한 애도기간, 즉 7일의 쉬바를 지켜야 했다. 두 종류의 '7일' 모두 여정 가운데 하나님께서 보여 주신 신실하심에 초점이 있다.
- 8일째에 열린 축제(성회)에서 '나오미에게 아들이 태어났다'고 선포하고, 아들의 이름이 붙여지고 할례가 행해졌다. 나오미가 '약속의 선물'을 받았다.

예수님 시대

- 교회 시대는 지금 여정 가운데 있다. 믿는 자들은 약속의 성취를 기다린다. "내가 너희를 위하여 거처를 예비하러 가노니 가서 너희를 위하여 거처를 예비하면 내가 다시 와서 너희를 내게로 영접하여 나 있는 곳에 너희도 있게 하리라"(요 14:2–3).

- 이 땅 위에 7년간의 환난이 있는 동안 교회는 천국의 집을 선물로 받고 아버지의 신실하심을 기뻐하고 있을 것이다.
- 8일째에 모든 유대인과 이방인 교회가 만나 거룩한 성회를 연다.

현대의 유대교

- 7일 동안 초막을 짓고 거기에서 먹고 잠을 잔다. 초막은 조상들이 광야에서 사용했던 임시 거처를 본떠 만든 간단한 구조물로, 여러 가지 식물로 화려하게 장식해 하나님의 풍성하심을 나타낸다(레 23:41-43).
- 8일째 회당에서 성회를 연다. 아직 약속의 성취를 받지 못했으므로 기다림이 계속된다는 의미에서 율법의 마지막 장을 읽고 나서 다시 첫 장을 읽는다.

표8

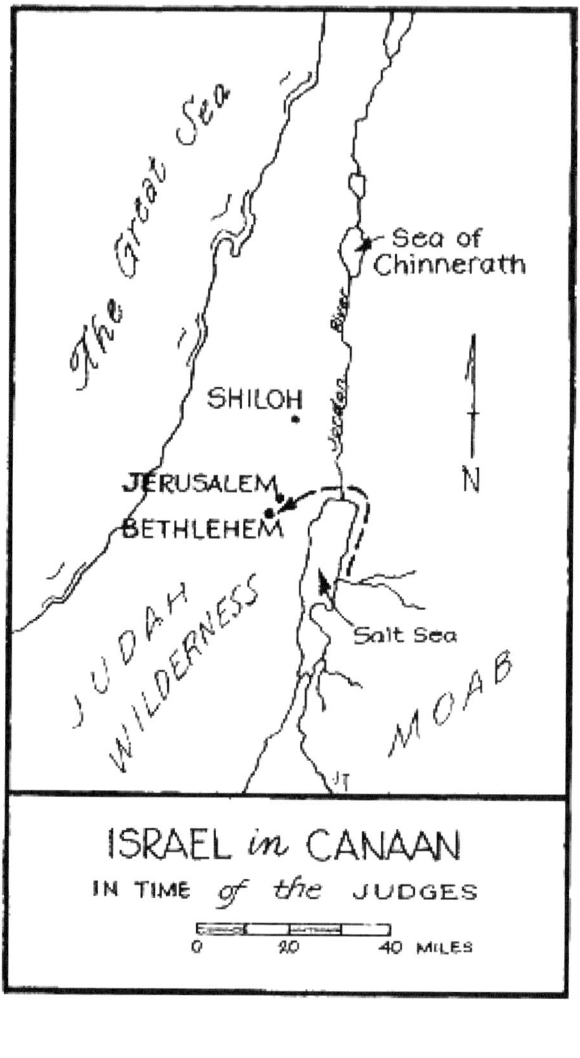
The Great Sea
Sea of Chinnerath
Jordan River
SHILOH
JERUSALEM
BETHLEHEM
N
Salt Sea
JUDAH WILDERNESS
MOAB
ISRAEL in CANAAN
IN TIME of the JUDGES
0 20 40 MILES

표9

성경에 나타난 예수님

인류 구원을 위한 하나님의 계획(구약성경)

1. 하나님은 교제를 나누시기 위해 인간을 만드셨다(시 16:11).
2. 죄로 인해 인간은 하나님과 교제를 나눌 수 없게 되었다(시 53:2-3; 전 7:20; 사 59:2). 죄는 아담과 하와로 인해 시작되었고, 아직도 진행 중이다.
3. 인간의 노력으로는 죄를 처리하지 못한다(렘 2:22; 17:9; 미 7:2-4). "우리의 의는 다 더러운 옷 같으며"(사 64:6).
4. 인간의 죄를 씻기 위해 피로 대속함이 필요하다(출 12:13; 레 16:27; 16:29-34; 17:11).
5. 하나님은 이스라엘의 메시아를 통해 인간의 죄를 대속하게 하셨다(사 52:13; 53:12; 슥 12:10).
6. 구원을 받기 위해 메시아를 영접해야 한다(시 2:12; 사 55:6-7; 슥 13:9).

메시아에 대한 하나님의 예언(구약/신약성경)

메시아의 탄생

1. 메시아의 계보(사 11:1; 마 1:6-16; 눅 3:23-32; 행 13:22-23)
2. 잉태(사 7:14; 마 1:18-25; 눅 1:26-35)

1) 이사야서 7장 14절에 사용된 '처녀'(히브리어로는 '알마' almah)라는 단어는 일반적으로 '젊은 여인'을 의미한다. 창세기 24장 43절에도 같은 단어가 사용되었는데, 여기에서는 확실히 '동정녀'를 의미한다.

2) 히브리어 '베쑬라' bethula는 원래 '동정녀'를 의미하는 단어지만, 요엘서 1장 8절에서는 그 의미로 사용되지 않았다.

3) 하나님께서 '징조'를 아하스가 아니라 '다윗의 집'에 주셨다(사 7:14).

3. 출생의 때

1) 예루살렘을 재건하라는 명령이 있고 483년이 지나 메시아가 죽임을 당한다고 했다. 주전 445년, 아닥사스다 왕이 예루살렘 재건을 명령했다. 유대력 기준으로 1년을 360일로 계산했을 때, 메시아는 주후 32년에 죽임 당하셔야 했다(단 9:24-26).

2) 메시아는 성전이 파괴되기 전에 모든 구원의 역사를 완성해야 했다. 성전은 주후 70년에 파괴되었다(단 9:26).

4. 출생의 장소

미가 선지자는 메시아가 태어날 장소로 베들레헴의 두 지명을 언급했다(미 5:2; 마 2:1; 눅 2:4-6).

메시아의 죽음

1. 십자가 사건(시 22:12-18; 마 27:34-50; 요 19:28-30)

2. 대속하심(사 53:4-6; 단 9:26; 슥 12:10; 마 26:26-28)

메시아의 부활

썩지 않고 다시 살아나심(시 16:10; 49:15; 사 53:10; 마 27:63; 행 2:27-31; 고전 15:4-6).

메시아의 정체성

1. 하나님의 아들(시 2:7; 잠 30:4; 마 3:16-17; 눅 1:32)

2. 죄가 없으신 분(사 50:5-9; 53:11; 눅 23:4; 고후 5:21; 히 9:28; 요일 3:5)

3. 하나님(사 7:14; 9:6; 63:8; 렘 23:5-6; 미 5:2; 슥 12:10; 요 1:1, 14; 10:30)

메시아의 재림

(슥 14:4-5; 계 19:9-16)

메시아의 이름

'구원 또는 구원자', 히브리어로 '예슈아' Yeshua 또는 '야샤' Yasha(사 12:2; 46:13; 59:11; 62:11; 마 1:21)

표 10

유대인의 수비학

히브리어에는 22개의 자모음(알파벳)이 있으며, 각 자모는 숫자값을 가지고 있다. 예를 들어 첫 자모 '알레프'aleph는 1을, 두 번째 '벳'bet은 2를 상징한다. 각 철자의 숫자값을 모두 더하면 단어가 가진 의미가 된다. 다음은 대표적인 숫자의 의미이다.

1. 1은 다른 정수로 나눠지지 않는다. 그러므로 나눠질 수 없는 것을 상징한다(요 17:21; 행 4:32; 엡 4:1-6).
2. 2는 믿을만한 증거 혹은 증언을 의미한다(민 14:6-8; 신 9:15; 17:6; 마 18:19-20; 계 11:3-12).
3. 3은 삼위일체의 숫자이다(전 4:12; 요일 5:7-8; 계 20:10).
4. 4는 땅과 연관이 있다. 즉 사계절, 사방위(동서남북), 땅의 네 왕국, 네 방향에서 부는 바람을 의미한다(단 2:36-45; 마 24:31; 계 7:1).
5. 5는 하나님의 은혜를 의미한다. 제단의 각 면은 5규빗이었다. 베냐민은 다른 형제들보다 다섯 배 많은 음식을 받았다. 5천 명을 먹이기 위해 다섯 덩이의 떡이 사용되었고, 다윗이 다섯 개의 조약돌을 모았다(창 43:34; 출 27:1; 삼상 17:40; 마 14:17).
6. 6은 인간을 상징하는 숫자다. 사람은 여섯 째날 창조되었다. 하나님께서는 이스라엘 백성에게 6일간 일하라고 하셨고, 이스라엘에는 여섯 개의 도피성이 있었다. 노예는 6년간 주인을 섬겼다. 숫자 '666'은 짐승의 숫자이며, 인간적 존재를 의미하기도 한다. 6은 완전수에서 1이 모자라는 숫자이며, 인간도 완전함에 미치지 못하는 존재이다(창 1:26-31; 출 35:2; 레 25:3; 민 35:13; 계 13:18).

7. 7은 완전한 수, 완성의 수로 성경에 가장 많이 등장하는 숫자이다. 하나님께서는 세상을 7일 동안 창조하셨다. 요셉은 7년의 풍년과 7년의 기근을 예언했다. 제사장 위임식은 7일 걸렸고, 제단에 피를 일곱 번 뿌렸다. 예수님은 타인을 용서하기를 일곱 번씩 일흔 번 하라고 하셨다. 계시록에는 일곱 교회, 일곱 영, 일곱 촛대, 일곱 별, 일곱 등불, 일곱 인장, 일곱 나팔, 일곱 눈, 일곱 천둥, 일곱 머리, 일곱 천사, 일곱 대접, 일곱 재앙, 일곱 산이 등장한다(창 2:2; 41:29-30; 출 29:30; 레 4:17; 마 18:21-22; 계 1:4).

8. 8은 새로운 시작을 의미한다. 노아의 방주에 여덟 명이 탔다. 아들은 태어난 지 8일째에 할례를 행했다. 예수님과 니고데모의 대화(요 3:1-8)에서 거듭남에 대한 말이 여덟 번 나온다. 8일에 한 주가 시작한다.

9. 9는 최대치, 모든 숫자의 에너지를 담고 있는 숫자로 완료, 성취, 달성, 부흥, 계시를 의미한다(창 17:1).

10. 10은 인간의 의무, 증언, 특별한 시련을 의미하며 완전함, 최종적인 것을 뜻한다. 십계명, 열 므나의 비유, 열 가지 재앙이 그 예이다(출 7-11장; 20:1-17; 눅 19:16; 계 2:10).

11. 12는 이스라엘을 상징한다. 12지파, 12사도, 요한계시록 12장에 나오는 여자(머리에 열두 별의 관을 씀), 12지파를 심판하는 열두 보좌, 144,000명의 증인(12x12=144) 등이 있다(마 19:28; 계 7:4-8).

12. 40은 근신, 거룩한 시험의 기간을 뜻한다. 노아 시대에 40일간 내린 비, 시내산에

서 모세가 지낸 40일, 광야생활 40년, 골리앗이 40일간 군대 앞에 나옴, 예수님이 40일간 시험을 받으신 것이 그 예이다(창 7:12; 출 24:18; 수 5:6; 삼상 17:16; 마 4:2).

13. 50은 성령의 숫자이다. 성령님은 예수님의 부활로부터 50일 후 오순절에 오셨다. 50은 또한 모든 빚이 탕감되고 노예가 자유케 되는 희년의 숫자다(레 25:10-11; 행 2:1-4).

14. 120은 (심판, 은혜 등의) 넘을 수 없는 한계, 한계의 끝을 나타낸다(숫자 12와 기본이 같다). 노아 시대 사람들에게 120년간 회개할 시간이 주어졌고, 다락방에서 성령을 기다린 사람의 숫자가 120명이다. 솔로몬은 12만 마리의 양(한 번에 가장 많은 제물을 드린 제사로 꼽힌다)을 바쳤고, 스바 여왕이 솔로몬에게 120달란트의 금을 가져왔다(창 6:3; 왕상 10:10; 대하 7:5; 행 1:15).

부록 2

알고 있나요?

RUTH

1. 안식일Sabbath

유대교에서 안식일은 매우 중요한 날이다. 성경은 안식일을 거룩한 날, 즉 '홀리데이'holiday로 부른다. 천지창조 때 하루가 저녁부터 시작했기 때문에 유대인들은 일몰을 하루의 시작으로 본다. 창세기 1장 5절에 이렇게 나온다.

> 하나님이 빛을 낮이라 부르시고 어둠을 밤이라 부르시니라 저녁이 되고 아침이 되니 이는 첫째 날이니라

안식일은 금요일 해질녘부터 토요일 해질녘까지다. 또한 '욤 키푸르'라고 부르는 속죄일이나 유월절과 같은 명절도 안식일로 간주한다(레 23:26-32 참조). 만약 속죄일이 수요일이라면, 그 주에는 두 번의 안식일이 있는 것이다.

일주일 중 성경에서 유일하게 고유한 이름을 가지고 있는 날이 안식일이다. 다른 날들은 안식일을 기준으로 '몇 번째 되는 날'로 부른다. 예를 들어, 안식일 다음 날, 둘째 날과 같은 식이다.

안식일에 사용하는 인사말은 "샤밧 샬롬!"인데, 이 인사말을 건넬 때 좋아하지 않는 유대인을 본 적이 없다. 직장 동료 중에 유대인이 있다면, 금요일 오후에 퇴근하면서 "샤밧 샬롬"이라고 인사해 보기 바란다. 그러면 그도 같은 말로 화답할 것이다.

다음은 출애굽기 31장 16절에 기록된 말씀이다.

이같이 이스라엘 자손이 안식일을 지켜서 그것으로 대대로 영원한 언약을 삼을 것이니

하나님은 유대인에게 안식일을 영원히 지키라고 명령하셨으며, 한 번도 이 명령을 철회하신 적이 없다(출 31:12–17).

일반적인 유대인 가정에서는 일몰 18분 전에(히브리어로 '생명'이라는 단어의 숫자값이 18이다) 주로 가장의 아내가 촛불 두 개를 켠다. 두 개의 촛불은 안식일을 기념하고 거룩하게 지키라는 하나님의 명령을 상징한다. 그들은 경건의 표시로 머리에 수건을 쓰고 촛불을 켠 다음, 두 손으로 세 번 원을 그리며 초의 향을 코로 들이마신다. 그리고 히브리어로 다음과 같이 기도문을 외운다. "우주의 주재이신 주 하나님 축복을 받으소서, 우리를 구별되게 하시며 안식의 불을 붙이도록 명령하셨도다." 이때 주로 촛불은 끄지 않고 다 타도록 둔다. 그리고 이어서 가장이 축복기도를 한다. 먼저 포도주를 들고 비슷한 내용의 기도문을 읊조리고, 다음에는 안식일에 먹는 '찰라'라는 빵을 들고 기도문을 외운다. 마지막으로 가족 구성원을 축복하는 기도를 하기도 하며, 곧 만찬을 시작한다.

유대교에서 안식일은 매우 즐겁고 기쁜 날이다. 안식일을 뜻하는 히브리어 '샤밧'은 문자적으로 '멈추다, 쉬다'라는 뜻이다. 그러므로 안식일에는 일을 해서는 안 된다. 여인들은 청소나 음식, 크고 작은 집안일들을 미리 마치고 안식일에는 편안하게 즐긴다. 한 유대인 친구는 자신의 어머니와 이모들이 항상 안식일 전에 모여 몇 시간씩 요리를 했다고 한다. 여성들은 함께할 수 있어서 즐겁고, 자녀들은 안식일의 중요성과 기쁨을 피부로 느끼며 자란다. 안식일은

특별한 날이므로, 주부들은 가장 좋은 식탁보와 식기를 꺼내 사용하곤 한다.

안식일이 되면 가족들은 함께 회당에 가는데, 주로 금요일 저녁이나 토요일 아침에 가고 이틀 다 가기도 한다. 이날은 즐겁게 지내는 날이기 때문에 만찬을 즐길 뿐 아니라 게임을 하거나 함께 토라를 읽으며 가족과 함께하는 시간을 갖는다. 부부는 친밀한 시간을 갖기도 한다.

어느 금요일 오후, 찰라 빵을 구워 친한 친구 집에 가져갔다. 앞치마를 두르고 문을 연 친구는 갓 구워온 빵을 보고 무척 반가워했다. 친구의 눈이 춤을 추듯 반짝였다. "즐거운 일이라도 있나 봐?" 내가 물었다. 친구는 해가 지는 서쪽 하늘을 바라보며 대답했다. "있고말고. 곧 안식일이 시작되잖아." 순간 마음속에 조그만 질투심이 이는 것을 느꼈다. 나에게는 그들처럼 안식일을 사랑하는 마음이 없었다.

남편과 나는 1996년에 이스라엘을 방문했다. 예루살렘에서 우리는 '코셔' 호텔에 머물렀다. 어떤 유대인들은 일의 범주를 확정할 수 없었기 때문에 안식일에 조명 스위치 끄는 일조차 하지 않으려 했다. 우리가 머물던 호텔 방에는 화장실과 침실에 불이 한꺼번에 들어오도록 하는 타이머 스위치가 달려 있었다. 이 스위치를 켜 두면 정해진 시간에 불이 켜지고 꺼졌다. 또 금요일 저녁부터 하루 동안 엘리베이터는 24시간 전자동으로 모든 층에서 문이 열리고 닫혔다. 버튼을 누르는 일조차 할 필요가 없었다.

2. 코셔Kosher

히브리어로 코셔는 '먹기에 옳은, 적합한'이란 뜻이다. 코셔에는 두 부류가 있다.

1) 성경적 코셔 – 토라의 명령대로 준수하는 사람들의 기준이다. 성경에서 깨끗하다고 기록한 음식만 먹고, 피가 들어 있는 육류는 금한다(창 9:4; 레 11장; 신 14:1–21).

2) 랍비 코셔 또는 '카쉬루트' – 전통적 코셔로 알려져 있다. 수천 년 동안 조금씩 변화해 왔기 때문에 여러 가지 복잡한 단계가 있다. 성경적 코셔의 기준을 준수함은 물론이고, 육류와 유제품을 함께 섞는 요리를 금하며 코셔 도축장에서 장만한 육류만 먹는다.

위의 두 부류에서 공통적으로 인정하는 정한 음식과 부정한 음식은 아래와 같다.

| 정한 음식 |

네 발 달린 동물(발굽이 갈라지고 되새김질 하는 동물) – 젖소, 황소, 사슴, 염소, 양

조류 – 거위, 닭, 오리, 비둘기, 메추라기, 고니, 칠면조

어류(지느러미와 비늘이 있는 어류) – 농어, 대구, 가자미, 금붕어, 숭어, 연

어, 참치

곤충류(날개와 네 다리를 가지고 뛰어다니는 곤충) – 귀뚜라미, 메뚜기, 방아깨비

| 부정한 음식 |

네 발 달린 동물 – 낙타, 고양이, 개, 말, 토끼, 다람쥐, 돼지

조류 – 박쥐, 까마귀, 독수리, 매, 타조, 올빼미

어류 – 메기, 조개, 게, 가재, 굴, 상어, 새우

곤충류 – 정하다고 분류되지 않은 모든 곤충류

소비자를 위해 코셔 기준에 따라 가공된 제품에는 인증표시가 붙어 있다. 매우 다양한 종류의 인증이 있지만 아래는 그중 일부다.

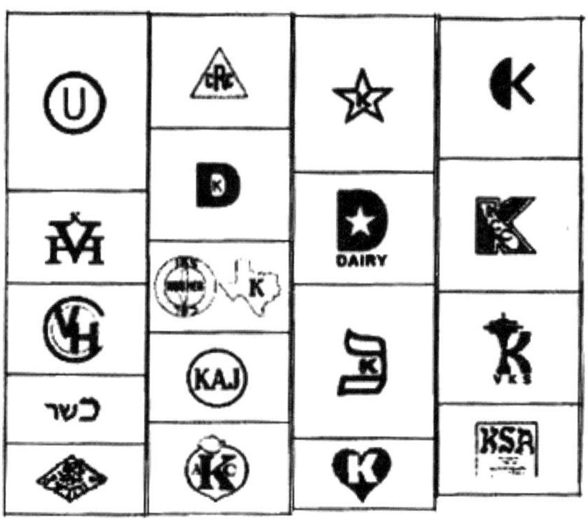

이와 같은 표시 외에도 코셔 제품에는 d, m, k-p, parve와 같은 글자를 사용하기도 한다. d는 유제품 성분이, m은 육류성분이 함유되어 있다는 표시다. k-pKosher for Passover는 유월절에 사용하기 적합한 식품이라는 표시다(유월절에는 집안에 발효제가 들어간 음식을 둘 수 없다). parve는 육류성분이나 유제품이 전혀 들어가지 않은 채식용 제품이라는 표시이다.

다음은 이와 관련된 레위기 말씀이다.

> 육체의 생명은 피에 있음이라 내가 이 피를 너희에게 주어 제단에 뿌려 너희의 생명을 위하여 속죄하게 하였나니 생명이 피에 있으므로 피가 죄를 속하느니라 레 17:11

즉, 피는 속죄를 위한 것이므로 음식으로서는 금한다는 말이다. 일부 기독교 교파에서 성찬식을 할 때 포도주를 마시는 것이 주님의 피를 마시는 것이라고 가르치는 데 대해 유대인들은 우려를 표시한다. 피를 마시는 것은 금지된 일이며, 절대 있을 수 없다고 믿기 때문이다. 포도주나 주스를 마시는 행위는 우리를 속죄하시기 위해 흘리신 예수님의 피를 우리가 받아들인다는 상징적 표현이지 진짜 예수님의 피는 아니다.

코셔인지 아닌지는 가축을 죽이는 방법에 달려 있다. 랍비 기관에서 도제 훈련을 마친 특별한 기술자가 도축한 육류만이 코셔로 인정받는다. 이들이 사용하는 칼은 극도로 날카로우며, 한 번 사용하고 나면 꼭 다시 갈아서 사용한다. 도축자의 기술이 워낙 빠르고 정확하여 가축은 고통을 전혀 느끼지 않는다. 보통 목정맥과 주변 신경을 자른 후 2-3초면 숨이 끊어진다. 하지만 심장은 계속 뛰기 때문에 몸속의 피를 강하게 뿜어낸다. 미국 농무성은 이들의 도축 방식이 워낙 위생적이고 효율적이어서 코셔 도축장들에게 여러 가지 규제를 면제해 주기도 한다.

언젠가 친한 유대인 친구에게 왜 하나님께서 새우를 먹지 못하게 하시는지 물어보았다. 그녀의 대답은 간단했다. "새우는 평생 자기 껍질 안에다 볼 일을 보지만 한 번도 청소를 안 한다는 거 알아요?" 나는 그럼 왜 돼지고기는 금지하시는지 물었다. "돼지는 뱀이든 들쥐든 파리든 아무거나 먹기 때문이지요." 그런데 다른 정통주의 유대인은 단지 하나님께서 먹지 말라고 하셨기 때문에 안 먹는 것이라고 잘라 말했다.

돼지는 멈출 줄 모르고 계속 먹기 때문에 위장에 담긴 음식의 양에 비해 위산 농도가 낮다. 그래서 기생충이나 박테리아, 바이러스나 독소가 돼지의 살로 파고 들어갈 수도 있다. 돼지는 해충과 바이러스의 온상이지만, 이것들이 돼지를 병들게 하지는 않는다. 1940년에 발표된 '농업연감'에 따르면, 돼지고기를 먹을 경우 50여 종의 질병에 감염될 수 있다고 한다. 한 유대인이 이렇게 말하는 것을 들은 적이 있다. "돼지고기 먹었다고 지옥에 가진 않겠지만, 일찍 천국에 갈 수는 있지요."

갑각류는 강이나 바다 표면에 살며 바닥을 청소하는 어류다. 말하자면 물속의 청소기와 같아서 다른 물고기가 버린 것을 먹는다. 패류와 돼지는 인간을 위해 음식공급 체계를 깨끗하게 청소해 준다는 의미에서 고마운 존재들이다.

랍비 코셔는 육류와 유제품을 섞지 않는다. 신명기 14장 21절에서 염소 새끼를 그 어미의 젖에 삶지 말라고 하셨기 때문이다. 그런 이유로 접시나 조리기구, 식기세척기는 물론 아예 부엌을 둘로 나누어 사용하는 유대인도 많다. 그들은 유제품과 육류를 분리하기 위해 대단한 주의를 기울인다.

우리가 이스라엘의 코셔 호텔에 머물 때, 그들이 얼마나 철저하게 육류와 유제품을 다루는지 확인할 수 있었다. 아침에는 일절 육류를 배제한 요구르트, 우유, 버터, 크림 등이 들어간 유제품만 제공하고, 저녁식사로 육류요리를 제공할 때는 마가린과 같은 식물성 유제품만 사용했다.

한번은 이스라엘에서 온 손님이 우리 집을 방문한 적이 있는데, 그는 코셔를 지키는 사람이었다. 그래서 고민 끝에 저녁식사로 유제품을 전혀 사용하지 않은 닭고기 요리를 준비했다. 그런데 그는 물고기나 닭처럼 어미가 새끼에게 젖을 먹이지 않는 동물을 요리할 때는 고기와 젖을 함께 사용하는 것도 무방하다고 했다(하지만 또 다른 정통주의 유대인 친구는 닭고기도 육류 범주에 들어가기 때문에 자신의 집에서는 절대 유제품과 섞어 조리하지 않는다고 말했다). 잘 모를 때는 물어보면 된다. 예의를 갖춰 질문했을 때 기분 나빠하는 유대인을 한 번도 본 적이 없다.

3. 메주자Mezuzah

유대인 가정을 방문해 보면, 히브리어로 '문설주'라는 뜻의 작은 상자, 즉 메주자가 현관문 옆에 붙어 있는 것을 볼 수 있다. 신명기 6장에서 하나님께서는 백성들에게 다음과 같이 명령하셨다.

> 이스라엘아 들으라 우리 하나님 여호와는 오직 유일한 여호와이시니 너는 마음을 다하고 뜻을 다하고 힘을 다하여 네 하나님 여호와를 사랑하라 오늘 내가 네게 명하는 이 말씀을 너는 마음에 새기고 네 자녀에게 부지런히 가르치며 집에 앉았을 때에든지 길을 갈 때에든지 누워 있을 때에든지 일어날 때에든지 이 말씀을 강론할 것이며 너는 또 그것을 네 손목에 매어 기호로 삼으며 네 미간에 붙여 표로 삼고 또 네 집 문설주와 바깥 문에 기록할지니라 신 6:4-9

신명기 6장 4절은 '들으라'는 의미의 히브리어 '쉐마'shema로 시작한다. 그래서 이 구절을 '쉐마'라고 부른다. 유대인들은 작은 양피지 두루마리의 앞면에는 쉐마와 신명기 11장 13-21절의 말씀을 적고, 뒷면에는 여호와를 부르는 이름 '샤다이'Shaddai를 쓴다. 그리고 두루마리를 돌돌 말아 샤다이의 첫 철자가 밖에서 보이도록 상자 안에 집어넣는다.

그런 후 이 상자를 문 오른편에 붙이는데, 이때 상자의 위쪽 끝이 살짝 문을 향해 기울어지도록 붙인다. 왜 비딱하게 붙이느냐고 물었더니 똑바로 세워야 할지, 가로로 눕혀야 할지 몰라서 생각해 낸 절충안이라고 했다.

그들은 메주자가 달린 문을 드나들 때마다 하나님에 대한 사랑과 그분의 명령에 대한 순종의 표시로 손으로 메주자를 만지고, 그것을 만진 손가락에 입을 맞추었다. 좀 더 정통주의 경향이 짙은 유대인들은 화장실을 제외한 모든 방문에 메주자를 달기도 한다.

한 가지 덧붙이면, 유대인들은 하나님을 지칭하는 단어를 쓸 때 모음을 쓰지 않는다. 예를 들어 하나님 혹은 주님을 쓸 때 'G-d' 혹은 'L-rd'라고 쓴다. 이는 인간으로서 거룩한 하나님의 이름을 쓸 자격이 없음을 상징적으로 표현한다. 또 말을 할 때나 하나님에 관한 글을 쓸 때에는 하나님을 '하쉠', 즉 '그 이름'이라고 부른다. 감히 하나님의 이름을 입에 올리거나 쓸 수 없다고 생각하기 때문이다.

드라마 시리즈 '스타 트렉'에서 스팍으로 출연했던 배우 레너드 니모이는 유대인이다. 스팍은 극중에서 손바닥을 들어 엄지는 펼치고 손가락을 두 개씩 붙이는 손 모양을 해보이곤 했는데, 이것은 메주자 상자에 보이는 바로 그 철자이기도 한 '쉰'shin을 형상화한 것이다. 그는 손짓으로 하나님의 이름을 상징하는 첫 글자를 만들어 하나님에 대한 경외심을 표현했다.

우주왕복선 콜롬비아호가 우주를 비행하는 동안 우리 지역 신문에는 첫 유대인 우주비행사 일란 라몬 대령이 메주자를 가지고 콜럼비아 호에 탑승했다는 기사가 실렸다(콜롬비아호는 2003년 2월 1일 지구로 귀환하던 중 비극적 최후를 맞았다).

4. 유월절

유월절은 람세스 2세 집권 당시 애굽에서 노예로 살던 이스라엘 백성이 자유를 되찾은 사건을 기념하기 위한 8일간의 축제다. 가장 기원이 오래된 유대인 명절이며, 예루살렘 성전에서 제사를 드리는 3대 절기 중 첫 번째 절기다. 유월절은 히브리어로 페삭이다.

유월절에는 '마짜'라고 하는 발효과정을 거치지 않은 빵(무교병)을 먹는다. 그리고 '하메츠'를 먹거나 집에 두는 것을 엄하게 금한다. 하메츠는 일반적으로 밀이나 보리, 귀리, 수수 등을 재료로 만든 음식이나 음료를 일컫는데, 이를 금하는 이유는 발효식품이기 때문이다. 이외에도 누룩이나 베이킹파우더, 소다와 같은 발효제도 집에 두어서는 안 된다.

성경에서 누룩은 죄를 상징한다. 그래서 유월절에는 하메츠(음식뿐만 아니라 평상시 이것을 조리한 모든 조리기구까지)를 작은 방이나 창고에 넣고 문을 잠그거나 테이프로 봉하여 접근하지 못하도록 한다. 랍비가 와서 집을 검사하기도 하는데, 검사에 통과하면 그 집을 '유월절을 위한 코셔'라고 인정해 준다. 때로는 집에 있던 하메츠를 유대인이 아닌 사람들에게 주거나 팔아서 없애기도 한다.

유월절에 관한 구절은 출애굽기 12장과 레위기 23장 4-8절에서 찾을 수 있다.

유월절 첫날밤에는 '패스오버 세데르', 즉 유월절 만찬이 열린다(일부 유대교파에서는 첫날과 둘째 날 두 번 열린다). '세데르'는 '순서'를 뜻하는 말로 보통 2-3시간에서 길게는 4-5시간까지 걸리는데, 식재료들을 이용해 조상들의 출애굽 이야기를 재현한다. 예를 들어 '마짜'는 고통의 빵을, 구운 양고기 뼈는 유월절에 드린 양의 제물을 상징하며, 구운 달걀은 성전이 무너졌을 때의 슬픔을 표현한다. 고추냉이나 '쓴 나물'은 애굽 노예생활의 고달픔을 상징하고, 잘게 썬 사과와 견과류, 계피와 포도주를 섞어 만든 '하로셋'은 노예 시절 궁전이나 피라미드를 지을 때 사용했던 회반죽을 닮아 당시의 노역을 상징한다. 또 파슬리는 애굽에서 유내인들이 먹었던 빈약한 음식을 나타낸다. 이야기에 춤과 노래를 가미하기도 하며, 모두 끝나면 누룩을 넣지 않고 정성들여 만든 음식을 먹는다.

한 유대인 친구가 가족과 함께 폴란드에 살 때 유월절이 되어 집안에 있는 하메츠를 정리했던 일을 이야기해 주었다. 친구는 어머니와 함께 선반에 있던 하메츠를 모두 챙겨 다락방에 넣었다. 그러면 친구의 아버지는 비(非)유대인 지인에게 연락해 유월절 명절 8일 동안 그 방을 사 달라고 부탁했다. 그 다락방이 지인의 소유이므로 그들의 집에는 하메츠가 전혀 없는 것이 되었다. 이 계약은 법적으로 유효했다.

또 다른 친구는 평상시에 사용했던 식기를 유월절에 사용할 수 없었기 때문에(하메츠를 담았던 식기이기 때문에) 매년 식기를 새로 구입했다. 식기는 쓰다 보면 이가 나가기도 하기 때문에, 새 식기를 장만할 수 있는 좋은 핑곗거리가 되었다. 특별히 유월절에만 사용할 조리기구를 따로 장만해 두는 이들도 많다.

한 메시아닉 유대인 친구는 하나님이 집안에 있는 누룩을 모두 치우라고 하신 이유가 너무 궁금했다. 그래서 직접 이유를 찾아보기로 작정하고 직장에서 일주일 휴가를 얻어 누룩이 들어간 모든 물건을 집에서 치우기 시작했다. 냉

장고 안을 정리하고, 냉장고의 뒤쪽까지 닦아냈다. 식품을 저장했던 모든 공간을 뒤집어엎고, 이쑤시개로 찬장 구석에 난 틈새까지 꼼꼼하게 살펴 부스러기를 털어냈다. 정말 지루한 과정이었지만, 청소를 다 마치고 나서야 왜 하나님이 그런 명령을 내리셨는지 이해했다. 하나님은 인간의 노력으로는 누룩(죄의 상징)이 들어간 티끌을 집안에서 완전히 털어낼 수 없다는 사실을 알려 주고 싶으셨던 것이다. 우리의 능력으로는 모든 죄를 없앨 수 없다. 그것은 하나님만이 하실 수 있는 일이다. 친구는 자신이 발견한 결론에 매우 놀라워했다.

한 친구는 유월절 전날이면 랍비가 방문해 집안 구석구석을 검사했던 일을 이야기해 주었다. 검사에 통과하면 랍비는 그 집을 '유월절을 위한 코셔'라고 선포했는데, 이 일은 매우 중요한 연례행사 중 하나였다고 한다. 친구의 어머니는 누룩이 들어간 모든 물건을 한쪽에 모아 두고 하얀 천으로 덮었다. 점검이 모두 끝나면, 어머니는 랍비에게 수고비를 지불했다.

또 다른 친구에게 재미있는 이야기를 들었다. 입맛이 매우 까다로운 애완견을 둔 어느 가족에 대한 이야기였다. 이 가족은 8일씩이나 개의 음식을 바꿀 수가 없어서 유월절이 끝날 때까지 개를 이웃에 팔아야 했다. 물론 개가 평소에 먹던 음식도 함께 팔았다고 한다.

5. 키파 또는 야물커

‘키파’kippah 또는 ‘야물커’yarmulke는 남성이 착용하는 머리덮개를 가리키는 히브리어로, 항상 키파를 착용하는 이들도 많다. 성지에서는 유대인, 비(非)유대인 모두 착용한다. 하지만 이것은 명령이라기보다 관습이다. 성전 시대에는 제사장만 머리덮개를 썼다. 주후 70년, 성전이 파괴된 후 랍비들은 회당에서 하나님에 대한 존경의 표시로 머리덮개를 쓰기 시작했다.

4세기경 “거룩하다 거룩하다 거룩하다 만군의 여호와여 그의 영광이 온 땅에 충만하도다”(사 6:3)라는 구절에 영감을 받은 어느 랍비가 ‘하나님의 영광이 어디에나 충만하므로 키파를 항상 쓰겠다’고 결심하면서부터 키파를 착용하는 전통이 널리 퍼지게 되었다.

고대에는 머리를 가리지 않는 것이 인간의 능력과 자유를 의미했으며, 키파를 씀으로써 하나님의 손아래에 있음을 인정했다. 이것은 전통적으로 남성 전용이지만, 현대에는 여성도 예배나 기도시간에 쓰기도 한다.

어느 토요일, 남편과 함께 미시시피 델타에 가서 어릴 적 좋아했던 곳들을 둘러보기로 했다. 간 김에 그곳 회당에도 가 보고 싶었다. 위치를 찾기 위해 전화번호부에 나온 주소를 뒤져보았지만, 어딘지 알 수가 없었다. 주변에 물어봐도 알 길이 없었다. 그래서 시내 중심가에 있는 유대인 상점에 가서 물어보기로 했다. 마침 상점 앞에 야물커를 쓴 젊은 여성이 서 있었다. 여성이 야물커를 쓴 것을 처음 본 나는 눈을 비비고 다시 보았다. '회당이 어딘지 모를 리가 없겠군.' 그런데 알고 보니 그 여성은 임시계약직 랍비였다. 머리덮개 쓴 걸 보고 신기해하는 나에게 그녀는 빙그레 웃어 보였다. 함께 서 있던 다른 유대인 여성이 친절하게도 우리를 회당으로 인도해 주었다. 참 드문 경험을 한 잊을 수 없는 날이었다. 정통 유대교파는 아니더라도 여성이 키파나 야물커를 쓰기도 한다는 사실을 직접 확인할 수 있었다.

한번은 성년식에 초대받아 갔더니 회당에 들어갈 때 쓰고 또 기념품으로 간직하라고 모든 남성에게 키파를 나눠주었다. 키파에는 성인식을 치르는 청년의 이름과 날짜가 쓰여 있었다. 결혼식에서도 신랑과 신부의 이름과 결혼식 날짜가 새겨진 키파를 하객에게 선물로 주었다. 유대인이 아니더라도 키파를 받으면 머리에 쓰는 것이 적절한 에티켓이다.

6. 탈릿Tallit

성경시대의 유대인 남성은 기도할 때 항상 '탈릿'이라고 하는 기도숄을 썼다. 이 단어는 원래 '장막, 가리다'라는 뜻이다. 민수기 15장 37-41절과 신명기 22장 12절을 보면, 이스라엘 자손은 그들의 겉옷 네 귀에 술을 달도록 되어 있다. 그래서 기도숄에 술을 매달았다. 이들은 술을 매단 겉옷을 입음으로써 하나님의 계명을 기억하고 그분의 명령에 순종했다.

> 여호와께서 모세에게 말씀하여 이르시되 이스라엘 자손에게 명령하여 대대로 그들의 옷단 귀에 술을 만들고 청색 끈을 그 귀의 술에 더하라 이 술은 너희가 보고 여호와의 모든 계명을 기억하여 준행하고 너희를 방종하게 하는 자신의 마음과 눈의 욕심을 따라 음행하지 않게 하기 위함이라 그리하여 너희가 내 모든 계명을 기억하고 행하면 너희의 하나님 앞에 거룩하리라 나는 여호와 너희 하나님이라 나는 너희의 하나님이 되려고 너희를 애굽 땅에서 인도해 내었느니라 나는 여호와 너희의 하나님이니라 민 15:37-41

옷단에 매다는 술을 히브리어로 '찌찌트'Tzitzit라고 하는데, 이 단어의 숫자값은 600이다. 찌찌트는 여덟 가닥의 줄로 이루어져 있으며 다섯 개의 이중매듭이 있어서(합이 13이다) 전체적으로 613을 의미하는데, 이는 시내산에서 하나님이 이스라엘 자손에게 주신 계명의 숫자이기도 하다.

유대인 남자들은 아침 기도시간에 탈릿을 머리 위로 덮어 써서 자신만의 '기도의 방'을 만든다. 예전에 이스라엘에 갔을 때 회당에서 예배를 드리다가 고개를 들어 살짝 훔쳐본 적이 있다. 그런데 한 남성이 자신의 탈릿으로 옆에 앉은 아내를 덮어 그녀를 자신의 기도의 방으로 데리고 들어가는 장면을 보았다. 참으로 아름다운 모습이었다.

탈릿의 뒷덜미 가장자리에는 아래와 같은 축복의 글귀가 히브리어로 쓰여 있다.

> 찌찌트로 덮을 것을 명하신 하나님, 하나님의 계명으로 우리를 깨끗하게 하소서. 만유의 주재시며 우리 주 되신 하나님을 축복합니다.

한번은 백화점에서 쇼핑을 하고 있는데, 머리에 야물커를 쓴 잘생긴 청년이 들어왔다. 나는 곁눈으로 그를 훔쳐보았다. 선반 꼭대기에 있던 물건을 짚기 위해 청년이 손을 뻗어 올리자 셔츠 밑으로 술이 달린 것이 보였다. 나는 깜짝 놀랐다. 내 눈으로 직접 보지 않았다면, 민수기 15장 38절에서 명령한 찌찌트가 그 평범한 티셔츠 안에 감춰져 있다는 것을 생각지도 못했을 것이다. 회당에서 봤던 것처럼 크기가 큰 술도 있지만, 현대인의 평상복 아래에도 쉽게 끼어 입을 수 있도록 크기가 작은 술도 있다는 것을 알게 되었다.

탈릿은 전통인 동시에 그들의 삶의 방식이어서 할례나 성인식, 결혼식과 장례식 같은 유대인들의 주요 행사에 모두 쓰인다. 토라(모세5경)를 옮길 때에도 탈릿으로 두루마리를 감싸고, 신랑신부의 머리 위에도 탈릿을 덮으며, 망자의 시신도 탈릿으로 싸서 매장한다. 이스라엘의 국기도 펼친 탈릿에 다윗의 별을 그려 넣은 디자인이다.

성경 시대에는 '힐라존'이라는 바다우렁이에서 추출한 푸른색 염료로 물들인 실로 탈릿을 만들었다. 이 염료는 매우 귀해서 금값이었다. 주로 메대, 바빌론, 애굽, 그리스와 로마의 왕족 의복에 사용되면서 권위를 상징했다. 로마에서는 왕족의 의복에만 이 염료를 사용할 수 있었으며, 왕가의 허가를 받은 염료공만 제조할 수 있다는 칙령을 내리기도 했다. 그로부터 유대인들은 더 이상 이 염료를 사용할 수 없게 되었고, 결국 힐라존은 멸종했다.

최근 이스라엘에서 이 염료에 대한 관심이 다시 일기 시작했다. 오랜 투자와 연구 끝에 힐라존이 돌아오면서 염료생산이 재개되었는데, 고가임에도 불구하고 탈릿을 만드는 데 사용하기도 한다.

마태복음 9장 20절, 혈루증을 앓던 여인이 예수님의 '겉옷 가'를 만지는 장면에서 여인이 만진 것은 예수님이 (계명에 따라) 입고 계시던 찌찌트였다(아마도 여인은 말라기 4장 2절에 나오는 치유에 관한 말씀을 알고 있었던 것 같다).

7. 필사본 두루마리 성경

본문 7장을 마치면서 "이스라엘이 교회에게 예수님께로 가는 길을 언제 가르쳐 주었나?"라는 질문을 상정했다. 교회는 이스라엘이 하나님께로부터 말씀을 받은 다음 그것을 기록하고 보존하여 세상에 전해 준 성경을 통해 예수님께로 가는 길을 배웠다. 다음은 누가복음 24장 27절 말씀이다.

> 이에 모세와 모든 선지자의 글로 시작하여 모든 성경에 쓴 바 자기에 관한 것을 자세히 설명하시니라

예수님께서 이 말씀을 하신 당시에는 아직 신약성경이 존재하지 않았기 때문에 여기에서 성경은 구약성경을 의미한다. 그렇다면 서기관들이 어떻게 성경을 보존해 왔는지 알아보자.

제사장과 서기관들은 성경의 모든 글자를 일일이 두루마리에 베껴 썼다. 그들은 전부 손으로 썼는데, 모든 사본이 한 글자의 실수도 없이 일치하도록 심혈을 기울였다. 필사를 마치면 원본에 있는 모든 글자수를 헤아린 다음 사본의 글자수와 대조했다. 이때 한 글자라도 오차가 있으면 사본을 폐기했다.

필사자는 성경에 '여호와'라는 이름이 등장하면, 사용하던 붓의 먹물을 깨끗이 닦아내고 자신의 몸도 씻은 다음 붓에 새 먹물을 묻혀 썼다. 그리고 다

쓰고 나서는 붓의 새 먹물을 닦아내고 헌 먹물을 묻혀 계속 써 나갔다. 한 문장에 여호와가 두세 번 나온다 해도 같은 과정을 반복했다. 이처럼 평범한 글자를 썼던 먹물로 여호와의 이름을 쓰지 않았다. 그들의 사명은 하나님의 말씀을 유대인과 이방인 모두를 위해 영원토록 보존하는 것이었다.

탈무드에 나오는 성경 필사의 규칙은 다음과 같다.

1) 양피지는 코셔 가축의 가죽으로 만들되 유대인이 만든 것이어야 하고, 묶는 줄은 깨끗한 동물의 가숙으로 만든 것이어야 한다.

2) 각 단은 최소 48줄을 넘어야 하고, 최대 60줄을 넘지 말아야 한다.

3) 정확한 배합공식에 따라 제조한 검은 색 먹물을 사용해야 한다.

4) 암기한 내용을 기록해서는 안 된다. 필사자 앞에 반드시 원본이 있어야 하고, 쓰기 전에 각 글자를 큰 소리로 읽어야 한다.

5) 하나님을 지칭하는 단어를 쓰기 전에는 항상 붓을 경건하게 닦아야 하고, 거룩한 이름 '여호와'YHWH를 기록하기 전에는 필사자가 전신을 미크바(유대인의 목욕예식)에 따라서 씻어야 한다.

6) 한 페이지에 하나의 오류가 발견되면, 그 페이지를 폐기한다. 만약 어느 페이지에라도 세 개 이상의 오류가 발견되면 전체 사본을 폐기한다.

7) 모든 글자 수를 세어서 만약 한 글자라도 빠졌거나 더해졌거나, 혹은 한 글자가 다른 글자에 물렸으면 즉시 전체 사본을 폐기한다.

랍비는 새로운 서기관이 들어오면 이렇게 경고한다. "너의 하는 일은 거룩한 일이니 신중을 기하라. 한 글자라도 빠뜨리거나 더하면 세상을 궤멸하는 자가 될 터이니." 유대인들은 하나님의 말씀을 받은 자들이다. 하나님께서는 그들을 하나님의 말씀을 지키는 자로 선택하셨고, 그들은 경건하게 그 임무를 다해 왔다.

이렇게 존속된 구약성경이 우리에게 구원의 계획, 타작마당으로 이르는 길을 알려 준다.

1) 하나님께서 사람을 만드사 하나님과 교제하게 하셨다(시 16:11).

2) 사람이 죄를 지으므로 하나님과 교제할 수 없게 되었다(시 53:2–3; 전 7:20; 사 59:2).

3) 사람의 노력으로는 죄를 없애지 못한다(사 64:6; 렘 2:22; 미 7:2–4).

4) 우리의 죄를 씻기 위해서는 피의 제물이 필요하다(출 12:13; 레 16:27; 17:11).

5) 하나님께서 우리의 죄를 대속할 메시아를 보내신다(사 53:1–12; 슥12:10).

6) 구원을 받기 위해서는 각자 메시아를 영접해야 한다(시 2:12; 사 55:6–7; 슥 13:9).

하나님께서는 구약성경에 구원 계획을 완벽하게 그려 놓으셨다. 나오미(이스라엘)는 룻(교회)에게 보아스(예수)에게로 가는 길을 가르쳐 주었고, 우리는 그에 대해 감사해야 한다.

* 출처: 개리 헤드릭Gary Hedrick, '우리가 이스라엘을 위해 기도해야 하는 이유'Why We Should Pray for Jerusalem and the Jews, 메시아닉 퍼스펙티브Messianic Perspectives(CJF미니스트리의 라디오/웹 방송 프로그램).

8. 바르 미츠바와 바트 미츠바

바르/바트 미츠바는 유대인 소년·소녀가 하나님 앞에서 성인이 되었음을 선포하는 날이다. 유대법에 따르면 소년은 13세에 '바르 미츠바'가 되고, 소녀는 12세에 '바트 미츠바'가 되면서 성인 자격을 얻는다(소녀가 소년에 비해 조숙하기 때문이다). '바르'는 아들을, '바트'는 딸을, 그리고 '미츠바'는 율법을 뜻하는 히브리어로, 율법의 아들과 딸이 되는 성년의례를 가리킨다.

성년의례는 주로 12세, 13세 생일 다음에 오는 안식일이나 혹은 그 며칠 내에 열린다. 율법상 바르/바트 미츠바 연령 이전의 어린이에게 율법준수는 권장사항일 뿐 의무는 아니다. 하지만 이 나이가 되면서부터 율법은 의무가 되고, 바르/바트 미츠바 의례와 함께 그 사실을 공식화한다. 의례가 열리기 위해서는 13세 이상의 유대인 남성 열 명으로 구성된 '미니안'이 참석해야 한다. 미니안은 예배 정족수이다.

한 자료에 따르면 유대인 남성은 13세(여성은 12세)가 되면 자동적으로 바르(바트) 미츠바가 되며, 의례를 거쳐야만 효력이 발생하는 것은 아니다.

바르 미츠바는 소년에게 최초의 '알리야'Aliyah가 된다. 알리야는 '올라가다'라는 뜻으로, 예를 들어 토라나 선지서를 낭송하기 위해 단상에 올라가는 행위를 일컫는다(누군가가 이스라엘로 '알리야' 한다고 하면 '이스라엘로 귀환하다, 올라가다'라는 뜻이다).

성년의례를 하는 소년은 "오늘 저는 성인입니다"로 시작하는 연설문을 준비한다. 그리고 자신의 행동에 책임을 지는 성년이 되었음을 감사한다. 소년의 아버지는 아들이 짓는 죄에 대한 책임이 본인에게서 사라졌음에 대해 하나님께 감사하며 축복한다. 미국에서는 흔하게 행해지는 의례이지만 율법상 꼭 지켜야 하는 것은 아니고, 100년 전에는 찾아볼 수 없던 의식이다.

오늘날 미국에서 일반화된 바르/바트 미츠바는 가족과 친지들이 금요일 저녁에 모여 코셔로 준비한 안식일 만찬을 나누는 것으로 시작한다. 초청장을 받은 하객들은 금요일 저녁이나 토요일 오전에 회당에서 열리는 성년의례에 참석하는데, 이 예식은 보통 아주 길다. 성인이 되는 소년은 그동안 열심히 공부한 토라 구절을 히브리어로 낭독한 후 인사말을 하고, 가족들이 단상에 올라가 축사를 하기도 한다. 예식이 끝나면 참석한 사람들을 위한 축하연이 열리기도 하는데, 토요일 저녁에는 젊은이들 위주의 댄스파티 등으로 순서가 마무리되기도 한다.

바르 미츠바를 축하하기 위해 예루살렘 통곡의 벽으로 여행을 가기도 한다. 주로 부모가 여행경비를 제공하기 때문에 경제적 부담이 적지 않다. 내가 초대받은 바르 미츠바에서는 부모가 2만 달러를 들여 수영장을 설치했다. 그 외 다른 비용까지 생각하면 매우 큰돈을 쓴 행사였다. 바르 미츠바 축하연은 때로 결혼식 축하연 못지않게 성대하게 열린다.

우리로서는 쉽게 이해할 수 없지만, 유대인들에게는 이것이 매우 중요한 의례이다. 혹시 초청장을 받으면 참석해서 축하해 주는 것이 좋다. 초청장을 주었다는 것은 좋은 친구로 생각한다는 뜻이기 때문이다.

성년의례를 맞이하는 소년, 소녀에게는 "마즐 토브"라고 인사한다. 이 말은 히브리어로 '행운을 빈다'라는 뜻이다. 다른 선물도 좋지만, 새로 발행된 1달러짜리 지폐 18장을 주는 것도 적절한 선물이다. 18의 의미는 '생명, 삶'이다.

9. 유대인의 장례식

유대교식 장례는 전통적으로 사망 후 24시간 내에 치러진다. 그들은 시신에 방부처리를 하지 않는데, 인간의 몸이 죽어 흙으로 돌아가야 한다는 하나님의 말씀을 경외하기 때문이다.

너는 흙이니 흙으로 돌아갈 것이니라 하시니라 창 3:19

사망 후 시신이 곧바로 부패하기 시작하기 때문에 하루 이내 또는 정상참작이 가능한 상황에서는 가능한 한 빨리 매장한다. 워낙 서둘러 장례를 치르기 때문에 부고도 구전으로 보낸다.

참고로 다음은 정통 유대교 장례식에 참석했던 나의 경험이다. 장례식마다 개인적 차이나 교파상의 차이가 있을 수 있음을 참고하기 바란다.

장례식장 입구에는 예배 중에 사용하는 기도서 '시두어'가 비치되어 있고, 조문객의 이름과 주소를 접수하는 곳이 있었다. 남성을 위한 검정색 야물커와 여성을 위한 검정색 원형 레이스도 준비되어 있었다(유대인이 아니더라도 머리덮개를 착용하는 것이 바람직하다).

장례식이 시작되자 유가족이 들어와 자리에 앉고, 이어서 관이 들어왔다. 먼저 랍비가 조문객을 향해 애도하는 심정을 전하고, 미망인과 자녀들에게 다가가 그들의 의복을 찢음으로써 애통함을 상징적으로 나타냈다. 여성은 쓰고 있던 베일을, 남성은 윗옷 셔츠의 주머니를 찢었다. 랍비가 성경구절을 낭독하고 성가 선창자인 '칸토'는 히브리어로 성가를 불렀다. 랍비가 읽은 구절은 시편 8편 4절이었다. "사람이 무엇이기에 주께서 그를 생각하시며 인자가 무엇이기에 주께서 그를 돌보시나이까?" 그리고 시편 15편 1절을 읽었다. "여호와여 주의 장막에 머무를 자 누구오며 주의 성산에 사는 자 누구오니이까?" 랍비는 이어 고인의 생전 업적과 선한 행실을 소개했다. 그리고 시편 23편 말씀으로 장례식을 마쳤다.

유가족과 조문객은 예배실을 나와 바로 옆에 붙어 있는 묘지로 향했다. 유가족은 간이의자에 앉고 나머지는 서 있었다. 랍비와 칸토가 운구하는 사람들과 함께 관을 구덩이에 내려놓았다. 그리고 관 위에 두께가 약 15센티미터 정도 되는 콘크리트 판 두 장을 얹었다. 이것은 묘가 밑으로 꺼지는 것을 방지하기 위해 주(州)에서 법으로 정한 것이었다. 마지막으로 랍비와 칸토, 관을 들었던 사람들이 돌아가며 삽으로 흙을 떠 무덤을 메우기 시작했다. 지저귀는 새소리와 지나가는 자동차 소리, 무덤을 메우는 삽질 소리만 숙연하게 들렸다.

그런데 예상치 못한 일이 일어났다. 비(非)유대인으로 보이는 한 흑인 남성이 앞으로 나서더니 삽을 들고 흙을 떠넣기 시작한 것이다. 순간 유대인과 이방인의 화합을 위한 하나님의 완벽한 계획이 떠올라 눈시울이 뜨거워졌다. 무덤에 흙이 거의 다 채워지자 랍비가 성경구절을 낭송하고 칸토는 성가를 불렀다. 죽은 사람을 만진 사람은 몸을 씻어야 한다고 성경에 나와 있듯이 랍비는 조문객들에게 집으로 돌아가 몸을 씻으라고 당부했다(실제로 시신을 만진 사람은 아무도 없었다). 그리고 조문객을 두 줄로 나눠 서게 하고 유가족을 그 사이로 지나가게 하여 위로를 받게 했다.

특별히 히브리어 글귀가 적힌 검정색 천으로 목조 관을 덮는 장면이 매우 인상적이었다. 또한 묘지에 꽃은 보이지 않고 비석 위에 돌멩이가 쌓여 있는 묘가 많다는 점도 특이했다. 성경에서 이스라엘 자손들이 특정 사건을 잊지 않기 위해 돌을 쌓았던 것과 같은 풍습이었다. 영화 '쉰들러 리스트'의 마지막 장면에도 살아남은 유대인들이 쉰들러의 묘에 돌을 얹어 기념석을 쌓는 장면이 나온다. 장례식에 참석한 모든 사람이 검정색 옷을 입었다. 미망인은 화장이나 머리 손질을 전혀 하지 않은 상태였는데, 마음 깊이 애도하고 있다는 것을 알 수 있었다.

장례식장에서 묘지로 나오기 전에 쉬바 기간(물론 안식일은 제외되었다)과 집 주소를 공지했다. 쉬바는 히브리어로 7을 의미하는 단어로, 7일간 조문객의 방문을 받는 전통이다. 미처 부고를 듣지 못해 장례식장에 참석하지 못한 사람들은 쉬바 기간 중 고인의 집으로 찾아가 고인의 일생이나 훈훈한 일화들을 나누며 기억하고 추모하는 시간을 가진다.

유년시절에 아주 존경했던 방송인이 세상을 떠나 그의 가족을 방문한 적이 있다. 가족들은 나를 데리고 다니며 돌아가시기 전 그가 그렸던 미술품들을 보여 주었다. 나는 가족들의 이러한 세심한 배려에 감동했다.

쉬바 기간 중 유대인 가정을 방문할 때는, 유대교파마다 기준이 다르고 코셔 제한이 매우 엄격하기 때문에 아무리 코셔 제품이라 하더라도 음식은 가져가지 않는 것이 좋다. 꼭 선물을 하고 싶다면, 과일은 무방하다. 하지만 선물을 기대하는 유대인은 많지 않다.

기념이 될 만한 선물을 하고 싶다면, 고인의 이름으로 이스라엘에 나무를 심는 것은 충분히 고려해 볼 만하다. 인터넷으로 이런 서비스를 대행해 주는 업체를 찾을 수 있는데, 1901년부터 운영되어 온 단체를 소개할까 한다. 명

칭은 '유대인 내셔널 펀드'이며 웹사이트는 www.jnf.org이다. 나무 한 그루를 심는 비용은 미화로 18달러이며, 신청하면 유가족에게 알림장을 보내준다(앞에서 18이 히브리어로 '생명'을 의미한다고 했는데, 이 숫자는 유대 문화에서 매우 중요한 숫자이다).

10. 유대교의 주요 교파

유대교의 교파는 전통적 성향의 정통주의에서 비교적 자유로운 재건주의까지 다양하다. 오늘날 미국에는 정통주의와 재건주의, 그리고 중도성향의 여러 계열을 포함하여 약 600만 명의 유대인이 거주한다.

정통주의는 유대교의 가장 전통적인 계파로, 토라(모세5경)와 탈무드(법률모음집)에 나와 있는 율법을 따른다. 이들은 하나님께서 시내산에서 모세에게 토라 전권을 주셨다고 믿으며, 그것이 원형 그대로 보전되어 왔다고 믿는다. 이 교파를 '하시딤'(더 엄격하고 극단적인 정통주의)과 구별하기 위해 '현대적' 정통주의라고 부르는 사람들도 있다.

정통주의자들은 매일 세 번씩 기도하고, 코셔 음식만 먹으며, 매주 안식일에 회당에 간다. 이들은 성경 공부에 열심이고 자녀들을 유대인 학교에 보낸다. 회당 예배는 모두 히브리어로 진행하고 남녀가 따로 앉는다. 여성은 랍비 직임을 맡을 수 없고, 회당에서 성경을 낭송하지 않으며, 예배 정족수인 미니안에도 포함되지 않는다. 이들은 한 달에 2주간(여성이 생리를 하는 일주일과 그 다음 일주일) 성관계를 갖지 않으며, 종교가 다른 사람과의 결혼을 허용하지 않는다. 이들(특히 좀 더 열심인 정통주의 유대인들)은 메시아가 곧 오실 것으로 기대한다. 미국에 약 100만 명의 정통주의자가 1,200개의 공동체에 소속되어 있다.

보수주의는 전통적 유대교의 본질적 개념을 추구하면서도 남녀 모두 기도와 예배를 인도할 수 있게 하는 등 실리적 면에서 현대화를 허용한다. 하지만 개혁주의나 재건주의만큼 자유롭지는 않다. 보수주의는 정통주의와 개혁주의 지지자들 사이의 갈등에서 출발했기 때문에 중간자적 입장을 띤다. 그들은 성경이 하나님으로부터 왔지만 거기에는 인간적 요소가 가미되어 있으며, 율법을 지켜야 하지만 변화도 인정해야 한다고 믿는다. 필요하다면 관습도 변화해야 하지만, 부득이한 경우에 한정한다. 예배는 히브리어와 영어로 진행된다. 1985년, 보수주의 유대교 연합에서 처음으로 여성 랍비 서임을 허가했다. 미국에는 약 800개의 공동체에 약 200만 명의 보수주의자들이 있다.

개혁주의는 세계적 변화를 수용하는 데 관대하며, 유대교의 교리나 율법 체계가 영원불변해야 한다고 생각하지 않는다. 토라의 문화적·철학적 가치를 인정하지만, 그것이 하나님께서 한 번에 주신 것이 아니라 오랜 시간에 걸쳐 진화되어 왔다고 믿는다. 그러므로 유대교인에게 무엇을 믿을 것인지에 대한 선택권을 허용하면서 진화해 가야 한다고 주장한다. 예배에서 히브리어를 사용하지 않고 영어와 같은 현대어를 사용한다. 하지만 최근에는 좀 더 전통적인 입장으로 회귀하는 경향이 있다. 회당을 성전이라 부르며, 성별에 대한 구별을 전혀 두지 않는다. 정통주의적 정신은 수용하지만, 형식은 수용하지 않는다.

개혁주의는 1800년대 독일에서 처음 등장했다. 이들은 이스라엘 내에서 팔레스타인 측의 요구에 가장 수용적인 태도를 보인다. 대부분의 개혁주의 유대교인들은 신년일과 속죄일에만 성전에 간다(이 두 명절을 대제일이라 부른다). 미국에는 약 130만 명의 개혁주의 신자가 848개 공동체에 속해 있다.

재건주의는 1900년대 뉴욕을 배경으로 비교적 근대에 시작되었지만, 빠르게 성장하는 교파이다. 재건주의는 보수주의에서 파생되었는데, 유대교는 진화하는 종교문명으로 과거 유산의 중요성은 수용하지만 형식까지 고수해야 한다고 믿지는 않는다. 이들은 전통적 의미는 유지하면서 현대적 전통으로 거듭나자는 의미에서 유대교의 '재건'을 요구한다. 그런 면에서 가장 진보적인 교파이며, 유대교가 지속적으로 진화하며 변화를 수용해야 한다고 믿는다. 재건주의는 유대인을 '선택받은 민족'이라고 보는 시각에 동의하지 않는다는 점에서 다른 교파들과 다르다. 이들 공동체에는 지도자로서의 랍비가 없는 경우가 많으며, 원죄를 부정하고 인간에 대한 성선설적 관점을 옹호한다. 미국에 약 5만 명이 있으며, 약 80개의 공동체가 존재한다.

메시아닉 유대교는 비교적 최근에 시작된 운동으로 예수가 약속의 메시아라고 믿는 유대인과 이방인들의 교파이다. 이들은 민족과 교파에 상관없이 모든 이를 환영한다. 안식일을 포함한 모든 성경적 절기를 존중하며 대부분 코셔를 지킨다. 자신들을 '교회'라고 부르지는 않고 '예수를 믿는 유대인 공동체'로 부른다. 예수를 '구원'이라는 뜻을 가진 히브리어 '예슈아'Yeshua라고 부르며 구약과 신약성경을 모두 인정한다. 예배는 영어와 히브리어 모두 사용하지만, 토라를 읽을 때는 히브리어로 읽는다.

* 출처: www.factmonster.com/spot/judaism1.html
http://peopleof.oureverydaylife.com/main-branches-jewish-religion-5736.html

11. 할례

히브리어로 '브릿 밀라'Brit Milah 또는 '브리스'Bris라고 부르는 할례는 유대교에서 가장 근본적인 규율이라 할 수 있다. 3,500년 전 아브라함 시대나 지금이나 그들은 동일한 방법으로 할례를 행해 오고 있다. 그들은 이 의식을 통해 하나님께서 창세기 17장에서 아브라함과 맺으시고, 500년 후 모세와 다시 맺으신 언약을 아직도 잊지 않았다는 사실을 보여 준다.

여덟째 날에는 그 아이의 포피를 벨 것이요 레 12:3

외과수술에 대한 교육과 훈련을 마치고 할례를 집도할 수 있는 사람을 '모헬'이라고 부른다. 이들은 랍비나 칸토와 같이 유대교 교리를 이해하고 수용하는 사람으로, 필요한 훈련을 받은 지도자들이 주로 모헬이 된다. 할례는 피부 아래 조직이나 근육을 손상시키지 않으면서 표피 조직의 일부를 떼어내는 시술인데, 대부분 통증을 느끼지 않고 10-15초 안에 끝난다. 시술 후 5-6시간은 불편할 수 있지만, 보통 3일 내에 완치된다(모헬을 구할 수 없을 경우, 유대인 의사가 대신하기도 한다. 하지만 현대의학적 방식이 아니라 모헬과 같은 방법으로 시술한다).

할례의식의 과정을 좀 더 자세히 소개하면, 다음과 같다. 먼저 부모가 아기를 데리고 들어와 '엘리야의 의자'라고 부르는 의자에 잠시 눕혀 둔다. 할례가 행해지는 동안 아기를 안고 있을 사람의 무릎에 아기를 놓는다(아기의 할아버지가 주로 이 일을 맡는다). 모헬은 아기를 축복한 후 할례를 집도한다. 시술이 끝나면 포도주를 들고 축복을 선포하고, 아기에게 히브리 이름을 명명한다.

> 할례할 팔 일이 되매 그 이름을 예수라 하니 곧 잉태하기 전에 천사가 일컬은 바러라 눅 2:21

이 의식은 대략 15분 정도 걸리는데, 마칠 때는 '마즐 토브!'(행운을 빈다는 뜻)라고 크게 외친다. 그리고 다과나 가벼운 식사를 나누기도 한다. 할례의식에도 13세 이상의 유대인 남성 열 명으로 구성된 미니안이 참관해야 한다. 이때 아기가 커서 율법을 공부하는 데 쓸 수 있도록 현금을 선물로 주기도 한다.

할례받기 전에 태아가 사망하는 경우에도 묘지에서 할례를 행한다. 만약 아들이 성인(13세)이 될 때까지 아버지가 할례를 시키지 않았다면, 아들 스스로 이 계명을 지킬 의무를 갖게 된다.

태아가 건강할 경우, 태어난 지 8일째 할례를 행한다. 현대의학의 연구에 따르면, 응혈인자인 비타민K 수치가 가장 높은 날이 출생으로부터 8일째이다(7일째나 9일째 혹은 10일째보다 8일째에 더 높다고 한다). 아기가 병원에서 출생했을 경우 태어난 다음날 할례를 행하기도 하는데, 이런 경우에는 퇴원 전에 비타민K 주사를 놓는다. 베어낸 피부조직은 땅이나 모래에 묻는다.

할례는 하나님과의 계약관계를 인정한다는 표시이므로, 유대인 남성에게는 매우 중요한 의식이다. 할례를 받지 않은 남성은 성전에서 말할 자격이 없다.

12. 미국 화폐에 숨어 있는 유대문화

조지 워싱턴에게 헤임 샐로먼이라는 친구가 찾아와 영국제국으로부터 독립하자고 제안했다. 샐로먼은 자신의 의지를 보여 주기 위해 자신의 전 재산인 60만 파운드를 내놓았다. 뿐만 아니라 프랑스로 건너가 동업자인 사순과 로스차일드 가(家)로부터 350만 파운드의 독립자금도 모아왔다.

헤임 샐로먼은 유대인 남성들을 찾아다니며 워싱턴 장군의 독립군 부대에 자원할 것을 요청했다. 결국 수많은 유대인들이 전투에 참여했고, 이로부터 미국 참전군인회의 시초라 할 수 있는 '유대인 참전군인회'가 창립되었다.

그는 또 미국 헌법과 대문장(大紋章)의 초안을 상정했다. 하지만 그가 상정한 헌법 초안은 기각되었고, 좀 더 단순하고 적절한 문양의 대문장을 만들기 위해 프랭클린과 제퍼슨, 애덤스로 구성된 위원회가 꾸려졌다. 이후 수년간의 논쟁이 있었지만, 결국 헤임 샐로먼의 수정안이 통과되었다.

헤임 샐로먼은 영국이라는 사자로부터 독수리가 날갯짓하며 올라가는 형상으로 미국의 독립혁명을 표현했다. 이 문장은 미국연방국가의 국새로 사용되었다.

유대교에서 13은 완벽한 연합을 의미하는 숫자다. 이스라엘에는 13개의 지파가 있었다(요셉의 두 아들 므낫세와 에브라임이 각각 다른 지파가 되었다). 성년의례도 13세에 치른다. 유대인들의 달력에는 19년을 주기로 7번, 13번째 달을 가진 해가 오는데, 13번째 달을 7번 끼워 넣음으로써 태양력과 완벽하게 일치시켰다. 독수리의 오른쪽 발톱이 움켜진 감람나무에는 13장의 잎이, 왼쪽 발톱에는 13개의 화살이, 중앙의 방패에는 13개의 줄이 있으며, 독수리 머리 위에 있는 구름에는 13개의 주를 상징하는 13개의 별이 있다.

별의 형태를 자세히 보면 5각형인데, 이것은 다윗의 별이다. 하지만 유대인의 별에 대한 기원은 다윗보다 훨씬 이전인 출애굽 시대, 유대력 연대로는 2448년으로 거슬러 올라간다.

문양을 거꾸로 놓고 엄지손가락으로 독수리의 머리를 가리면 방패가 7개의 촛대, 즉 '메노라'의 형상이 되는데, 메노라는 이스라엘의 유대적 신앙성을 상징하며 오늘날 이스라엘의 공식 국장 문양이기도 하다(다윗의 별이 이스라엘의 정치적 상징물이라면, 메노라는 종교적 상징물이다).

방패를 완전히 가리면 맨 위에 9개의 깃털이 달린 꼬리가 보이는데, 이것은 '하누카 메노라'의 불꽃을 상징한다.

독수리의 오른쪽 발톱에는 감람나무 가지가 있다. 노아의 홍수 이래 감람나무는 자비와 평안을 상징한다. 왼쪽 발톱에 있는 화살은 심판과 전쟁을 의미한다.

미국이 번영한 국가가 된 이유가 헤임 샐로먼의 국장이 새겨진 미국의 1달러 지폐에 숨어 있다.

너(이스라엘)를 축복하는 자에게는 내가 복을 내리고 너를 저주하는 자에게는 내가 저주하리니 땅의 모든 족속(유대인과 이방인)이 너로 말미암아 복을 얻을 것이라 창 12:3

*출처: 벤딜 존스Vendyl Jones, 《진짜 예수님 일어나 주실래요》Will the Real Jesus Please Stand, Priority Publications Inc., 1983.

RU
TH

Ruth : 3,000 Years of Sleeping Prophecy Awakened

by Diane A. McNeil

유대적 관점으로 본 룻기

초판발행 | 2017년 12월 5일
4쇄 발행 | 2023년 9월 15일

지 은 이 | 다이앤 A. 맥닐
옮 긴 이 | 박정희

펴 낸 이 | 허철
총 괄 | 허현숙
편 집 | 김혜진
디 자 인 | S. E. M.
제 작 | 김도훈

인 쇄 소 | 예원프린팅
펴 낸 곳 | 도서출판 순전한 나드
등록번호 | 제2010-000128
주 소 | 서울 강남구 언주로69길 16 (역삼동) 2층
도서문의 | 02) 574-6702
팩 스 | 02) 574-9704
홈페이지 | www.purenard.co.kr

Printed in Korea

ISBN 978-89-6237-206-9 03230